JN082893

大野 貴司 編

［現代スポーツの
マネジメント論］

「経営学」としてのスポーツマネジメント序説

三恵社

はじめに

　大いなる盛り上がりを見せた昨年のラグビーワールドカップ，今夏に控えた東京オリンピックなど，わが国においてこれまで以上に人々のスポーツへの関心が高まっている。こうした人々のスポーツへの関心は人々のその関心をその運営的な側面にも関心を持たせるに至っているように見受けられる。わが国における高等教育機関に目を移すと，2003年の早稲田大学におけるスポーツ科学部の新設と，わが国で初めて大学名にスポーツを冠したびわこ成蹊スポーツ大学の開学を契機として，わが国において「スポーツ」，「スポーツマネジメント（あるいはスポーツ経営，スポーツビジネス）」を冠する大学の学部や学科，コースが増加している。また，研究者のコミュニティである学会も従来の日本スポーツ産業学会，日本体育・スポーツ経営学会，日本体育学会体育経営管理分科会に加え，2007年には，早稲田大学スポーツ科学学術院教授原田宗彦を会長として日本スポーツマネジメント学会が誕生し，多くの研究者同士の交流や研究者と実務者の交流（産学交流）を促進する機能を果たしている。

　このように，2000年代に入り，急速に研究の場が確保されたわが国におけるスポーツマネジメントであるが，研究の主たる担い手は，「スポーツ」を主たる研究対象とする体育学者であり，スポーツマネジメント自体を実務の対象としてきた実務経験者のいずれかが大半を占めている。スポーツマネジメントは，国内外ともにその源流は学校体育施設の管理に求められること，そして当該学問が，「スポーツ」に関わる経営現象を学問として取り扱うゆえ，スポーツを研究対象とする体育学者がその中心的な担い手となることは自然なことであると言えよう。わが国においてスポーツマネジメントを研究できる大学院の博士後期課程は，ごく一部の大学以外，健康，体育・スポーツ系の研究科であることもまたそうした傾向に拍車をかけていると言える。また，「スポーツ組織」という実在する組織の経営活動を研究の対象とするゆえに，それを実務の対象としてきた実務経験者がそれに中心的にコミットしていくことも自然なことであると言えよう。

　こうした「スポーツ」と「現場（経営実践）」中心で進んできたわが国のスポ

ーツマネジメント研究であるが，それ自身は「スポーツの独自性」を踏まえなが
らスポーツマネジメントそのもののあり方を模索するものであると言え，スポー
ツマネジメントが目指すべき方向や，スポーツマネジメントが対象とするスポー
ツ消費者の行動や姿を明らかにすること，またその経営実践の方向性を明らかに
することには多大な寄与をなしてきたものと思われる。

　しかしながら，そこにおいては，スポーツマネジメントにおける「マネジメン
ト」への掘り下げに関しては十分なされていないのも現状である。スポーツマネ
ジメントは，その言葉通り，スポーツ領域を対象としたマネジメント現象を考察
の対象とする学問である。その意味では，マネジメント，すなわち経営学を基盤
としてスポーツ現象を明らかにしていくことが求められるのである。第1章でも
述べるが，筑波大学体育系教授の清水紀宏などは，スポーツ経営学を「特殊経営
学」であるとしている（清水，1994）。特殊経営学であるのならば，武藤（2008）
も指摘しているように「普遍性」に相当する経営学理論を踏まえたうえで，スポ
ーツマネジメントの「特殊性」を明らかにしていくことが求められよう。そのた
めには言うまでもなく，一般のビジネス，経営学理論にも精通していなければ，
何が不変で何が特殊であるのかを理解することはできない。国内の研究者ではな
いが，Slack などは，スポーツマネジメント研究者がスポーツマネジメントとい
う学問が依拠する一般経営学理論に熟達する必要性を挙げている（Slack, 1994）。

　しかしながら，わが国のスポーツマネジメント研究においては基盤となりうる
経営学，会計学理論について十分に議論されてきた蓄積はほとんどないのが現状
である。一般経営学研究者を学会大会の講演やシンポジウムに呼ぶことはあれど，
学会においてそれを対象にした議論がなされたことは編者の記憶する限りなか
った。こうしたスポーツマネジメントの基盤となりうる一般経営学，会計学理論
への注目が集まらなかったのは，辻村（2008）なども指摘しているように大学教
員を中心としたスポーツマネジメント研究者のキャリアパターンの偏りに原因
が求められよう。先述のようにわが国のスポーツマネジメント研究者は，体育・
スポーツ系の大学院出身者か，スポーツマネジメントの実務経験者に限定されて
きた。確かに，体育学をベースとする研究者によるスポーツマネジメント研究は，

顧客であるスポーツ消費者の姿を明らかにすることには貢献してきた。また，スポーツマネジメントの実務経験を基盤として研究活動をしている研究者については，スポーツマネジメントの実践を高めることに貢献をなしてきたと言える。しかしながら，重要なことは顧客の特性，行動を理解した上で，経営活動として彼らといかなる関係性を構築していくのか，そしてスポーツマネジメント実践からいかなる理論を構築するかということであろう。第1章でも述べるが，経験はどこまで行っても経験にしかすぎず，経験をより良いものとするためには，経験を省察するための「理論」が必要となり，その理論こそが組織を存続・成長させるためのマネジメント理論である。

　今後，わが国のスポーツマネジメント研究がさらに発展していくためには，スポーツそのものの理解や，顧客の分析，実務への貢献のみではなく，経営活動とそれを分析の対象とする経営理論にもアプローチし，それを精緻化させていく必要がある。すなわちスポーツマネジメントにおける「マネジメント」からのアプローチである。そのためには，個々の体育・スポーツ領域のスポーツマネジメント研究者，そして実務出身のスポーツマネジメント研究者の各々が一般経営学理論の学修を深めていくことが求められるが，それだけでなく，一般経営学研究者や一般会計学研究者にも，スポーツ領域のマネジメント研究の魅力を伝え，研究を展開してもらうこともまた必要なことであると言えるが，高橋（2018）などにおいて指摘されているように，その誘因はまだまだ十分なものとは言えない。その意味では，スポーツマネジメント研究において求められるのは，当該領域を経営学の研究対象としての魅力を高めていくことであると言える。

　本書の執筆動機は，上記の問題意識によるものである。上記の問題意識を踏まえ，本書では，体育学としてではなく，組織の存続・成長とそれに関わる諸理論を研究対象とする「経営学」として，スポーツマネジメントを捉え，アプローチをしていく。これが本書全体を貫くスタンスである。近年は，一般経営学，一般会計学を大学院博士後期課程において学修し，スポーツマネジメント研究に従事する研究者も少しずつではあるが台頭し始めた。本書の筆者は全員，大学院で一般経営学，一般会計学の学修を収めた，あるいは研究手法として一般経営学，会

計学を用い研究活動に従事している一般経営学，一般会計学研究者，一般経済学者である。その意味では，全員が経営学，会計学を基盤としてスポーツマネジメントを研究する研究者である（専門的にスポーツマネジメントを研究している研究者，研究対象の一つとしてスポーツマネジメントの研究を行う研究者に分けられるが）。その意味で，スポーツマネジメントを体育学ではなく，経営学として捉え，議論を展開している。そうすることにより，従来のスポーツマネジメント研究においてウェイトを置かれることのなかった「マネジメント」の部分を補うことができるものと確信している。しかしながら，本書はややもすると「マネジメント」の部分が強すぎる，あるいは「マネジメント偏重」であるという批判を受けるかもしれない。確かにマネジメント，経営学はスポーツマネジメントの基盤をなすものであり，それがすべてではない。「スポーツ」と「マネジメント」の健全な対話による発展こそが今日のスポーツマネジメント研究には求められているのであり，本書はこうした対話のための第一歩であると考えている。その意味で，「序説」という言葉を用いている。本書をきっかけとして，今後，一般経営学，一般会計学を基盤としたスポーツマネジメント研究が多く生まれ，スポーツ，すなわち体育学をベースにするスポーツマネジメント研究者との健全な対話が促進されることを期待する次第である。

　本書は，各執筆者による論文集という形式を採用している。そのため，本書のどこから読んでいただいても理解できる構成となっている。各々の問題意識の下執筆をしているが，全体を貫くテーマは，「経営学としてのスポーツマネジメント」というスタンスであることをここで改めて述べておきたい。

　次に，本書における各章の内容を簡潔にではあるが紹介したい。第 1 章（大野貴司著）では，わが国におけるスポーツマネジメントの現状と問題点を指摘した上で，スポーツマネジメント研究における体育学的アプローチと経営学的アプローチの包摂可能性を検討している。第 2 章（永田靖著）では，スポーツ組織とスポンサーシップ，具体的には，広告媒体として活用されるスポーツ組織およびネーミングライツなどのファイナンス事例からスポーツ組織が投資対象として魅力ある価値を創出させているのかについて検討している。第 3 章（角田幸太郎著）

では，英国プロサッカークラブを事例として，実証研究からインセンティブシステムの意義と効果を検証している。第4章（奈良堂史著）では，サービスマネジメントの視点からプスポーツビジネスの特殊性を明らかにし，これらの特徴の類型化と整理を試みている。第5章（安藤信雄著）では，産業組織論の費用便益モデルを用いることによりプロスポーツクラブの企業行動を明らかにしている。第6章（老平崇了著）では，経営学，とりわけコーポレートガバナンス論の視点からスポーツマネジメントとスポーツ組織のガバナンスのあり方を論じている。第7章（庄司直人著）では，スポーツの現場に応用可能なリーダーシップ理論を紹介しながら，それら理論の概要と実際のスポーツマネジメント現場への応用方法の提案を行っている。第8章（久富健治著）では，スポーツ産業のイノベーションについてスポーツの本質をめぐる「語り」や「言説」の側面に注目しながら考察を試みている。第9章（穐原寿識著）では，事例研究からスノースポーツ，スノー産業領域の商品開発におけるマーケティング戦略の深化について考察をしている。第10章（住田健著）では，消費者行動論における「拡張自己」の視点からスポーツファンのアイデンティティについて論じている。第11章（中西大輔著）では，スポーツマーケティングにおける先行研究のサーベイからその現状と課題を明らかにしている。いずれも，一般経営学，一般会計学，一般経済学領域における研究成果や理論を踏まえた読み応えのある論文である。今後，後続の研究が多く生まれることを期待する次第である。

　本書の公刊にあたっては，株式会社三恵社代表取締役木全哲也氏にひとかたならぬご支援をいただいた。この場を借りて厚く御礼申し上げたい。

　末筆ではあるが，本書を2020年1月に永眠された，編者大野の学部・博士前期課程時代の指導教授であった明治大学名誉教授権泰吉先生に捧げたい。明治大学経営学部における権泰吉ゼミナールでの権先生との出会いがなければ編者は経営学研究を志すことはなかったであろう。今後の人生において，「社会的・人間的欲求を包摂したより広い基準に立脚した新しい理論展開の必要性，人間中心的な視点に立った理論展開の必要性」（権，1984；229）を指摘された権先生のご研究を受け継ぎながら，それを「スポーツ」という新たな領域に適用することに

より，経営学の可能性を少しでも広げることに貢献することにより，権先生から
賜った学恩を少しでも返すことができればと考えている。

令和 2 年 1 月

執筆者を代表して

編者　大野　貴司

参考文献

権泰吉（1984）『アメリカ経営学の展開』白桃書房

武藤泰明（2008）『スポーツファイナンス』大修館書店

清水紀宏（1994）「『スポーツ経営』概念の経営学的考察」『体育学研究』第 39 号，
　　189-202 頁

Slack, T.（1994），"From the Locker Room to Board Room : Changing the Domain of
　　Sport Management," *Journal of Sport Management*, Vol.10, pp.97-105.

高橋義雄（2018）「スポーツマネジメント人材とスポーツマネジメント教育」『現
　　代スポーツ評論』第 39 号，36-48 頁

辻村宏和（2008）「経営学と経営者の育成」経営学史学会編『現代経営学の新潮
　　流―方法，CSR，HRM，NPO―』文眞堂，6-60 頁

目　　　次

はじめに

第1章　わが国スポーツマネジメント研究の現状，課題と展望—スポーツマネジメント研究における体育学的アプローチと経営学的アプローチの包摂にむけて—

第1節　問題意識と本章の課題

　2003 年の早稲田大学スポーツ科学部開設と，わが国で初めて大学名に「スポーツ」を冠したびわこ成蹊スポーツ大学の開学を皮切りに，わが国の大学において「スポーツ」，「スポーツマネジメント（スポーツビジネス，スポーツ経営学)」を冠する学部，学科，コースが全国的に増加している。スポーツ組織の存続・成長とスポーツ組織の経営活動に関わる現象をその研究対象とする「スポーツマネジメント」を研究の対象とする研究者コミュニティである学会もまた，従来存在していた日本スポーツ産業学会，日本体育・スポーツ経営学会，日本体育学会体育経営管理分科会に加え，2007 年には，わが国におけるスポーツマネジメント研究の第一人者である早稲田大学スポーツ科学学術院教授の原田宗彦を中心に，日本スポーツマネジメント学会が設立され，2018 年 3 月には 10 回目の全国大会を早稲田大学にて実施している。さらには，2018 年 4 月には日本体育大学においてわが国初のスポーツマネジメント学部が誕生している。

　こうした現象は，わが国において人々のスポーツへの関心・興味が高まっていること，スポーツ産業，スポーツビジネスなどのスポーツの経営的側面が体育学や関連領域の研究者に「社会的事象」として認知され，研究される存在にまで成長を遂げたことの証左であると言えよう。

　「はじめに」でも述べた通り，わが国におけるスポーツマネジメントの分析アプローチは主に二つに大別されている。ひとつは，体育経営学に源流が求められる体育学的なアプローチである。スポーツの経営的な現場，そしてそれを研究対象とする体育学への貢献を目指し，経営学的な方法論を用いてその目標を達成しようとするアプローチである。それゆえ主たる担い手は大学院で体育学を修めた体育学者が中心となっている。もうひとつのアプローチは，実務・コンサルティング的なアプローチである。このアプローチもまたスポーツの経営的な現場への

1

貢献を目指すものであるが，自らのスポーツマネジメント領域における実務経験を駆使し，現場への実践的な貢献を目指そうとするアプローチである。それゆえ主たる担い手は，プロスポーツやスポーツ用品メーカー，広告代理店等のスポーツマネジメント領域の実務で活躍した実務経験者が中心となる。実際に，わが国の大学・短期大学においてスポーツマネジメントを主担当科目とする専任教員は，ごく一部の例外を除いて体育・スポーツ領域の大学院出身者か，スポーツマネジメント領域の実務経験者であり，各々の学問的・実務的なバックボーンからスポーツマネジメント研究にアプローチしているのが現状である。

　スポーツ組織の存続・成長のあり方をその考察の対象とするスポーツマネジメントは，言うまでもなくスポーツとマネジメントの複合語である。その意味では，スポーツとマネジメントの両方が存在してこそはじめてスポーツマネジメントが成立すると言うことができる。スポーツ組織の特質や構造，スポーツ組織が取り扱うスポーツプロダクトの性質や構造，スポーツ消費者の特性や行動を理解するためには，体育・スポーツ領域の学識や知識が必要になるが，その分析に用いる経営理論もまたスポーツマネジメントには必要である。わが国を代表する体育・スポーツ経営学者である清水（1994）などは，スポーツ経営学を「特殊経営学」であるとしている。自らを経営学にカテゴライズするのならば，スポーツ組織の特質や構造，スポーツプロダクトの性質や構造，スポーツ消費者の特性や行動のみを精査するのではなく，その分析に用いる経営理論もまた精査，ひいてはその分析を通じて進化を遂げねばならない。また一般経営学に目を向けると山城などは，経営能力は，アカデミックな文献研究や知識中心の勉強である知識＝原理を基盤とし，実践（＝経験）を重ねていくことにより培われていくとする「KAEの原理」を提唱している（山城，1968，1970）。大野（2018）などは，山城のKAEの原理に依拠しながら，スポーツマネジメント領域の実践能力は，経営学理論とスポーツマネジメントにおける経験を基盤として構築されるものであり，いずれもスポーツマネジメントにおける実践能力の構築には必要欠くべからざるものであり，スポーツマネジメントの実務者もスポーツマネジメント領域の研究者にも基盤となる経営理論に関する研究活動が求められることを指摘している。清水

（2002）は，営利目的をもつスポーツ組織は，企業経営学の研究対象であると同時に体育・スポーツ経営学の対象でもあり，実際のスポーツ組織の経営に当たる者には，経営学の知識と体育・スポーツ経営学の知識の双方が必要となるとしている。上記の清水の指摘は実務者のみならず研究者にも共通する事項であると言えよう。また，武藤などは，スポーツファイナンスは，ファイナンスを基礎とするものであるゆえ，ファイナンスという普遍的な枠組みの範囲にあり，その下部構造を形成する一方で，スポーツファイナンス固有の領域があり，その研究やビジネスモデルの蓄積こそがスポーツファイナスのみならず，中心にある普遍的なファイナンスを豊かにするものであると論じ，スポーツファイナンスを理解するうえで，「普遍性と固有性」，「中心と周縁」を意識することが重要であるとしている（武藤，2008）。これらの指摘からわかることは，スポーツマネジメントを経営学研究の一領域として，その研究を実践し，その学術的な価値を高めていくためには，体育・スポーツ学的な素養やアプローチのみではなく，経営学的な素養やアプローチが求められるということである。その意味では，体育学と経営学は自転車の車輪であると言うことができる。いずれかが欠けても前に進むことは不可能であるということであり，スポーツプロダクトやスポーツ消費者に焦点を当てた体育・スポーツ学的なアプローチのみならず，一般経営学的なアプローチからもスポーツマネジメントを明らかにしようとする研究もまた必要であり，両者の豊かな対話こそが学問としてのスポーツマネジメントの発展には求められると言うことができよう。

　しかしながら，わが国において経営学的なアプローチからスポーツマネジメントに関する研究を試みたものは少ないのが実情である。とりわけ戦略の形成，内容，組織マネジメントなど戦略論，組織論的な研究については十分試みられていない。Slack（1996）は，アメリカにおけるスポーツマネジメント研究の現状として豊かな経営学的なバックボーンを有する研究，とりわけ戦略論，組織論領域の研究の少なさを指摘しているが，それはSlackの指摘から20年以上が経過したわが国においても同様であると言える。しかしながら，経営戦略はAlfred Chandler Jr.の指摘にさかのぼるまでもなく，組織の目標達成を実現するための計画であり，

組織の経営活動における根幹であり，それを支える組織デザイン等の組織マネジメントもまた経営活動における根幹であり，経営戦略論と経営組織論は経営学における主たる研究領域となっている。スポーツ組織の経営活動を研究対象とする特殊経営学であるスポーツマネジメントにおいてもまた，その内容を充実させていくためには，戦略論，組織論などの視角からスポーツマネジメント研究が展開されていく必要がある。

　そこで本章では，理論・実践へ貢献性の高いスポーツマネジメント研究を展開していくために，スポーツマネジメントが体育・スポーツ学と経営学の両方の視点と素養が求められることを再度確認した上で，この二つのアプローチがどのように包摂されていくべきなのかを研究課題としたい。

　なお，本章においては，混在するスポーツマネジメント領域における多様な用語について，先行研究を踏まえ整理を試みた松岡（2010）を踏まえ，「スポーツ産業」をスポーツに関連するビジネスを行う組織の集合体，そこで実践されるのが「スポーツビジネス」であると定義したい。このスポーツビジネスは「スポーツ事業」と同義であり，その事業の遂行に必要であるのが「スポーツマネジメント」であり，「スポーツ経営」はスポーツマネジメントと同義として捉え，議論を進めたい (1)。

第2節　スポーツマネジメントの定義と対象

　本節では，後の議論の土台となる資料を提供するために，先行研究に依拠しながらスポーツマネジメントの学問的な源流や発展の経緯，その定義，対象範囲を確認したい。

　Slack（1996），Chelldurai（2017）などによって論じられているように，アメリカにおけるスポーツマネジメントの源流は，学校体育の管理運営である“administration of physical education”に求められる。そこにおける具体的な関心事項としては，スポーツ施設の維持管理，体育大会等の体育行事の企画・運営，学内の体育プログラムの管理運営，体育関係の用具の購入や在庫管理などが挙げられる（Slack, 1996 ; Chelldurai, 2017）。大学，高校などの学校スポーツの規模

的な拡大やビジネス化，プロスポーツチーム，リーグ，フィットネスクラブなどのアメリカの市民生活や経済生活におけるスポーツ組織の台頭などにより，その存在が学術研究としても無視できないものとなってきたことに伴い，スポーツマネジメントは，学校体育のみを研究対象とするものからプロスポーツや地域スポーツなど，民間・地域のスポーツ経営活動にもその包摂領域を拡大させ今日に至っている。

　こうしたスポーツマネジメントにおける源流と発展の流れはわが国のスポーツマネジメントにおいても同様である。

　清水（2002），筑紫（2003）などは，わが国における体育・スポーツ経営学の源流を明治期に誕生した「体育管理学」に求めている。体育管理学の主たる研究領域としては，指導者の管理，施設用具の管理，財務管理などが挙げられ，そこでは学校の体育活動を有効に進めるための「体育における管理の仕事」を考察することが研究対象とされていた（清水，2002）。また，清水（2002）は，体育管理における管理のはたらきを「体育現象の中の管理」，「体育経営の中の管理」，「体育行政の中の管理」の三層に分けて整理し，「体育経営の中の管理」を体育管理学の中心テーマに据えることで，体育管理学から体育・スポーツ経営学への発展を理論的にリードしたのが筑波大学名誉教授の宇土正彦であるとしている。佐野・冨田（2012）なども，宇土正彦が記した『体育管理学』が公刊された1970年をもってわが国の体育管理学が成立したとしている。

　また，筑紫は，高度経済成長期でもある昭和30年代以降の学校体育活動の広まりに伴い，学校体育の管理を理論的に捉えることを目的とする「体育管理学」の構築が社会的に要請されるようになり，体育学者によりその学問的なアプローチが試みられたことを指摘している（筑紫，2003）。

　わが国においても，学校体育の管理運営を対象とする体育管理学，体育経営学が，国民生活におけるレジャーへの注目の高まりによる国民のスポーツ活動の高まりや，プロスポーツ，スポーツクラブ，総合型地域スポーツクラブなどの民間スポーツ組織の台頭により，体育経営学はその包摂範囲を民間のスポーツ組織にも拡張した経緯はアメリカにおけるスポーツマネジメントの発展と同様である

と言える。宇土の後継の筑波大学教授の八代勉，柳沢和雄などは，自らが主体となって編集した教科書のタイトルは「体育管理学」，「体育経営学」ではなく，「体育・スポーツ経営学」という用語を用い（八代・中村，2002；柳沢他，2017），八代などは体育・スポーツ経営学の対象として学校体育以外の教育委員会，企業における福利厚生，民間スポーツクラブ，フィットネスクラブなどを挙げ，その対象範囲を拡張させている（八代・中村，2002）。

　このように，スポーツマネジメントは学校体育の管理運営を主たる研究領域とする体育経営学を母体とするものではあるが，先述の体育経営学のパイオニアである宇土（1990）は，両者は同様のものではなく，別のものであるとしている。宇土は学校による営みは体育経営であり，教育機関以外による営みはスポーツ経営であると区分している（宇土，1990）。その意味では，スポーツマネジメントは体育経営学を出自とはするものの，別の学問であると捉えることが可能である。

　次に，先行研究を踏まえ，スポーツマネジメントがどのように定義されているかを見ていきたい。スポーツマネジメント研究界を代表する研究者コミュニティである北米スポーツマネジメント学会（North American Society for Sport Management：NASSM）は，スポーツマネジメントを「あらゆる領域の組織によって事業として営まれる特にスポーツ，運動，ダンス，遊びに関連した経営理論と実践」（Parks & Olafson，1987；3）と定義している。このように，設立初期の北米スポーツマネジメント学会ではスポーツマネジメントの対象を広範に設定しているが，それは松岡（2010）が指摘するように，この学問領域を，当時のスポーツマネジメント研究に従事していた研究者たちが明確に定めることができなかったことに起因していると指摘することができる。Chelldurai（1994）は，"European Journal of Sport Management"の創刊号において，スポーツマネジメントを「スポーツサービスの効率的な生産と交換（マーケティング）のための資源，技術，プロセス，人材，即応的な緊急事態の調整」（Chelldurai，1994；15）であると定義している。Chelldurai の定義からは，「効率的な生産と交換のための資源，技術，プロセス，人材，即応的な緊急事態の調整」はスポーツ以外の企業の経営活動にも求められるが，対象を「スポーツサービス」に限定することにより，ス

6

ポーツサービスに携わる企業や組織ならではの経営現象や経営方法などを明らかにすることにより，一般経営学との差異化，インプリケーションを見出していくことを目指そうとする意図が表れていると言えよう。また，Chelldurai（2017），Chelldurai（1994）の定義においては，スポーツマネジメントはレクリエーション・スポーツや健康のための運動などの身体活動をも含むものであるとし，広い意味での身体活動を含むものであると捉えている。スポーツマネジメントを体育教育施設の管理運営からスポーツ経営領域のマネジメントを対象とする学問へと発展させることに貢献をなした研究者の一人であるZeigler（2007）は，スポーツマネジメントの担い手であるスポーツマネジャーを「すべての年代の人々に向けたスポーツのプログラムにおける目的を計画，組織化，人材の雇用，先導する人物」（Zeigler，2007；304）であると定義している。これらの研究者たちの定義からは，彼らがスポーツマネジメントはスポーツプロダクトの生産，流通に関わるマネジメント行為であると捉えていると理解することが可能である。

　次に，わが国においては，スポーツマネジメントはいかなる定義がなされているのかを検討したい。まず，わが国の代表的な体育経営学者であった宇土（1990）は，スポーツ経営とは，人々にスポーツ行動を促すという目標をもった目的的な活動（営み）であるとしている。人々がスポーツ行動を促されることにより，そこに教育的な意味を見出したり，生活の中の楽しさ，充実感などが豊かにすることや，企業の経済的利益の増収が得られることなどその究極的な目的は，その経営者の経営方針により差異が生じ，その目的に沿うよう運営の仕方も工夫されるとしている（宇土，1990）。宇土の定義からは，スポーツマネジメントの対象が，教育組織に限定されず民間企業や自治体，非営利のスポーツクラブなどをもその対象とすることが暗示されており，体育経営学からその広がりを見せているものと言うことができる。それだけでなく，宇土はスポーツマネジメントの対象となる組織がすべからく人々のスポーツ行動に資する存在であるべきとしており，スポーツ行動と経営活動との関わりこそがスポーツ経営学の学問的な独自性となることも同様に暗示している。後の論文において宇土は，スポーツ経営は経営活動のアウトプットとしてのスポーツ事業を人々に提供することに特徴があり，学

としての独自性があると論じている（宇土，1991）。宇土の後を継ぎ，筑波大学体育経営学研究室の教授となった八代（1993）もまた．スポーツ経営は，文化としてのスポーツの振興を目指すものでなければならないとしている。

　現在，筑波大学において教授として体育・スポーツ経営学の教鞭を取る清水（2002）は，宇土の定義を踏襲し，体育・スポーツ経営は，スポーツ行動の成立，維持，発展を通して人々の豊かなスポーツ生活を実現させることを目的とした営みであるとの前提の下，体育・スポーツ経営を，体育・スポーツ組織が，人々のスポーツ行動の成立・発展・維持を目指して，体育・スポーツ事業を合理的・効率的に営むことであると定義している。また清水（1994）は，スポーツ経営学はスポーツ生活者のスポーツ生活の質を高めることがその目的であり，その意味では，スポーツ生活者の生活経営の営みを究明・提案することがその基本的課題となるとしている。このように清水は，スポーツ生活者への貢献性，それによるスポーツ文化の振興こそがスポーツ経営学の学術的，実践的な存在意義であると認識しており，その目的については，宇土，八代の見解を踏襲している。

　山下（2006）は，経営がその基本に据えられるのが経済的視点であること，経営は本質的に生産の諸要素を結合してこれを生産力化するという具体的な課題をもっていることを踏まえたうえで，スポーツ経営を「スポーツ活動の生産と販売を目的に諸資源の展開を図ること」（山下，2006；23）と定義している (2)。その究極的な目的を，スポーツ活動の創出，活性化とし，スポーツ経営とは，経営の視点からその活動を調整し，活性化させていくことであるという部分は，宇土，八代，清水らの定義と共通している。

　松岡はスポーツマネジメントを取り巻く現象が複雑かつ多様性を帯びてきた現状を踏まえ，スポーツマネジメント概念の再検討を試み，スポーツマネジメントを「するスポーツと見るスポーツの生産と提供にかかわるビジネスのマネジメント」（松岡，2010；42）と定義している。多様なスポーツ組織がその担い手となりうることを想定している部分では国内外の先行研究と重なりがあり，生産と提供にかかわるビジネスのマネジメントという部分については Chelldurai（1994）などの指摘とも重なりがある。しかしながら，「スポーツ価値の向上」などの究

極的な課題について言明はなされておらず，あくまで組織によるスポーツの生産と提供のためのマネジメントであると規定している部分は，国内の先行研究とは一線を画するものであると言える。

　以上，国内外のスポーツマネジメントの定義を検討したが，その究極的な目的をどこに置くかについて研究者により差異が見られたものの，スポーツマネジメントがスポーツの生産，流通，提供に関わる組織のマネジメントであり，そこにこそ非スポーツの製品・サービスを取り扱う企業や組織のマネジメントとの差異とスポーツマネジメントならではの独自性が見られ，スポーツマネジメントは民間，非営利など多様な組織が対象となりうるという部分については国内外の諸研究において合意がなされていると考えて差し支えない。

　本節の最後は，スポーツマネジメントの対象について，先行研究ではどのように取り扱われてきたのか検討したい。

　先述のように，北米スポーツマネジメント学会では，スポーツマネジメントを「あらゆる領域の組織によって事業として営まれる特にスポーツ，運動，ダンス，遊びに関連した経営理論と実践」（Parks & Olafson, 1987；3）と定義している。その意味では，当該学会における定義においては，スポーツ，運動，ダンスに関連した事業を営むものであれば，それはスポーツマネジメントの対象とされるということになり，その範囲は極めて広範になる。当該学会における定義はあいまいである一方で，今日広範かつ複雑化しているスポーツマネジメント現象を広く捉えることを可能とする利点もある。

　Chelldurai（1994，2017）は，スポーツ組織が提供するスポーツプロダクトを，「スポーツ用品」，消費者が自ら喜びや健康のために参加する「参加型サービス」，楽しみやサードプレイス確保を意図した「スペクテイタースポーツ」，企業による市場へのアクセスを意図した「スポンサーシップサービス」，寄付などによる利他的精神，自己満足などの「精神的な便益」，健康，アクティブなライフスタイルなどスポーツ組織が掲げる「社会的な理念」の6つに分類している。スポーツマネジメントの対象が，スポーツプロダクトの生産，流通者であるならば，Chelldurai（1994，2017）の想定するスポーツマネジメントの対象とは，これらの

9

スポーツプロダクトを事業として取り扱う組織であるということになる。

　国内の先行研究に目を向けると，わが国のスポーツマネジメント研究の第一人者である原田（2015）は，スポーツ産業を「スポーツ用品産業」，スポーツ情報の提供を行う「スポーツサービス情報産業」，「スポーツ施設空間産業」の3つに分類可能であるとし，スポーツ用品産業とスポーツサービス情報産業にまたがる「スポーツ関連流通業」，スポーツ施設空間産業とスポーツサービス情報産業にまたがる「施設・空間マネジメント産業」，スポーツ用品産業，スポーツサービス情報産業，スポーツ施設空間産業の3つにまたがるハイブリッド産業が存在するとしている。

　スポーツ関連流通業は，スポーツ用品メーカーが卸売業や小売業などに進出したり，小売業が商品の企画開発を行う行為などが対象となる。施設・空間マネジメント産業は，ハードとしての施設・空間にソフトであるサービス・情報が加味されて生まれたビジネスであり，フィットネスクラブやテニスクラブなどのクラブビジネス，スイミングスクールやテニススクールなどのスクールビジネスが含まれる。最後のハイブリッド産業は，用品，情報，施設のすべてを含む複合領域であり，プロスポーツやスポーツツーリズムなどが含まれる（原田，2015）。

　清水（2002）は，体育・スポーツ経営組織として「学校の体育経営組織」，体育協会やレクリエーション協会，総合型地域スポーツクラブなどの「地域の非営利スポーツ経営組織」，教育委員会などの「体育・スポーツ行政組織」，フィットネスクラブ，ゴルフ場などの「民間営利スポーツ経営組織」，職場の福利厚生などを行う「職場スポーツ経営組織」の5つを挙げており，これらの組織の営みが体育・スポーツ経営学の対象となるとしている。

　最後に，松岡（2010）はLi et al.（2001）の提示したモデルを日本のスポーツ産業にあてはめ，スポーツ産業は，プロスポーツ，企業スポーツチーム，大学，高校のスポーツチームと管理組織，スポーツ関連行政組織，フィットネスクラブなどが含まれる「スポーツプロデューシングセクター」を核とし，その周縁にサブセクターとして「スポーツ統括組織」，「スポーツ用品（製造・卸売・小売業者）」，「スポーツ施設（設計・建設・管理）」，「スポーツメディア（テレビ，新聞，雑

誌など)」,「スポーツマネジメント会社 (エージェント, イベントマネジメント, コンサルタントなど)」,「スポーツ行政 (地方自治体のスポーツ担当部署など) が存在するとしている。

これらの分類の中において, Chelldurai (1994) はこの中のスポーツ用品の製造は, 一般経営学で十分包摂可能な領域であるとし, スポーツマネジメントの対象は, 多様なスポーツ組織により生み出されるスポーツサービスであるとしている。国内の研究者においても Chelldurai と同様の指摘がされており, 八代 (1993) は, スポーツ経営は「行うスポーツ」および「見て楽しむスポーツ」を直接事業として扱う経営体の活動の総称であるとし, スポーツ用具の製造販売する経営体の活動はそこには含まれないとしている。また松岡 (2010) も, スポーツマネジメントの対象となるのは,「スポーツマネジメント」の固有性や特異性を見いだせる領域に限定されるべきであるとしている。

以上, 本節では, スポーツマネジメントの起こりと発展, 定義, 対象について先行研究に依拠しながら明らかにした。スポーツマネジメントは学校体育の管理運営をその源流としており, スポーツ概念の広まりと人々の関心, 経済活動への影響の高まりとともに, 多様なスポーツ経営活動をその対象へと包摂し,「スポーツマネジメント」に発展したこと, 先行研究においてはそれが本来的な人間のスポーツ活動から生み出されるスポーツプロダクトの生産と流通の従事する組織の経営活動を対象とするものであることが明らかにされた。さらには, 宇土, 八代, 清水など体育・スポーツ経営学を主たる研究領域とする研究者はそれが人々のスポーツ生活に資することが究極の目的として掲げられていることも確認された。本節における今までの議論を踏まえると, 国内外のスポーツマネジメントは, 体育・スポーツの学術と実践の発展を究極の目的として, 主に体育学のバックボーンを有する研究者たちの手により体育学のフィールドの中で議論が展開され, 発展がなされてきたと指摘することができる。

第 3 節　「体育学」としてのスポーツマネジメントの限界，課題と「経営学」としてのスポーツマネジメント

　本節では，学問としてのスポーツマネジメントの問題点，課題について論じたい。前章で確認したように，スポーツマネジメントは体育現場の実践上の課題から生じた学問であるゆえ，清水（1997）など自己認識では（特殊）「経営学」として研究を展開してきた研究者はいたものの，体育学の領域の中で研究が展開されてきたことは否定の余地がない。それを踏まえ，大野（2014）は，スポーツマネジメントの研究上の課題としてマーケティング戦略，経営戦略的研究の展開の必要性，組織論的研究の必要性，スポーツマネジメント教育・人材育成の必要性，スポーツマネジメントの学問的独自性構築の必要性を挙げている。具体的には大野は，スポーツマネジメント研究は，その対象（顧客）であるスポーツ消費者やそれが提供するスポーツプロダクトについての研究は定量調査を主たる研究手法として進められており，そこにおける研究上のプログレスはあったことを指摘しつつも，その研究と経営活動，すなわちマネジメントに関する研究との繋がりが弱く，スポーツマネジメントが学問的な独自性を構築していくためにも，スポーツ消費者やそれが提供するスポーツプロダクトとマネジメントとの繋がりを視野に入れた「経営的な」研究が展開される必要性を論じている。

　Slack（1994，1998）も大野と同様の指摘をしている。Slack は，スポーツマネジメント研究の課題として，体育教育や体育プログラムから研究のフィールドを多様なスポーツ産業を構成する組織へと拡張することと，スポーツマネジメント研究者がスポーツマネジメントという学問が依拠する一般経営学理論に熟達する必要性を挙げている（Slack, 1994）。具体的には，Slack（1994）は，一般経営学に関する理論的な文献への注目がほとんど高まってこなかったことを指摘したうえで，正しい，そして現在の経営学研究に基づいていないスポーツマネジメント研究は，その貢献と一般性についておぼつかないものとなるとしている。Hardy（1987）なども，スポーツマネジメントの固有性を明らかにするためにも，他の産業との比較研究や，その前提として経営理論を抑える必要性を指摘している。武藤（2008）が指摘するように，特殊経営学であるスポーツマネジメントは

普遍性に相当する経営理論を基盤として，固有性であるスポーツの経営現象を明らかにしていくことが求められる。その意味では，普遍性である経営理論と固有性であるスポーツの経営現象との相互作用の中で，スポーツマネジメントという学問が構築されると言うことができる。適切な相互作用のプロセスを構築するためにも普遍性である経営理論をスポーツマネジメント研究者が絶えず学修し，洗練させていく必要があるということである。そのためには Slack（1994）は，スポーツマネジメント研究者各自が各々の経営学領域に関して最新鋭の研究書に触れ，それに熟達しておくこと，一般経営学の学会において研究成果を報告したり，一般経営学の学会誌に論文を投稿することで，一般経営学の研究者からフィードバックを得たり，その面白さや経営学研究のフィールドとしての魅力を伝え，スポーツをフィールドとした研究へと引き込むことを提案している。大野もまたスポーツマネジメント研究者が，今後親学問である経営学や組織論の研究者と積極的にかかわっていくこと，自らの殻，陣地のみにとどまるのではなく，そうした研究者のフィールドに積極的に出向いていくことも今後のスポーツマネジメントの発展のために重要になること（大野，2014），時にはそうした研究者に対してスポーツマネジメントという研究対象の魅力を伝え，スポーツマネジメント研究へと引き込む必要があると論じている（大野，2010）。

　松岡（2010）などは，スポーツマネジメント関連の学会大会において研究の対象領域でしか区分できない研究が少なくないことを指摘しており，それらが研究対象における何の研究であるのか，マーケティングや人材マネジメントなどマネジメント機能を含んだ研究であるべきと論じている。松岡はそうすることでマネジメント機能ごとに研究を集約することが可能となり，知識体系を整理することが可能となるとしている（松岡，2010）。原田（2010）なども，スポーツプロスポーツクラブのマーケティング研究において，モデルの検証や因果関係の報告が中心であり，具体的な経営戦略の提示までに至っていないことを指摘している。

　Slack，大野，松岡，原田らにおいて指摘されているのは，スポーツマネジメントにおける自転車の両輪である経営学的な視角の素養の立ち遅れである。原田（2010）の指摘通り，国内外のスポーツマネジメント研究において，そこにおい

て中核に据えられるべきスポーツ消費者やスポーツプロダクトを分析するためのモデルの洗練化や因果関係の構築などについては日進月歩での進捗が見られている。しかしながら，国内外における大半のスポーツマネジメント研究者の関心の中核は，スポーツ領域におけるマーケティング・リサーチ研究であると言っても過言ではなく (3)，それを受けての具体的な経営戦略やマーケティング戦略の構築については関心が薄いのか，そこまでの議論が進んでいないのが現状であると言える。その意味では，今後のスポーツマネジメント研究においては，各研究者が定量調査による得られたデータや分析結果を具体的な戦略へと落とし込んでいくことと，そこにおいて求められる戦略理論やマネジメント理論の習得及び習熟が求められると言えよう。著名な経営学者であるミンツバーグはアメリカにおける MBA 教育は体系的な分析・評価である「サイエンス」に偏っていることを指摘し，真のマネジャーを育成していくためには，サイエンスのみならず，創造性を後押しし，直観とビジョンを生み出す「アート」と，目に見える経験を基礎に，実務性を生み出す「クラフト」が必要であることを指摘している（Mintzberg, 2004）。マーケティング・リサーチは，ミンツバーグの指摘するところの「サイエンス」であり分析である。分析そのものはミンツバーグも指摘しているように戦略ではなく，戦略形成を支援する役割にしか過ぎないのである（Mintzberg, 2004, 2009）。その意味では，マーケティング・リサーチによるハード・データを戦略形成においてどのように活用していくのかについても，スポーツマネジメント研究において，今後考察が深められていく必要があろう。

　一般経営学に目を向けると，山城は経営実践における原理は一般でも，実際は多様であるゆえ，実践は国や組織により多様であるとしている。その意味で，原理を基盤としながらも，それぞれの国ごとの特殊性を踏まえ，それに求められる実践能力の究明を図ろうとするアメリカ経営学，イギリス経営学，ソ連経営学，日本経営学，組織ごとの特殊性とそこで求められる実践能力の究明を図ろうとする企業経営学，官庁経営学，学校経営学，病院経営学，労組経営学の必要性を指摘している。この他山城は軍隊や宗教団体の経営学にもそれに応じた経営学の必要性を論じている。山城の指摘になぞらえて考えていくならば，スポーツ経営体

14

の経営活動の実際は，企業とも官庁とも異なるものであるゆえ，経営原理を踏まえながらも，その特殊性をおさえたスポーツ経営体ならではの経営学である「スポーツマネジメント」が求められると言うことができる。そして，このスポーツマネジメントは，武藤（2008）の指摘する「普遍性（経営学）」と「固有性（スポーツ現象）」の両側面を備えており，普遍性を基盤とするものであり，普遍性に相当する経営学がなければ，土台がおぼつかないものとなるゆえ，その理論構築には両者の健全な素養と相互作用が必須となる。

　一般経営学的なアプローチからのスポーツマネジメント研究が全くなされなかったのかと言うとそうではない。国内の単著書に目を向ければ，まずは東北大学大学院にて経営学の博士号を取得した松野将宏の著作が挙げられる。松野（2005）は，ビジネス領域におけるプロデューサー理論を地域スポーツクラブへと応用を試みた研究であり，東北大学に提出した学位論文がベースとなっている。松野（2005）に続く単著（松野，2013）では，松野は新制度派組織理論や制度的同型化などの制度的アプローチと社会構成主義に依拠しながら地域スポーツクラブのビジネスモデルを提示している（松野，2013）。次に，横浜国立大学大学院国際社会科学研究科（現国際社会科学府）博士後期課程で学修を収め，帝京大学経済学部准教授として経営戦略論Ⅰ・Ⅱを主担当科目とする本章の筆者である大野が挙げられる。大野は，経営戦略論，経営組織論の視角からプロスポーツクラブの経営戦略が組織内外のステークホルダーとの相互作用のプロセスの中で社会的に構築されることを複数の国内のプロスポーツクラブの事例研究から提示し，その研究成果を単著書として公刊している（大野，2010）。また同志社大学大学院にて総合政策科学の博士号を取得し，大阪学院大学経済学部准教授を務めた松野光範などは，Ｊリーグをイノベーションと捉え，イノベーションとしてのＪリーグが普及したプロセスを検討している（松野，2009）。長崎大学大学院にて博士（経営学）を取得した九州産業大学人間科学部教授の西崎信男などは，ファイナスの視点から海外プロサッカークラブのマネジメントに関する研究活動を展開している（西崎，2011 など）。

　共著書や学術論文にも目を向けると，まず水野・三浦・稲水（2016）は，ライ

フワークとしてスポーツを研究のフィールドとしていない経営学，マーケティング研究者と心理学研究者がプロ野球をフィールドとして記された著書である。また日本経営学会の理事，経営学史学会の理事長経験者の中央大学名誉教授高橋由明なども体育学者の早川宏子らとの共著でスポーツマネジメントをテーマとした書籍を公刊している（高橋他，2012）。東京大学，一橋大学で教授として教鞭を取り，現在は東京理科大学大学院経営学研究科教授で日本経営史研究者の橘川武彦もまたプロ野球をテーマにした著作（橘川・奈良，2009）を横浜市立大学大学院の博士後期課程で経営学の学修を収めた奈良堂史（現関東学院大学経営学部准教授）との共著で公刊したり，単著で論文（橘川，2009）を記している。いずれも自らの専門領域である歴史的な視角からそのアプローチを試みている。なお，橘川の論文が掲載された『一橋ビジネスレビュー』第56巻第4号では，スポーツビジネスに関する特集が組まれている。また，国内における一般経営学系のトップジャーナルの一つである『組織科学』においても，一般経営学者である東北大学大学院経済学研究科准教授の一小路武安によって記されたJリーグクラブチームをフィールドとした論文が掲載されている（一小路，2018）。コーポレートガバナンスを専門領域とし，名古屋市立大学大学院にて博士（経済学）を取得している愛知工業大学経営学部専任講師の老平崇了なども，自らの専門領域であるコーポレートガバナンスの視点からスポーツ組織のガバナンスについての論考を試みている（老平，2016）。また経営組織論を専門とし，北海道大学大学院にて博士（経営学）を取得している京都産業大学経営学部准教授の赤岡広周は，経営学領域の先行研究を踏まえ，環境状況―戦略―組織特性―組織成果というフレームワークを導出し，中央競技団体の実証研究を試みている（赤岡，2009）。先述の奈良（2006）などは，経営戦略論の視角からプロ野球球団の戦略分類（ローコスト，差別化）を試みている。

　そして，会計学的なアプローチからスポーツマネジメント研究を試みた研究者としては，広島大学大学院にて博士（マネジメント）を取得した大阪産業大学経営学部教授永田靖，九州大学大学院の博士後期課程にて博士号（経済学）を取得した熊本学園大学大学院会計専門職大学院教授の角田幸太郎などが挙げられる

（永田，2010，角田，2015，2017など）。

　また海外のスポーツマネジメント，スポーツマーケティング研究に目を向けると，単なる定量調査によるデータの提供だけでなく，消費者行動研究を超えた実践への示唆を与える試みもなされている。一例を挙げれば，スポーツパフォーマンス，スポーツ製品，スポーツプロモーションスポーツ産業におけるセグメントモデルの導出（Pitts et al.，1994），スポーツファンのロイヤリティ区分とそれぞれに有効な戦略についての言及（Mahony et al.，2000），スポーツファンの観戦回数ごとの分類とそのエスカレーターモデル（Mullin，2000），ファンのロイヤリティの高め方（Sutton, & Parrett，1992），CRM（Cousens et al.，2001），FRM（Fan Relationship Management ; Adamson et al.，2005）の必要などが提唱されており，Amis et al.（1997）が，スポーツ・スポンサーシップの立場から，Smart & Wolfe（2000）が，カレッジ・スポーツの立場から持続的競争優位をもたらす内部資源，すなわち経営戦略論の代表的研究視角である資源ベース・アプローチからスポーツ組織にアプローチしている。

　以上，本節では，スポーツマネジメント研究の両輪における「体育・スポーツ」への偏り，その中でもマーケティング・リサーチ的研究への偏りを指摘したうえで，学問としてのスポーツマネジメントの健全な発展のためには，両輪のひとつであり，土台でもある「経営学」における各研究者の素養の滋養と継続的な学修による土台となる経営理論の構築の必要性を提示した上で，経営学的な視角から試みられている研究の紹介をした。しかしながら，これらの研究は，個々人の研究者の手により展開されており，個々に点在しているのが実情であり，体系的にまとめられ，統一されているとは言い難いのが現状である。その意味では，こうした研究が共有され，形式知化され，新たな形式知の土台となる暗黙知の形成までは至っていないのが実情である。松岡（2010）が指摘するように，これらの個々に点在している研究が知識として集約されることによりスポーツマネジメントは学問としてのさらなる発展を見せるものと考えられる。それこそが今後のスポーツマネジメント研究の課題のひとつと言えよう。

第 4 節　　若干の考察—体育学的アプローチと経営学的アプローチの包摂を可能とするスポーツマネジメント研究の構築にむけて—

　本節では，今までの議論を踏まえ，スポーツマネジメントが学問・研究として今よりもさらに発展を遂げるためのパースペクティブを提示したい。

　本章において数回述べているように，スポーツマネジメントが自らを「特殊経営学」であるとカテゴライズするのならば，流行のトピックや話題のフィールドを後追い的に研究するのではなく，自らが寄って立つ基盤を明確化したうえで，その枠組みを構築するための理論の習得に励み，それを絶えず洗練していなかければならない。その基盤こそが経営学であり，経営理論であることは既述の通りである。現在，スポーツマネジメント研究は，体育学をバックボーンとする研究者，実務経験をバックボーンとする実務経験者，ごく一部の経営学・会計学研究者の手によりその研究が進められ，自由な議論が展開されている。しかしながら，それぞれが有するバックボーンや問題意識，研究方法論，ナレッジの違いにより，流行のトピックや特定のフィールド（大学スポーツやラグビー，オリンピックなど）に関する議論に終始し，当事者の間で一時的な満足感を得るのみに留まり，真の意味で実りある議論が展開されておらず，多くの研究者や実務者が関心を寄せている定量調査をベースとするマーケティング・リサーチ研究を除いては研究上のナレッジが研究者コミュニティである学会に蓄積されているとは言い難いのが実情である。

　そうしたスポーツマネジメントの研究に従事する研究者や実務者の間の齟齬を解消し，特殊経営学としての基盤を構築するためにも，Slack（1994）が論じているように，各研究者が自らが基盤とする経営学理論の学修を継続し，それに熟達することが求められる。スポーツマネジメント研究に従事する各研究者間で，そうした共通の「土台」があってこそ初めて各々のバックボーンを活かした実りある議論が展開されるであろう。松岡（2010）の言葉を借りるならば，プロ野球やJリーグなどの研究の対象のみではなく，経営戦略，経営管理・戦略，マーケティングや人的資源管理などのマネジメント機能とそれに付随する経営理論の学修を重ね，一般経営学領域における研究の展開や潮流をおさえる必要があると

いうことである。これも既述になるが，山城（1968，1970）も学校経営学や病院経営学などの特殊経営学とは，一般の経営理論を土台とし，それを踏まえ，用いながら事象を分析していくことが求められるとしている。このように，それぞれの研究者が，自らの研究基盤として経営学理論をおさえることにより，はじめてスポーツならではのマネジメント現象を捉え，描き出していくこと，すなわちスポーツマネジメントを学術的な意義のある学問にしていくことを可能にすると言えよう。こうした構築されたスポーツマネジメント理論は実務者には自らの実務や研究に含意をもたらすものとなり，スポーツマネジメント研究者には自らのナレッジの構築と研究における先行研究を豊かなものとするだけでなく，そこにおいて構築された理論が魅力あるものであればあるほど新たな一般経営学研究者や体育学者，実務者をスポーツマネジメント研究へと誘い，スポーツマネジメント研究へと引き込み，スポーツマネジメント研究における議論をさらに豊かなものとし，スポーツマネジメント理論の社会的構築を促進させていくことを可能とするのである (4)。

　以上，今後のスポーツマネジメント研究においては，各研究者や研究に関心を持つ実務者が共通の基盤として経営学理論の学修を重ね，それを踏まえた上での議論，そしてスポーツ現象の分析を行い，理論構築を試みていく必要がある。言うまでもなくスポーツにはルールがあり，野球であれば，バッティングと捕球，送球の技術は野球を楽しむため最低限必要なスキルとなるようにスポーツを行うために必要とすべき技能が存在する。スポーツマネジメント研究においてはその第一的なスキルが経営学理論であるということである。経営学理論を踏まえた上で，体育学研究者や経営学研究者，実務出身の研究者が自らのバックボーンを超えて議論し，新たなナレッジを構築することにより，スポーツマネジメント研究は，体育学的アプローチ，経営学的アプローチ，ひいては実務的なアプローチを包摂した文字通りのスポーツのマネジメント，スポーツマネジメントとなることを可能とすると言える。以上の本節における議論を図示したものが図表 1-1 である。

図表 1-1　第 4 節の議論のまとめ

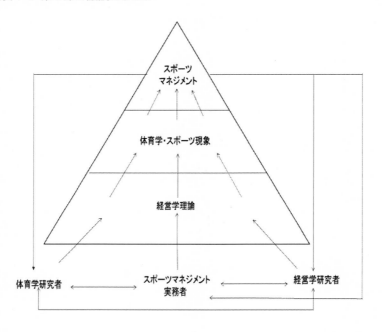

第 5 節　　小括

　以上，本章ではスポーツマネジメントの現状を踏まえ，その問題点と課題，その研究の展開可能性を提示した。しかしながら，1994 年，1996 年に公刊されている Slack の指摘が今日性を有している現状を踏まえるならば，本章における提案を実現していくことはきわめて困難であろう。そうであるにも関わらず，「スポーツマネジメントは実践の学問である」，「スポーツマネジメントは現場ありき」という耳障りの良い甘言の中に浸っている限りは，個々人の経験の寄せ集めにしか過ぎないものとなり，経営学，学問として昇華していくことは難しいものとなる。真の意味でスポーツ経営実践における還元性の高い理論を構築してくためにも，その分析枠組，視角の構築の前提となる経営学に目を向け，学修を重ねていくことこそが求められるのである。それこそがスポーツマネジメント研究がマーケティング・リサーチに基づく単なるハード・データの羅列，スポーツ現場

の実務者の経験の寄せ集めに陥らず，実践性と学術性の高いマネジメント研究として成長していくための課題であると言えよう。

注

(1)　一方で，清水（2002）などは，スポーツ経営はあらゆるスポーツ産業を対象としたマネジメント現象ではなく，人とスポーツとの結びつき（スポーツ行動）に力点を置いたスポーツ事業を研究の核とするものであるとし，スポーツ経営とスポーツマネジメントは異なるものであると論じている（清水，2002）。八代もまた，主として北米で用いられるスポーツマネジメントという用語は，スポーツに関するマネジメント現象の総称というような程度の定義しかなく，スポーツのためのマネジメント，スポーツのマネジメント，スポーツにおけるマネジメントなどを総称した用語であり，スポーツ経営とは異なるものであるという認識を持っている（八代，1993）。

(2)　山下は，別の論文において，スポーツマネジメントは，「スポーツをめぐっての人間と人間の関係をつくり出す機能を総称したもの」（山下，2005；87）と称している。この機能として山下（2005）は，ビジネス，マーケティング，オペレーションがあると論じている。この山下の定義もまた，スポーツマネジメントの主体として教育組織だけでなく，民間スポーツ組織等の多様なスポーツ組織を想定しているものと指摘することが可能であろう。

(3)　大野（2018）は，その直証として，わが国のスポーツマネジメント系学会の一つである日本スポーツマネジメント学会第 9 回大会（2016 年 12 月，近畿大学にて開催）において，口頭発表の学術研究 11 題中 9 題が定量調査を用いた研究であり，うち 6 題がスポーツ参加者，スポーツ観戦者などのスポーツ消費者への定量調査を基にした研究報告であり，3 題は選手，コーチを対象とした定量調査であったことを挙げている（日本スポーツマネジメント学会第 9 回大会実行委員会，2016；大野，2018）。

(4)　高橋（2018）なども指摘しているように，現行のわが国のスポーツマネジメント研究を踏まえると，一般経営学研究者，会計学研究者がスポーツマネジメント研究に参入するにあたり十分な誘因を提供できていないのが現状であり，一般経営学研究者や一般会計学研究者が，スポーツマネジメント研究に参入する誘因を構築していくことはスポーツマネジメント研究の喫緊の課題のひとつであると言えよう。スポーツマネジメント研究者のキャリアパターンの偏りについては，経営学研究者の辻村（2008）によ

っても指摘がなされている。

参考文献

Adamson, G., Jones, W. & Tapp, A.（2005）,"From CRM to FRM : Applying CRM in the Football Industry," *Database Marketing & Customer Strategy Management*, Vol.13, No.2, pp.156-172.

赤岡広周（2009）「中央競技団体の戦略と組織」『經濟學研究』第 59 巻第 2 号, 49-56 頁

Amis, J., Pant, N., & Slack, T.（1997）,"Achieving a Sustainable Competitive Advantage : A Resourced-Based View of Sport Sponsorship," *Journal of Sport Management*, Vol.11, pp.80-96.

Chelldurai, P.（1994）, "Sport Management : Defining the Filed," *European Journal of Sport Management*, Vol.1, pp.7-21.

Chelldurai, P.（2017）,*Managing Organization for Sport and Physical Activity : A System Perspective Second Edition*, Routledge.

筑紫智行（2003）「体育経営管理研究の展開―スポーツ経営学の歴史的研究の一環として―」『日本体育大学紀要』第 32 巻第 2 号, 131-148 頁

原田宗彦（2015）「進化するスポーツ産業」原田宗彦編著『スポーツ産業論（第 6 版)』杏林書院, 2-17 頁

原田尚幸（2010）「プロ野球観戦者のチーム・ロイヤリティと観戦行動」日本経営学会第 84 回大会報告資料

Hardy, S.（1987）,"Graduate Curriculums in Sport Management : The Need for a Business Orientation," *Quest*, Vol.39, No.5, pp.207-216.

一小路武安（2018）「危機状態と危機寸前状態の組織におけるリーダー変更と危機疲れの影響―サッカーJ リーグにおける 2 部降格チーム・降格寸前チームの比較分析―」『組織科学』第 51 巻第 3 号, 4-18 頁

橘川武郎（2009）「プロ野球の危機と阪神タイガース―ファンの懸念―」『一橋ビジネスレビュー』第 56 巻第 4 号, 62-73 頁

橘川武郎・奈良堂史（2009）『ファンから観たプロ野球の歴史』日本経済評論社

Li, M. Hofacre, S. & Mahony, D.（2001）,*Economics of Sport*, Fitness Information Technology.

Mahony, D. F., Madrigal, R. & Howard, D.（2000）, "Using the Psychological Commitment to Team（PCT） Scale to Segment Sport Consumers Based on Loyalty," *Sport Marketing Quarterly*, Vol.9, No.1, pp.15-25.

松野将宏（2005）『地域プロデューサーの時代―地域密着型スポーツクラブ展開

　　への理論と実践―』東北大学出版会

松野将宏（2013）『現代スポーツの制度と社会的構成―スポーツの地域密着戦略
　　―』東北大学出版会

松野光範（2009）「イノベーションのホリスティック・アプローチ―スポーツが
　　示唆するイノベーションの本質―」同志社大学大学院総合政策科学研究科博
　　士論文

松岡宏高（2010）「スポーツマネジメント概念の再検討」『スポーツマネジメント
　　研究』第 2 巻第 1 号，33-45 頁

Mintzberg, H.（2004），*Managers not MBAs*, Berrett-Koehler Publishers.（池村千秋訳
　　『MBA が会社を滅ぼす～正しいマネジャーの育て方』日経 BP 社，2006 年）

Mintzberg, H.（2004），*Managing*, Berrett-Koehler Publishers.（池村千秋訳『マネジ
　　ャーの実像　「管理職」はなぜ仕事に追われているのか』日経 BP 社，2011
　　年）

水野誠・三浦麻子・稲水伸行編著（2016）『プロ野球「熱狂」の経営科学：ファ
　　ン心理とスポーツビジネス』東京大学出版会

Mullin, B.（2000），"Characteristics of Sport Marketing," In Appenzeller, H. & Lewis,
　　G., *Successful Sport Management*, Carolina Academic Press, pp.181-188.

武藤泰明（2008）『スポーツファイナンス』大修館書店

永田靖（2010）「スポーツマネジメントにおける財務および会計の位置づけ―ス
　　ポーツ組織の特性―」『広島経済大学経済研究論集』第 33 巻第 3 号，29-39
　　頁

奈良堂史（2006）「プロ野球ビジネスの競争戦略―スポーツ・マネジメントにお
　　ける"地域密着"の再解釈―」『横浜市立大学大学院院生論集』第 12 号，43-60
　　頁

日本スポーツマネジメント学会第 9 回大会実行委員会編・発行（2016）『日本ス
　　ポーツマネジメント学会第 9 回大会号』

西崎信男（2011）「プロチームスポーツとガバナンス～英国プロサッカーリーグ
　　を中心に～」長崎大学大学院経済学研究科博士論文

老平崇了（2016）「スポーツ団体・組織におけるガバナンス―社会的責任を視野
　　に入れて―」『経営行動研究年報』第 25 号，92-96 頁

大野貴司（2010）『プロスポーツクラブ経営戦略論』三恵社

大野貴司（2014）「スポーツマネジメント 4 つの研究課題」『岐阜経済大学論集』
　　第 47 巻第 2・3 号，109-129 頁

大野貴司（2018）「スポーツマネジメントにおける理論と実践の関係に関する一
　　考察―山城章の『実践経営学』の視点から―」大野貴司編著『スポーツマネ

　　ジメント実践の現状と課題―東海地方の事例から―』三恵社，1-22 頁

Parks, J. B. & Olafson, G. A.（1987），"Sport Management and a Now Journal," *Journal of Sport Management*, Vol.1, pp.1-3.

Pitts, B. G., Fielding, L. W. & Miller, L. K.（1994），"Industry Segmentation Theory and the Sport Industry : Developing a Sport Industry Segment Model," *Sport Marketing Quarterly*,Vol.3, No.1, pp.15-24.

佐野昌行・冨田幸博（2012）「体育学の一領域としての体育管理学の成立過程：スポーツ経営学史の一環として」『体育・スポーツ経営学研究』第 26 巻, 53-71 頁

清水紀宏（1994）「『スポーツ経営』概念の経営学的考察」『体育学研究』第 39 号, 189-202 頁

清水紀宏（1997）「スポーツ経営学における基本価値の検討」『体育・スポーツ経営学研究』第 13 巻第 1 号, 1-15 頁

清水紀宏（2002）「体育・スポーツ経営とは」八代勉・中村平編著『体育・スポーツ経営学講義』大修館書店, 16-39 頁

Slack, T.（1994），"From the Locker Room to Board Room : Changing the Domain of Sport Management," *Journal of Sport Management*, Vol.10, pp.97-105.

Slack, T.（1998），"Is There Anything Unique about Sport Management ?," *European Journal for Sport Management*, Vol.5, No.2, pp.21-29.

Smart, D, L.& Wolfe, R. A.（2000），"Examining Sustainable Competitive Advantage in Intercollegiate Athletics : A Resource-Based View," *Journal of Sport Management*, Vol.14, pp.139-145.

角田幸太郎（2015）「日欧プロサッカークラブにおける人的資源の会計と管理の事例研究」『会計理論学会年報』第 29 号, 99-108 頁

角田幸太郎（2017）「プロフェッショナル組織におけるインセンティブ・システムの導入効果の研究―英国プロサッカークラブでのインタビュー調査―」『会計理論学会年報』第 31 号, 72-80 頁

Sutton, W. A. & Parrett, I.（1992），"Marketing Core Product in Professional Team Sports in the United States," *Sport Marketing Quarterly*, Vol.1, No.2, pp.7-19.

高橋由明・早川宏子・ハラルド・ドレス・ステン・ゾェダーマン編著，高橋由明・早川宏子編訳（2012）『スポーツ・マネジメントとメガイベント―J リーグ・サッカーとアジアのメガスポーツ・イベント―』文眞堂

高橋義雄（2018）「スポーツマネジメント人材とスポーツマネジメント教育」『現代スポーツ評論』第 39 号, 36-48 頁

辻村宏和（2008）「経営学と経営者の育成」経営学史学会編『現代経営学の新潮

　　流―方法，CSR，HRM，NPO―』文眞堂，46-60 頁

宇土正彦（1990）「スポーツ経営学講座　―第 1 回―　スポーツ経営とは」『指導
　　者のためのスポーツジャーナル』9 月号，24-25 頁

宇土正彦（1991）「スポーツ産業とスポーツ経営との構造的連関に関する研究」
　　『スポーツ産業学研究』第 1 巻第 1 号，1-11 頁

山城章（1968）『新講経営学』中央経済社

山城章（1970）『経営原論』丸善

山下秋二（2005）「スポーツマネジメント研究の展望」『体育学研究』第 50 巻第
　　1 号，79-89 頁

山下秋二（2006）「スポーツと経営学」山下秋二・中西純司・畑攻・富田幸博編
　　著『スポーツ経営学　改訂版』大修館書店，8-30 頁

柳沢和雄・木村和彦・清水紀宏編著（2017）『テキスト体育・スポーツ経営学』
　　大修館書店

八代勉（1993）「スポーツ経営学講座　―最終回―　これまでのまとめと今後の
　　展望―」『指導者のためのスポーツジャーナル』9 月号，38-40 頁

八代勉・中村平編著（2002）『体育・スポーツ経営学講義』大修館書店

Zeigler, E. F.（2007），"Sport Management must Show Social Concern as it Develops
　　Tenable Theory," *Journal of Sport Management*, Vol.21, pp.297-318.

（大野　貴司）

第 2 章　プロスポーツ組織の収益向上の可能性と財務基盤安定化の施策

第 1 節　イントロダクション

　スポーツにかかわるファイナンス概念は，学際的であり，かつ，現時点で明瞭な定義付けがあるわけではない。さらに，理論としての認識と確認は，現時点での実践あるいは現場状況に追いついていないという感もある。

　現状ではスポーツ組織における資金調達は，組織自体の存亡をかけた重要事項であり，企業として自主・自律のためにも最優先されなければならない命題でもある。円滑な資金調達と明瞭な資金運用がなされて初めて，スポーツ組織は企業として経済活動が可能となる。

　そこで重要なのは，第 1 に，スポーツ組織におけるファイナンス概念の活用事例を検証するとともに，第 2 に，当該スポーツ組織を投資対象とした場合に，投資意思決定者が投資案件としての価値を見出すことができるのか，第 3 に，当該スポーツ組織が投資対象として魅力ある価値を創出させているのか，について考察することである。

　上記 3 点の項目を検討するためには，スポーツ組織とスポンサーシップ，なかでも広告媒体として活用されるスポーツ組織およびネーミングライツなどのファイナンス事例を検証する。

第 2 節　企業の使命

　企業とは，ここではスポーツを主として経済活動をおこなう組織を除いた一般企業を示すこととする（以下，企業と示す）。当該企業は業種・規模にかかわらず「利益の極大化」を目指し，グローバルに経済活動をおこなう。その前提には，企業は①「継続企業（going concern）」として未来永劫にわたって活動をおこなうものであり，②「儲け＝利益」を追求する営利目的のために経済活動をおこなわなければならない。それは，企業への資金提供者であるステークホルダーの代表者であるといえる株主である投資家のために，活動をおこなわなければならない。

企業の経済活動と資金の調達・運用を示したのが図1である。企業の宿命は，利益を生み出すために多種多様な活動をおこなわなければならいことである。企業活動の一連の流れである「資金循環」は，①資金の調達，②原材料の調達，③商品やサービスの生産・販売，④売上金の回収，⑤利益（または損失）の実現，⑥資金の返済および利益の配当という流れから構成される。このうち，①と⑥は，「財務活動」であり，②から⑤までは「事業活動」である。

図表 2-1　企業活動と資金の調達・運用

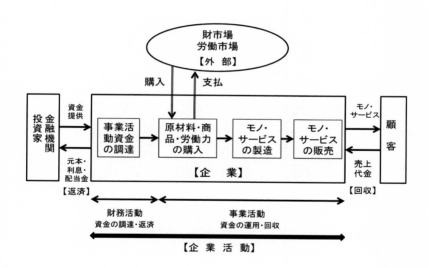

（著者作成）

　資金を必要とする企業は，銀行などの第三者を介入させずに社債・株式・公債を発行して，必要な資金について証券市場を通じ直接貸し手から調達することが直接金融であり，企業や政府が必要な資金を，銀行などの金融機関からの借り入れで調達することが間接金融である。日本においては，個人金融資産に占める銀行などへの預貯金の割合が欧米諸国に比べて大きく，間接金融の比率が高いとい

う特徴がある。しかし，金融ビッグバンや規制緩和の進展によって，企業の資金調達をはじめとして，金融システム全体が間接金融から直接金融へシフトしてきている。

企業自体の規模にとらわれず，すべての企業において資金調達は企業維持のためには重要な活動である。当該活動は，適時性が担保され容易かつ円滑におこなわれる必要がある。そのためには，企業の資産状況，経営成績などを明示した会計情報をディスクローズし，多くのステークホルダーに対して説明責任を負わなければならない。なかでも，投資者および潜在的投資者に向けた意思決定を円滑におこなわせるようにするために，会計情報は目的適合性および信頼性の基準を満さなければならないという質的特性を重視し，経済活動をおこなう使命が一般企業にある。

第3節　ハイブリッド産業のプロスポーツ組織の現状

　本章では，プロスポーツ組織はスポーツ産業においてハイブリッド産業である。当該組織は一般企業同様に経済・経営活動をおこなうに際して，税制上の課題がある一方で，クラブライセンス制度の導入を受け，財務基盤の安定化を目指し，組織としての経営活動，いわゆるフロントによる運営活動と，選手側の強化・育成活動，いわゆるゲームでの勝利，有望な人材の育成をおこっている。その過程で赤字，つまり財務面で費用が収入を超えないように努力をしている。

本章では，プロスポーツ組織の経済・経営活動の現状について検証する。

1. プロ野球球団におけるファイナンス

　日本野球機構（Nippon Professional Baseball Organization：NPB）に所属する12球団は，経営活動の成果，つまり経営成績である財務情報を開示していない。そのため，各種メディアで取り上げられる財務情報は，あくまでも推計値であって確固たるエビデンスがあるわけではない。本来であれば，上場・非上場にかかわらず会社法第440条にあるように，全ての株式会社は毎事業年度終了後に定時株主総会を経て遅滞なく計算書類である財務情報を公告しなければならない。これ

は決算公告であり，株主や債権者等のステークホルダーに対して，企業の計算書類を公告することにより，当該内容を周知させ，不測の事態の回避や取引の円滑・安全を確保することを目的としている。しかし，球団は公告をしないという会社法違反をしているのが現状である。また，今日のプロ野球は公共性を持つと同時に，親会社および球団自体における社会的責任（Corporate Social Responsibility：CSR）の観点からも，経営の透明化を目指す意味においても，財務情報を開示すべきである。

1954年に国税庁からおこなわれた通達「職業野球団に対して支出した広告宣伝費等の取扱について（直法1-147)」がある。詳細は永田（2011）を参照されたいが，概略は次のとおりである。

①親会社が球団に対して支出した金銭のうち広告宣伝費と認められるものは損金算入を認める。

②球団の欠損金を補填するために親会社が支出した金銭は広告宣伝費とする。

③親会社が球団に貸付金と処理していても②に該当するものは損金算入できる。

つまり，登記上も別企業である球団に対して支出した金銭は，親会社においては広告宣伝費として処理ができる。さらに，法的に危機的な経営状況であるなしにかかわらず，不透明な経営を球団が続ける結果として損失を生じさせたにもかかわらず，親会社による球団への資金提供が通常であれば寄附行為であるが，損金として認められる。

結果として，戦後の混乱期に国民に娯楽や夢を与える役割を果たしてきたプロ野球は趣味趣向が多様化し，多くのプロスポーツが誕生した現在において法的に単独で特別視されることには疑義がある。同じスポーツハイブリッド産業の中において，税制の「ダブルスタンダード」があることは異常であり，まして半世紀以上前の税制上の特例がプロ野球にだけ適応されるのは異常である。一方では，新たに誕生したJリーグ，Bリーグ，Tリーグなどでは，厳格な財務状態を維持することでライセンスが交付され経営活動をおこなわざるを得ないのが実情である。

2. Jリーグクラブにおけるファイナンス

　日本プロサッカーリーグ（Japan Professional Football League：Jリーグ）はJクラブ経営の透明性向上のために，全所属58クラブの財務情報を毎年開示している。

　Jリーグは2017年1月，英国パフォーム・グループが運営する動画配信サービス「DAZN」と放映権契約を締結した。当該金額は17年からの10年間で何と2,100億円であり，以前のパートナーであった「スカイパーフェクトTV！（スカパー！）」の契約が年間50億円程度といわれており，約4倍超にあたる破格条件での契約締結であった。

　Jリーグの統括機構は，全クラブの放映権，商標権を一括管理し，2018年の年間収入は約270億円となっており，2011年より右肩上がりとなっている。この要因には，DAZNの放映権料収入約180億円があり，これを原資としてリーグからのクラブへの「均等配当金」が増額され，新たに「理念強化配分金」が設けられた。J1では，1億8,000蔓延であった均等配分金は3億5,000万円になり，さらに，理念強化配分金として，J1の1〜4位に優勝賞金（入賞賞金：J1優勝で3億円，2位1億2,000万円，3位6,000万円など）とは別に分配される。例えば2018年シーズン優勝の川崎フロンターレには1年目に10億円，2年目に4億円，3年目に1億5,000万円と3年間に分けて計15億5,000万円が収入として確保される。仮に川崎フロンターレがリーグを3連覇すると同配分金だけで2023年までに46億5,000万円という大金を得られることが確定しており，クラブの運営としてはある程度安定した経営が約束されることになる。

　こうした，DAZNマネーによりJリーグはクラブ経営に影響を受けている。特に，J1全18クラブの人件費がDAZNとの契約以降急激に増大している。DAZNとの契約前年の2016年では総人件費約280億円が2017年には約337億円に，2018年には約410億円へと拡大した。象徴的なのは，ヴィッセル神戸への世界的スターの加入が挙げられる。元ドイツ代表のポドルスキに始まり，元スペイン代表MFイニエスタ，同代表FWのダビド・ビジャ，サガン鳥栖にも同FWフェルナンド・トーレスが加入した。

特に，イニエスタの推定年俸は約 32 億円といわれ，2018 年度の神戸の人件費は約 62 億円であり半額を 1 人得ていることになる。当然ながら，DAZN マネーを原資とする J リーグの配分金の増額分だけで賄える規模ではなく，親会社である楽天の資金力によるところは大きい。ただし，楽天がビッグスター選手獲得という投資選択をおこった背景には，"DAZN 効果" を見据えてのことである。楽天自身，既にスペインのリガエスパニョーラに所属する「FC バルセロナ」の胸ロゴスポンサーとして年間 5,500 万ユーロ（約 64 億円）を投資している。つまり，グローバルな企業価値向上，ブランド確立を狙う楽天にとって，J リーグが世界にネットを通じた映像配信のコンテンツとなったことにはスポーツへの投資が最善の経営戦略として意味を持つことになる。

3. スポーツビジネスにおけるファイナンス

　スポーツ組織は「法人」であり，企業である以上は①継続すること，②利益を追求することが求められる。さらに，株主からの資金を経営活動を通じて効率的に経営資源であるヒト，モノ，カネ，情報に活用して最大限の利益を追求し，株主に経営活動の成果を報告し，利益配分をおこなう必要がある。

いわゆる一般企業は，商品またはサービスをマーケットに提供し，対価としておカネを受領する。こうした経営活動は，当該企業の短期・中期・長期の目標と各々の年度の予算の範囲内で活動し，企業のライフステージに応じて，先行投資をおこない，利益の一部を社内留保し，株主に投資の還元をおこなわなければならない。

スポーツビジネスでは，未だにスポーツは教育の一環であり，利益追求はそぐわないという風潮もあるが，空間エンターテイメントとして「ゲーム」が商品でありサービスであり，「Game Day Experience」という言葉にあるように，顧客が非日常を経験することが基本である。そのプロセスで顧客が何らかの付加価値，例えば感動，勇気，一体感など目では見えないものを享受することが重要である。スポーツビジネスの主な収益源は，①入場料収入（チケッティング），②スポンサー収入（広告宣伝，胸ロゴなど），③グッズ販売収入（Merchandising：MD），

④放映権料収入です。これらは，1984 年夏季オリンピック・ロサンゼルス大会で当時大会組織委員長であったピーター・ユベロス氏が考案した「権利ビジネス」であり，30 余年経った今日においても変わりがない。

　日本において，プロ野球は第二次世界知戦後の復興期に，大衆の娯楽として普及し，現在に至っている。上述したが，プロ野球の親会社には租税特別措置法という税制面での優遇措置があり，プロ野球球団自体は経営活動の結果が赤字であろうと，黒字であろうと，全く関係はなく親会社が球団を手放す以外は存続し続けることができる。つまり，ビジネスの鉄則である①継続，②利益追求は度外視されている。

　1993 年 J リーグが親会社を持たない地域密着という理念で 10 クラブ誕生し，2019 年では 58 クラブまでに拡大している。2013 年には，アジアサッカー連盟（AFC）の意向を汲み，「クラブライセンス制度」を J リーグに導入した。当該制度は，5 分野（競技，施設，人事組織，法務，財務）の審査基準項目を設けており，項目数は全部で 56 項目にわたり厳格な審査をおこっている。特に，財務分野では，年次の監査済みの財務諸表を提出し，J リーグの審査を受けることとしている。その際には，3 期連続の当期純損失を計上していないこと，および債務超過でないことが必須条件となっている。2018 年からは J1・J2 に関して，3 期以上連続の当期純損失を計上しても，「前年度の赤字額が純資産額を上回っていないこと」を満たせば財務基準を満たすと判断されるようになった。

　クラブライセンス制度は，『クラブをふるいにかけるための制度』ではなく，ライセンス制度導入によって「クラブの経営基盤を強化することにより，競技環境，観戦環境，育成環境の強化・充実を図り」，「クラブが，日本のスポーツ文化を成熟させる『社会資本』としての役割を担うこと」を目指すとしている。つまり，クラブの財務基盤を健全な形で安定化させることが目的であり，欧州のクラブで頻発するクラブの倒産・解散，賃金未払などが生じないようにさせるためである。

　ジャパン・プロフェッショナル・バスケットボールリーグ (Japan Professional Basketball League：JPBL) は，2016 年に日本の男子プロバスケットボールのトッ

プリーグである「B.LEAGUE」を組織した。Jリーグクラブライセンス制度に倣ったものであるが，「バスケットボール界全体の安定的・持続的な成長と発展に寄与すること」を目的として導入している。当該制度は，「競技基準」，「施設基準」，「人事・組織体制基準」，「法務基準」，「財務基準」の5分野40項目の基準が設けられており，チーム自体の健全かつ安定した経営活動がおこなえる財務基盤の整備が重要な項目となっている。

スポーツビジネスでは，財務基盤の健全かつ安定化が重視される。しかし，実際にはビジネスでの成功とゲームでの勝利はトレードオフであり，ビジネスで成功したとしても，同時に勝利を確実に得てトップに立つとは言えないからである。

「2018年クラブ経営情報開示資料」をみると，Jリーグの事業規模は1,200億円となり，前年から約14ポイントも成長している。その一方では，チーム人件費は約85億円と60%を占め，販売費および一般管理費も29億円と20%とかなり高い比率となっている。一般企業のなかで，サービス業は60%程度，小売業は10%～30%といわれており，中小企業庁が公表する娯楽業の人件費率は51.1%であり，スポーツビジネスが決して突出して人件費率が高いというわけではない。

第4節　スポーツ組織への支援の現状

本章では，スポーツ組織への資金の流入について，スポンサーである企業はどの様に捉えているか，また，スポーツ組織への資金の提供は，企業においては数ある投資案件の1つを選択したに過ぎず，当該投資の回収は企業が見込む価値以上のものを提供しているかについて検証する。

1. 企業支援の意図

現在，スポーツ組織は何らかの形で，国内だけではなくグローバル企業によって資金的に支えられている。言い換えれば，企業の支援なしではスポーツ組織は成立しない状況にある。この背景には，スポーツはメディアにおいて優良なコンテンツであることがいえる。そのため，当該企業名，商品またはサービスなどがメディアに露出することにより，結果として，広告宣伝効果が期待でき，当該企

業の経営成績が向上することが見込まれるためである。

　ここで記す支援とはスポーツ組織への「資金拠出」であり，企業の資金拠出の対象は大別して3つあると考える。第1に，プロフェッショナルスポーツ組織を有するという投資である。第2に，企業内においてアマチュアが主体となっているスポーツクラブを有するという，企業の福利厚生等の範疇にある部活動への投資である。第3に，企業がスポーツをコンテンツとしてスポンサードという形態で資金を拠出するものがある。たとえば，企業が①プロフェッショナルクラブやアマチュアクラブを保有すること，②各種スポーツイベントに協賛すること，③サプライヤーとして自社商品を提供すること，④スポーツ選手との個人契約により企業もしくは商品のプロモーションをおこなうこと，⑤メディアの番組を企業がスポンサーとなり提供すること，⑥社会貢献としてスポーツを通じた青少年育成を図ることなどの6項目があげられる。

　企業がスポーツ組織を支える目的は，当然ながらスポーツ自体の繁栄であることは間違いないだろう。しかし，真の目的の1つには，企業イメージの向上があるはずである。各種メディアに企業名や自社の商品名が露出することによる広告効果は企業にとって多くの便益を生み出すからである。結果として，スポーツへの投資効果により当該企業の収益が増大することになり，企業価値を創出もしくは拡大させることになる。それだけの便益拡大の可能性がスポーツ組織には秘められている。

2. 経営戦略としてのスポーツ

　企業が経営戦略の選択肢にスポーツ組織等の支援を含める要因には次のことが考えられる。

　　　①企業，もしくは商品・サービスのイメージ向上
　　　②販売促進であるプロモーション活動の一環

　つまり，企業は当該商品・サービスの消費者または潜在的消費者に向けたコミュニケーションの一部としてスポーツ組織等にかかわることになる。多くの企業はスポーツ組織等のスポンサーになることで，企業自体もしくは自社商品・サー

ビスのイメージを向上させ，また，当該商品の販売促進活動をおこなっている。その結果としては，消費者による購買行動につなげることにより収益の増大を期待することになる。

　図表 2-2 は企業における資金支援の意図を図示している。それは，企業は経営戦略の 1 つとしてスポーツへの資金支援を選択した場合に，スポーツの組織またはイベントのスポンサーとなることで，健全かつ安定した商品・サービスなどのイメージを消費者に浸透させるとともに，当該企業のブランドを確立させて利益の増大を図ることにより，競合他社より優位に市場で経営活動をおこなうことを意図するものである。

図表 2-2　企業の資金支援意図

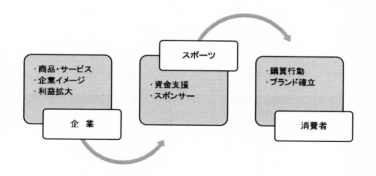

（著者作成）

3.　企業のメリット・デメリット

　図表 2-3 は，既述した企業によるスポーツ戦略の 6 項目に関し，企業側が得られる便益に関する具体例である。

　第 1 のプロフェッショナルスポーツ組織やアマチュアスポーツ組織を保有することは，各種メディアでの企業名などが露出する機会が増え，健康的かつ信頼あるイメージが容易に獲得しやすい。また，社内においても従業員などのモチベーションが向上する機会をもたらす。反面，スポーツ組織の経営収支において業

績が低調であれば損失の補填が必要となる。日本における多くの場合はスポンサー企業がスポーツ組織の活動を広告宣伝とみなし，会計処理上広告宣伝費として処理をしている。これは1954年の大蔵通達がきっかけとなっているが，「広告費による赤字補填」として大きな問題となっている。問題の要因は，広告効果の測定を計数化することが困難であり，当該企業の収益への影響が不明であるとともに，因果関係が不明であるためである。現時点では，スポンサー企業が受けた役務とその対価を明確に測定する手法が確立していないためであり，スポンサーである企業が選択したスポーツ支援戦略による費用と収益構造が詳細にディスクローズされていない，またはできないことも要因である。

　第2の各種スポーツイベントに協賛することは，組織スポンサーになることより，コスト負担面では安価で軽減できる。注目度についても「みるスポーツ」の観客層をターゲットに，スポーツイベントを選択することで，企業名や商品イメージが直ぐに浸透しやすい。しかし，スポットでのスポンサーではなく，継続して協賛しなければ，イメージの定着化は図れないというジレンマもある。

第3のサプライヤーとして自社商品を提供することは，不特定多数の選手を活用することでメディア露出機会が多くなり，消費者の購買に結び付きやすい。しかし，当該商品やサービスの市場への安定した供給が確保されていなければ，品薄による逸失利益が生じ，結果としてマイナスイメージにつながる可能性がある。

　第4のスポーツ選手との個人契約により企業もしくは商品のプロモーションをおこなうことは，契約する選手が有名かつタイムリーであれば，容易に商品購買へ結び付きやすい。しかし，選手の過度な活用というマイナスイメージが生じる可能性もある。2012年上半期「ニホンモニター」の調査によると，プロゴルフの石川遼選手（14社），なでしこジャパンの澤穂希選手（10社），ニューヨークヤンキースのイチロー選手（6社）などは多くの企業と個人契約をしており，メディアでの露出機会が多い。

　第5のメディアの番組を企業がスポンサーとなり提供することは，高視聴率番組に限定し提供が可能であるため，露出度が高くイメージ向上には絶好の機会である。しかし，近年，プロ野球の視聴率は低下傾向にあり，バレーボールやサッ

カーのイベントが多く，消費者のスポーツ志向が多様化している現状があるため，厳しい状況であるため，費用対効果の面から決して有益であるとは言えない。

　第 6 の社会貢献，地域貢献としてスポーツを通じた青少年育成を図ることは，メッセージ発信としては弱く，認知度も現時点ではかなり低い。しかし，次世代消費者としてターゲットを絞るならば，先行投資のような意味合いを持つことになる。図表 2-3 は，上述内容をまとめたものである。

図表 2-3　企業のスポーツ戦略

	形　態	具体例
1	チームスポンサー 実業団チーム	・プロ野球 ・Jリーグ ・Bリーグ ・Tリーグなど ・各種実業団チーム
2	イベントへの冠協賛	・オリンピック・パラリンピック ・サッカーW杯 ・キリンカップ・サッカー ・ゼロックススーパーサッカー ・各ゴルフトーナメント
3	サプライヤー	・各スポーツ用品メーカー
4	選手との個人契約	・TVCFへの出演
5	番組提供	・スポーツ番組のスポンサー
6	社会貢献 地域貢献	・日産グリーンカップ ・ライオン小学生バレー ・各種エコ活動

（出典：上西（2000），215 頁を一部加筆）

37

第5節　収益向上の施策

1. ネーミングライツの活用

　近年，ネーミングライツ（naming rights：命名権）を導入する施設に関した事例が多い。ネーミングライツは，「公共施設などに企業名や商品ブランドなどを冠する権利を与える代わりに施設運営者が企業から代金を受け取る仕組み」と定義することができる。

　日本においては，2003年に「味の素スタジアム（旧称：東京スタジアム）」に導入されて以降から注目を集めはじめ，今日では多くの施設運営者が命名権の導入に積極的な姿勢を示している。2011年4月現在の時点では，スポーツ施設をはじめとして劇場，駅名，道路等，契約満了を含めると162ほどの事例が国内で確認される。

図表 2-4　命名権導入による効果

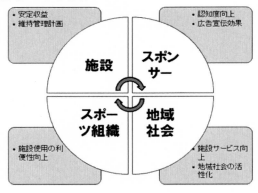

（著者作成）

　図表 2-4 にあるように，命名権を導入する効果を 4 つの区分に分けて示した。命名権を取得したスポンサー企業においては，マスメディアなどに企業名および商品名が露出されることによる認知度の向上が考えられ，広告宣伝効果が期待できる。施設においては，命名権契約期間の安定的収益が確保され，施設の維持および管理に関した計画がおこえる。また，地域社会においては，施設の安定した

38

維持および管理による施設サービスが向上され，施設の利用度が増大すれば地域
への活性化をもたらすことにつながる。一方，施設を利用するスポーツ組織にお
いては，維持および管理が徹底された施設を使用することにより利便性等が向上
され，選手などの怪我・故障が低減されることが期待できる。

　2010 年帝国データバンクにより，命名権取得企業の実態調査がおこなわれた。
同調査は，2002 年から 2010 年 6 月末までに公共施設の命名権を取得した企業 99
社について調査分析をおこっている。

図表 2-5　命名権取得年額ランキング

順位	年額(千円)	月数	社名	新名称	正式名称・旧称	所有者	時期
1	470,000	60	日産自動車	日産スタジアム 等	横浜国際総合競技場 等	横浜市	2005年
2	300,000	60	マツダ	MAZDA Zoom-Zoom スタジアム広島	新広島市民球場	広島市	2008年
3	240,000	60	味の素	味の素スタジアム	東京スタジアム	東京都	2002年
4	120,000	60	日本碍子	日本ガイシ スポーツプラザ	総合体育館	名古屋市	2007年
4	120,000	36	東北電力	東北電力ビッグスワンスタジアム	新潟スタジアム	新潟県	2007年
6	100,000	66	フクダ電子	フクダ電子アリーナ 等	蘇我球場等 等	千葉市	2005年
6	100,000	24	ソフトバンク	Yahoo!BBスタジアム	グリーンスタジアム神戸	神戸市	2003年
8	90,000	48	アウトソーシング	アウトソーシングスタジアム日本平	清水日本平運動公園球技場	静岡県	2009年
9	80,000	60	日本発条	ニッパツ三ツ沢球技場	三ツ沢公園球技場	横浜市	2007年
10	70,000	36	ネクスト	ホームズスタジアム神戸	御崎公園球技場	神戸市	2007年

（出典：TDB（2010.9.8.付），2 頁）

　同調査では，命名権取得企業 99 社の平均取得年額は約 2,754 万円，平均命名期
間は約 45.4 ヵ月（約 3 年 9 ヵ月）となった。命名した施設のうち最多はスポー
ツ施設の 58 で，取得企業の業種は製造業の 30 社が最多であった。最高年額は，
2005 年の日産自動車による「日産スタジアム」等の 4 億 7,000 万円であった。
同調査の結果として，2007 年を境に命名権成約件数が急増しているが，逆に，
平均年額が減少傾向にあることが判明した。2007 年はリーマンショックに端を
発した世界同時不況が始まった年であり，命名権成約の平均年額低下は影響を受
けていることが推察できる。また，スポーツ組織の競技成績という不確定要素に
より，企業は慎重になっていることも考えられる。

　また，2010 年は命名権の契約更新が相次いだ。契約期間 5 年で年額 4 億 7,000

万円の「日産スタジアム」は，景気後退に伴った企業の広告宣伝費の大幅削減により，契約期間3年で年額1億5,000万円として従来の日産自動車が契約締結した。しかし，アメリカにおいては，命名権の相場が下落しているわけではない。スーパーボールが開催された Sun Life Stadium のように契約期間5年で年額4億円と推定できる契約をおこっている。つまり，命名権に関して，日本での独自の原因があると考えられる。

　第1に，命名権による成功事例としてのビジネスモデルが確立されていないこと，第2に，CSR効果のジレンマである。日本においては，主に企業名称のPRもしくは社会貢献の一環として命名権が活用されていることにある。単に「広告宣伝の場」，「社会貢献活動の場」としての活用にとどまっており，アメリカのように，「ショールーム」，「ビジネスモデル検証の場」としての活用がなされていない。命名権成約企業の製品および技術力をアピールして商機に結び付け，販売促進の新たなチャネルとして活用するという戦略がおこなわれていない。つまり，企業におけるビジネス上のメリットを最大限に活かし切れていないと言わざるを得ない。こうした命名権成約企業を中心としたステークホルダーのメリットを最大化できるような「仕掛け」づくりが大切であり，施設運営の指定管理者と企業のより連携したビジネスモデルの確立が必要と考える。

　今後，日本における命名権の導入は，スポーツ施設にかかわらず企業の新たなビジネス機会拡大という戦略に基づいた投資案件という意味合いが根付かなければならない。また，指定管理者においては，安定した高額のキャッシュ・イン・フローと考えて，両者のメリットを明確にしなければならない。命名権が単に広告活動および社会貢献的なものという位置づけから脱し，行政，企業を巻き込んでの競争力強化のためのコンテンツとして浸透していくことが，日本のスポーツ界の更なる発展に寄与するという視点からも望ましいだろう。

2. 投資対象としての質的向上

　スポーツ組織においてゲームという「商品」を「スタジアム・アリーナ」を使用することによって販売する「空間エンターテイメント」および「スポーツ組織」

自体を投資家による投資対象案件という視点から検証する。

　一般企業における投資対象として，①スポーツ組織，②スタジアム・アリーナでの命名権およびスポンサー広告等を検討する際に，投資額に見合ったリターンを生じさせるためには，競合する投資対象と比して，優れた魅力がなければならない。

　スポンサーまたは潜在的スポンサーである企業のキャッシュ・アウト・フローから得られるリターンが投資に見合うと判断されるためには，スポーツ組織およびスタジアム・アリーナが投資対象として質的向上が求められる。したがって，投資対象案件のなかで他の競合投資対象との差別化図ることを考察するとともに，質的向上の施策を検証する。

(1)投資対象としての質的向上

　スポーツ組織が投資対象として検討されるためには，競合する他の投資対象と比して，低額のコストで安定した高リターンが求められる。具体的に，スポーツ組織等が，①集客を含めた魅力を最大限にすること，②IR 活動を徹底させることで経営の透明化を図るという 2 つの要素を検証し，スポーツ組織における効率的な経済・経営活動を検討する。

① 魅力を最大限に高める

　スポーツ組織において，ゲームをおこなう「場」である施設は，必要不可欠な要素であるが，当該組織自体が自己保有資金だけでスタジアム・アリーナを建設することは極めて困難である。通常，行政により建設された競技場を活用し，「ゲーム」という商品を販売する。ここで重要なのは，スポーツは「場」と「ゲーム」が複合的に絡み合った「空間エンターテイメント」ということである。つまり，スタジアム・アリーナ自体に魅力をもたせることが重要な戦略の 1 つとなりうる。そこで，スタジアム・アリーナの魅力は立場によって違ってくる。スポーツ組織において重要になることは，観客動員数と収容率が安定し，スタジアム・アリーナで当該組織は自由にビジネス展開ができるかどうかである。さらに，交通アクセス等の課題がなく，容易にゲームを観戦できる安全な環境を提供できるかどうかである。アスリートにとっては，グランドの整備状態や設備・備品等の利便性が

高いこと，観戦者との距離感もあるだろう。観客にとっては，交通アクセス，ゲーム観戦のしやすさ（選手との距離感），飲食関連等の顧客満足度を高めるコンテンツが挙げられる。スポンサー企業においては，競技場の稼働日数をはじめとした当該企業の商品・サービスを紹介できる露出が多いことが挙げられる。観客動員やメディア等の露出が増えなければ，スポンサーの商品・サービスの名称を観客かつ消費者が目にすることもなく，浸透することもない。多くの消費者にスポンサーの商品・サービスの名称を浸透させるには，指定管理者としてスタジアム・アリーナでのビジネスを積極的におこない，観客動員とメディア等の露出を演出することが重要となる。

確かに，スポーツ組織が強いことも必要であるが，チームの編成は指定管理者や当該組織のフロント等の権限外であって変更が加えられるものではない。スタジアム・アリーナという空間の魅力を指定管理者として，スポーツ組織をはじめ，アスリート，観客およびスポンサーに対して，いかにして高められるかということに着目しなければならない。

命名権を投資案件として検討するスポンサー企業は，スポーツ施設である競技場の魅力も当然ながら，スポーツ組織によるゲームという商品の魅力も同時に検討する。いかに優れた施設であっても，空間エンターテイメントとして成り立つためには，魅力あるスポーツ組織によって商品であるゲームがおこなわれなければならない。

② IR 活動を徹底させる

近年，インターネットを活用する個人投資家が増大している。こうした状況になった理由には，①手数料が安価になったこと，②投資対象に関する情報が容易に入手できるようになったことがある。①はオンライン証券等の Web を活用することで，手数料が低減された。②はインターネットを活用することで，企業の財務情報が HP より閲覧が可能となり，投資対象間の比較・検証可能性が高まることとなった。同時に，企業は投資家への広報活動である IR 活動（Investor Relations：IR）を積極的におこなうようになった。これは，投資家の意思決定に関する判断を的確におこなわせるためであり，企業は投資家をはじめとするステ

ークホルダーに対して説明責任（accountability）を認識しているためである。しかし，観客動員数に関する不適格な情報を提供する問題や，当該組織の財務情報を透明化しない問題がスポーツ組織にあるのが現状である。今後，スポーツ組織においては法令遵守（compliance：コンプライアンス）という概念を再考し，一般企業と同様に利害関係者に向けた説明責任を果たすことが今以上に求められる。

　結果として，スポーツ組織は，親会社からの資金調達による実質的な子会社化から脱却することが可能となり，広く国内外の投資家から資金調達が可能となる。また，財務基盤が強固されたスポーツ組織は継続企業として魅力度が向上し，商品であるゲームおよびビジネスをするスタジアム・アリーナという投資案件の質が向上することにつながる。

3. 広告宣伝媒体としてのスポーツ組織

　スポーツ組織は，親企業およびスポンサー企業からみた場合には広告宣伝媒体の側面がある。法人税法上，スポーツ組織に支出された資金は，広告宣伝費として認められることは既述したとおりである。このことから，法的根拠を基に，スポーツ組織は親会社およびスポンサーとしての出資企業の広告宣伝を担うことが明記されている。

　広告宣伝は，将来企業にもたらされると考えられるキャッシュ・イン・フローのための先行投資である。この場合，投資は将来において投資額以上のリターンが期待される。当該リターンは，企業の商品・サービスの名称の露出アップとそれに伴う売上増大，ひいては企業価値の向上および株価の向上等が考えられる。換言すれば，スポーツ組織への投資は，親会社およびスポンサー企業における企業価値の向上を目指すものであり，ブランド価値の向上をもたらす。当該取り組みは，短期間での達成は厳しく，長期間において達成されることが多い。長期的な企業の成長のためには，取り組みの原資となる資金投資が必要であり，スポーツ組織およびスタジアム・アリーナの指定管理者においては，貴重な収益となる。一般企業における投資対象としては，①スポーツ組織へのスポンサーシップ（ユ

ニホームへの企業の商品・サービス名の露出，スポンサードゲーム，組織への資金援助等），および②スタジアム・アリーナでのネーミングライツ等が挙げられる。当該投資の目的は，ⓐ広告宣伝効果およびⓑ社会貢献活動の一環等といった2つの要因が挙げられる。「2つの要因」に共通するのは，親会社や既存のスポンサー企業においては，スポンサーシップを継続させるかどうかという検討をおこなう。つまり，当該企業において，「2つの要因」が達成されたかどうかが重要であり，投資したコストに対して期待していたリターンが得られたかどうかである。

　しかし，当該投資対象は，期待リターンを必ずもたらすわけではなく，リターンを認識および測定する基準も現時点では明確には存在しない。一般企業では，投資コストは景気変動に左右される。既存の親会社およびスポンサー企業の撤退が相次ぎ，スポーツ組織の収入が減少し，存続することさえが危ぶまれる状況もある。したがって，既存の親会社およびスポンサー企業だけに頼らず，新規開拓が必須である。以下，2つの事象をまとめてみる。

①　スポーツ組織へのスポンサーシップ

　新規スポンサー企業に対しては，スポーツ組織の財務基盤が強固であり，継続可能であることを認識させなければならない。そのためには，現在遅れている IR活動を積極的におこなうことで，国内外の企業のみならず，個人投資家に向けた財務情報の開示が必要である。企業および個人を含めた潜在的投資家に向けて，財務情報を公開することで，投資意思決定に関する的確な情報をタイムリーに提供しなければならない。

②　CRM による顧客満足度の向上

　日本におけるスポーツ組織において，スポーツビジネスという視点から最大の弱点は，顧客であるファンの情報を全く把握できていないことである。ゲームである商品を購入する消費者に関するデータを収集しておらず，「ファン」の性別，年齢，居住地などの個人情報に基づく購買促進活動がおこなえていないことが課題となっている。一般企業であれば，顧客満足度と顧客ロイヤルティの向上をおこなうことで，収益の拡大，向上を目指すための経営戦略である「顧客情報管理

（Customer Relationship Management：CRM）」をおこなう。CRM が戦略として活用できなければ，誰が自社の商品・サービスを購入し，どういったタイミングでリピートするのか，などのマーケティングの最低限の手法である。

　現状では，誰がどこで，いつチケットを購入し，誰と一緒に来場し，どの様な MD を購入して飲食をおこなって，再来場はいつされたのかなどの情報がなく，顧客が優良でコアなファンなのか，それに次ぐライトなファンなのか，フリンジのファンなのか，来場されなくなったファンの状況などが一切わからないことは，ビジネスをやる上で，貴重なデータがないという事態になる。J リーグ，B リーグともに現時点で一般企業と同様の CRM を活用した経営戦略をおこなっているスポーツ組織はない。

③　指定管理者制度によるスタジアム・アリーナビジネス

　スポーツ組織は現在の収入源として 4 つの権利ビジネスにより構成されていることは述べた。今後の日本におけるスポーツ組織の収益源として，スタジアム・アリーナにおける営業権を取得することが重要である。スタジアム・アリーナの指定管理者制度でスポーツ組織自体が指定管理者に選定される必要がある。スポーツ組織内で支店管理者の業務を内製化するためには人件費等の固定費が増大するというデメリットもある。しかし，スポーツ組織が営業権を得ることで，①ゲーム開催日以外でのイベントの実施，②MD 専門店の常設による収入増大，③場内の飲食店などからの家賃収入，④インハウスメディアなどへのビジネスチャンスの拡大など，新しい収益源による収入が増大することで，スポーツ組織の財務面への好影響は計り知れない。欧米のスポーツ組織ではスポーツ組織によるスタジアム・アリーナの営業権の保有は一般的であり，日本においても，プロ野球を中心として事例が散見されるようになってきた。今後は，スポーツ組織による営業権の保有が一般的となり，「スタジアム・アリーナビジネス」の拡大よって，更なるビジネスチャンスの拡大と他の産業との連携促進が求められる。

④　スタジアム・アリーナのネーミングライツ

　スタジアム・アリーナの命名権取得によるスポンサー企業側のメリットをある程度明確にしなければならない。最長 5 年という日本での命名権契約期間は，ス

45

ポンサー企業にとって投資を回収するには短すぎると思われる。そのため，短期より長期契約のメリットを創出する必要がある。あくまでもスポンサー企業の商品・サービス名称を地域に浸透させることで，当該企業の収益を増大させることが重要である。一方，スポンサー企業は命名権の獲得はスポーツ組織への投資案件と見なすことよりも，CSR や地域貢献という側面を重視し，当該企業のブランド価値向上を企図するという思考転換も必要と考える。

　同時に，海外の事例を参考にし，命名権の高額契約を優先させるよりも，スタジアム・アリーナを運営・改修等のために安定した収入が見込める仕組みを構築させなければならない。

　上記 4 つの事例は，結果としてスポンサー企業側に期待リターン以上のものをもたらすと同時に，投資目的の要件に対して，既存の思考を転換させることも必要である。一方，投資対象とされるスポーツ組織，およびスタジアム・アリーナは，安定的収益の確保がなされなければならず，当該思惑の一致が必要条件となる。

参考文献

上西康文（2000）『現代日本のスポーツビジネス戦略』大修館書店

永田靖（2011a）「日本におけるスポーツ経営の特殊性―現状とその課題―」『経済研究論集』広島経済大学　第 33 巻第 4 号，89-99 頁

永田靖（2011b）「スポーツ組織におけるファイナンス概念の重要性―スポーツファイナンスというアプローチ―」『経済研究論集』広島経済大学　第 34 巻第 1 号，23-32 頁

永田靖（2011c）「スポーツファイナンス概念の考察 I ―スポーツ組織の事例検証―」『経済研究論集』広島経済大学　第 34 巻第 2 号，29-49 頁

永田靖（2011d）「スポーツファイナンス概念の考察 II ―スポーツ組織への投資効果と財務構造―」『経済研究論集』広島経済大学　第 34 巻第 3 号，125-133 頁

永田靖（2013）「企業におけるスポーツ支援戦略に関して　－企業スポーツの脆弱性－」『経済研究論集』広島経済大学　第 35 巻第 4 号，65-74 頁

永田靖（2017）「スポーツ産業発展のためのスタジアム・アリーナの重要性：「ハード」より「ソフト」の整備」『広島経済大学創立五十周年記念論文集』広

島経済大学　下巻，1-20 頁

武藤泰明（2008）『スポーツファイナンス』大修館書店
大野貴司（2010）『プロスポーツクラブ経営戦略論』三恵社

補足

1.　投資対象としてのスポーツ組織

　スポーツ組織が主たる商品・サービスであるゲームをおこなうスタジアム・ア
リーナのネーミングライツの獲得を投資案件と考え，スポンサー企業の株価が変
動することで投資家の意思決定を表すアナウンスメント効果を測定するために，
ネーミングライツ取得の公表日前後の株価変動を検証するイベントスタディ分
析により実証をおこなった。

　スポーツ組織やスタジアム・アリーナを投資対象とする場合には，日本におい
ては投資主体である企業，いわゆる親企業でありスポンサー等であるが，当該組
織を投資案件として捉えるのではなく，企業の社会的責任（Corporate Social
Responsibility：CSR）である社会貢献活動の一環と捉えられることが多い。つま
り，投資の対価として金銭リターンを期待するのではなく，企業の知名度の向上，
または商品・サービス等の認知度向上を意図する場合が多い。

2.　株価動向の事例検証

2-1.　アナウンスメント効果

　スポンサー企業が競技場におけるネーミングライツを取得することに際した
アナウンスによる株価の変動をイベントスタディ手法で検証した。仮に，スポン
サー企業によるネーミングライツ取得のアナウンス時に，当該企業の株式リター
ンが有意に上昇することになれば，マーケットは企業にとって利益であると判断
することを意味する。反対に，株式リターンが下降することになれば，マーケッ
トは，ネーミングライツ取得は企業にとって不利益であることを意味する。

　スポンサー企業によるネーミングライツ取得という行為は，スポーツ組織また
はスポーツ全般への投資活動であり，企業名または商品・サービスの認知度・知
名度の向上をもたらすことで，購買にかかわる消費者行動に及ぶことで，当該企

業の収益の増加をもたらす可能性がある。

　つまり，スポンサー企業のネーミングライツ取得という投資案件は，当該企業の収益を増大させることにつながると考える。スポンサー企業の投資家は，企業の判断が有益であるとみなし，マーケットにおいて有意に株価が変動することに反映するという仮説が考えられる。

2-2. サンプル検証

(1) データ

① 2002 年 11 月 29 日から 2011 年 4 月 8 日までの間にプレスリリースされた「ネーミングライツ」取得に関する案件数 87 件のうち，アナウンスをおこなった時点で上場している企業 46 社をサンプルとした。

② プレスリリース日は新聞等に記事として掲載された日とした。

③ 株価データは「Yahoo! ファイナンス」のサイトより取得した。

④ プレスリリース日をアナウンス日（t=0）とし，前後 3 日間（(t=3)（t=-3)）以外に前 100 日間（t=-100）を推定期間として用いた。

2-3. 分析結果

図表 2-6　アナウンス前後の CAR の動向

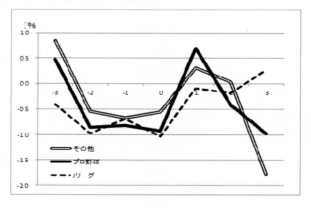

図表 2-7 超過リターンの検定結果

AAR					
日にち	プロ野球		J リーグ		その他
-3	0.88		-0.41		0.38
-2	-0.76		-0.98		0.32
-1	-0.24		-0.69		0.14
0	0.24		-1.04		0.38
1	0.68		-0.10		-0.38
2	-1.03	※	-0.18	※	0.45
3	-1.02		0.28		-0.79

※10%水準で有意であることを示す

　表は，超過リターンの検定結果である。J リーグとプロ野球において，アナウンス日の 2 日後は 10%水準で有意に下落していることがわかったが，それ以外は，サンプル数が少ないことも影響して，有意性は認められなかった。

　J リーグとプロ野球において，関連する競技場のネーミングライツを取得した企業の株価が，アナウンス日の 2 日後に有意に下落したということは，マーケットではネーミングライツ取得という企業の投資活動にネガティブに反応していることになる。つまり，スポンサー企業におけるネーミングライツ取得という広告宣伝活動は，投資家においては評価されていない。投資家における投資意思決定の判断として，マイナスの要因として捉えられ，株価に反映したことになる。しかし，ネーミングライツによる企業名または商品・サービスの認知度・知名度の向上は，計数化できないという限界がある。定量分析として，アナウンスメント効果を検証したが，ネーミングライツが施された競技場への愛着，消費者行動または潜在的消費者の創出につながると考えることもできる。数値化されない定性情報の分析も十分に活用して，企業の経営戦略の一環として，ネーミングライツ取得を投資案件の 1 つとして含むことも意義あることではないだろうか。

スポーツ組織への投資効果として，ネーミングライツという事例のアナウンスメント効果を検証した。結果として，スポンサー企業の投資選択は，マーケットにおいてネガティブな反応を示した。つまり，スポンサー企業のスポーツ組織にかかわる投資は，当該企業の株価に対して一時的にマイナスであると投資家は考えている。しかし，スポンサー企業の名称，商品・サービス等の認知度・知名度の向上については検証をおこなっていないが，メディアでの露出などによる愛着や消費者購買行動への潜在的意識による働きかけは必然的なものと想定される。今後は定性的な分析による実証が望まれる。

（永田　靖）

第3章　英国プロサッカークラブにおけるインセンティブ・システム

第1節　研究の背景と目的

　本研究は，プロフェッショナル組織としてのプロサッカークラブにおいて，インセンティブ・システムが設計・運用されており，効果を高める方向に改善していくにつれて，チーム成績も向上していったプロセスを，経時的に分析・考察したものである。

　プロサッカークラブにおいてどのようなインセンティブ・システムが設計・運用されているのか，FCバルセロナ（ソリアーノ（2009））やマンチェスター・ユナイテッド（Ferguson and Moritz（2015））など，世界的に有名なプロサッカークラブの具体的事例が明らかにされ始めている。いずれも高年俸で複数年契約の選手を多く抱えるトップリーグのビッグクラブのものに限られており，またその情報も自伝で言及されているような断片的で逸話的なものであるが，プロサッカークラブのようなプロフェッショナル組織でも間違いなくインセンティブ・システムが設計・運用されていることの証左といえる。

　果たして，このようなインセンティブ・システムはビッグクラブに限った実務であるのか。また，その設計・運用・変更には最高責任者や監督はどのように関わっているのか。さらに，マネジメントされる側の選手はその仕組みをどのように受け止めているのか。そのような問題意識から，本研究では，単年契約の選手が主体の小規模なプロサッカークラブのほうがインセンティブ・システムの意義や効果をより純粋に検証できるのではないかと考え，事例研究の手法を用いて，学術研究の手続きに従ってデータを収集し，その仕組みや変化について分析した。

第2節　インセンティブ・システムに関する先行研究

　インセンティブ・システムは，パフォーマンスをベースとした報酬を意味し，組織の目標と従業員の自己利益の一致のための推進力を提供する（Merchant and Van der Stede（2012），pp.368-369）。

金銭的なインセンティブ・システムは，①基本給の昇給，②短期的インセンティブ，

③長期的インセンティブ，という 3 つのカテゴリーに分類される。短期的インセンティ
ブ・システムは，業績測定期間は通常 1 年以内で，測定ベースは個人業績または集
団業績とされる（ibid., pp.370-377）。

　図表 3-1 は，短期的なボーナスの決定のために多くの企業で用いられている，業績
と報酬額の関係を描いた一般的なモデルである。業績の目標最低値に設定された閾値
に達するまでは，基本給のみが支払われる。業績が閾値に達すると，基本給に加えて，
ボーナス支給最少額が支払われるようになり，ボーナス支給最大額となる卓越に業績
が達するまで，ボーナス額は増加する。ボーナス額の増え方は，直線状や凹状，凸状，
階段状等があり，増加の傾きは，インセンティブ強度と呼ばれる。

図表 3-1　短期的なペイ・パフォーマンス関係の一般的な形態

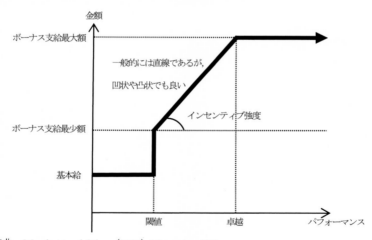

出典：Merchant and Otley（2007）Figure 1, p. 797.

第 3 節　研究方法とリサーチ・サイトの概要

　現状ではプロサッカークラブのインセンティブ・システムに関する情報は限定的か
つ断片的であるため，本研究では，まずインセンティブ・システムの実務に関する詳
細を明らかにすることを目標とした。データの収集は，インタビュー，組織の観察，
社内資料の入手などによって行った。入手した社内資料や写真はすべて使用許可を得

たが，金額については守秘義務のために仮設とした。

　本研究では，英国プロサッカークラブのひとつであるオックスフォード・ユナイテッド（Oxford United Football Club，以下 OUFC）をリサーチ・サイトとした。国内外の複数のプロサッカークラブにインタビュー調査の依頼を行ったところ，一部のクラブについては関係者からの情報収集を進めることができたが，社内資料の閲覧や複数年にわたる調査への理解など，最も協力を得られたのが OUFC であった。

　OUFC は，英国オックスフォードを本拠地とするサッカークラブであり，単年契約の選手が主体で，すべての選手がプロ契約しているプロチームである。1893 年 10 月 27 日にヘディントン（Headington）として設立され，翌 1894 年にヘディントン・ユナイテッド（Headington United）と改称された。1960 年に現在の名称となり，1962/63 シーズンに初めてプロリーグへ昇格を果たした。2018/19 シーズンに創立 125 周年を迎えた。調査開始時点では Football League Two（以下，FL2。実質 4 部）に所属していたが，調査期間中に Football League One（以下，FL1。実質 3 部）に昇格し，2019/20 シーズン現在も留まっている。

　イングランドのプロサッカーリーグは 4 部構成で，全 92 のプロサッカークラブで構成されている。リーグの名称は，図表 3-2 のように近年 3 度変わった。現行の 4 部構成となった 1958/59 シーズンから 1991/92 シーズンまでは Football League First Division（以下，旧 FL1 部），Football League Second Division（以下，旧 FL2 部），Football League Third Division（以下，旧 FL3 部），Football League Fourth Division（以下，旧 FL4 部）という名称であったが，旧 FL1 部が独立して Premier League（以下，PL）を組織した 1992/93 シーズンからは PL，Football League First Division（以下，FL1 部），Football League Second Division（以下，FL2 部），Football League Third Division（以下，FL3 部）という名称となった。さらに，イングランドのプロサッカーリーグが 125 周年を迎えた 2004/05 シーズンからは FL1 部から FL3 部までの名称が変わり，PL，Football League Championship（以下，FLC），FL1，FL2 となった。したがって，実質 4 部に当たるのは，1991/92 シーズンまでの旧 FL4 部，1992/93 シーズンから 2003/04 シーズンまでの FL3 部，2004/05 シーズンからの FL2 である。また，The Football League の 2015 年 11 月 12 日の公式声明に基づくと，「商標のリブランド化を図るべく，2016/17 シーズン

に先立って，組織としての Football League は English Football League に改称し，日常的には短縮名称 EFL を用いる」こととなり，現在に至っている。

図表 3-2　イングランドのプロサッカーリーグにおけるリーグ名称の変遷

シーズン／レベル	1958/59〜1991/92	1992/93〜2003/04	2004/05〜2015/16	2016/17〜
実質 1 部	Football League First Division	Premier League		
実質 2 部	Football League Second Division	Football League First Division	Football League Championship	EFL−Championship
実質 3 部	Football League Third Division	Football League Second Division	Football League One	EFL−League One
実質 4 部	Football League Fourth Division	Football League Third Division	Football League Two	EFL−League Two

出典：Brodetsky（2012）と Anderson（2011, 2012, 2013, 2014, 2015, 2016, 2017, 2018, 2019）を基に筆者作成

　図表 3-3 は OUFC となった 1960/61 シーズン以降の所属リーグレベルの変遷を表したものである。2006/07 シーズンから 2009/10 シーズンまでの連続した 4 シーズンは実質 5 部，すなわち，ノン・プロリーグである Football Conference Premier（以下，FCP。ただし 2006/07 シーズンの名称は Football Conference National）に所属していたこともあったが，2010/11 シーズン以降は再びプロリーグ所属となっている。また，1985/86 シーズンから 1987/88 シーズンまでの連続した 3 シーズンは実質 1 部の旧 FL1 部に所属していたことがあり，1985/86 シーズンはリーグ・カップで優勝を果たしたこともある。

図表 3-3 OUFC における 1960/61 シーズン以降の所属リーグレベルの変遷

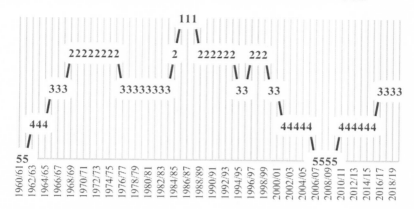

出典：Brodetsky（2012）と Anderson （2011,2012,2013,2014,2015,2016,2017,2018,2019）
を基に筆者作成

　OUFC の組織は，図表 3-4 のように，ウェブサイトやマッチデー・プログラム等を
作成する広報部門，グッズやチケットを販売する販売部門などに分かれているが，監
督やコーチング・スタッフ，選手はサッカー部門に属している。

図表 3-4　OUFC の組織図

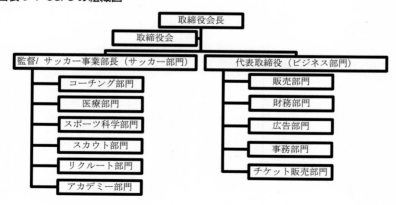

出典：第 9 回調査で Castle 氏が書いた図を基に筆者作成

図表 3-5 は本文中に登場する調査の詳細を一覧にしたものである。インタビューはビデオカメラで録画，または，IC レコーダーで録音し，証言を書き起こした。

図表 3-5　調査の詳細

	年月日	場所	所要	インタビュー相手
第 2 回調査	2014 年 2 月 27 日	本社（Oxford）	25 分	Paul Wright 氏（財務担当取締役）
第 7 回調査	2015 年 8 月 31 日	ホテルロビー（Oxford）	15 分	David Waterman（元選手）
第 8 回調査	2015 年 9 月 1 日	練習場（Oxford）	15 分	Jake Wright 氏（キャプテン）
			15 分	Michael Appleton 氏（監督）
		本社	15 分	Darryl Eales 氏（会長）
第 9 回調査	2016 年 8 月 22 日	練習場	45 分	Jonty Castle 氏（サッカー事業部長）
第 13 回調査	2017 年 4 月 2 日	ホテルロビー（London）	15 分	Mick Brown 氏（秘書）
第 15 回調査	2018 年 4 月 27 日	本社	80 分	Mick Brown 氏

出典：調査時の録画・録音データを基に筆者作成

第 4 節　2013/14 シーズン以前

　後に EFL 会長に就任することとなる Ian Lenagan 氏が 2012 年 9 月 20 日より OUFC の取締役会長を務めていた。また，2008 年 12 月 21 日から 5 年間にわたって Chris Wilder 氏が OUFC の監督を務めていたが，他クラブから監督就任のオファーを受けて 2014 年 1 月 26 日に辞任したため，助監督であった Mickey Lewis 氏が暫定監督として指揮を執ることとなった。その後，2014 年 3 月 22 日に Gary Waddock 氏が正式な監督に就任した。

　個人ボーナスについて，OUFC の選手として 2001/02 シーズンの途中から 2003/04 シーズン終了までの 2 年半にわたり活躍した David Waterman 氏は，次のように証言した。

　「OUFC の選手であった 2000 年代前半当時は，リーグ最終順位がプレイオフに出場できる 7 位以内であれば，各選手に対してボーナスが支給される仕組みであった。し

かしながら，当時のチームは弱く，シーズン序盤の段階でプレイオフ出場争いからは
早々に脱落していたので，モチベーションは高くはなかった。得点ボーナスやアシス
トボーナス，無失点ボーナスなども，私の知る限りでは無かったと記憶している。」(第
7回調査より)

　第15回調査において秘書のMick Brown氏提供の社内資料によれば，2013/14シー
ズンのインセンティブ・ボーナスには以下のような特徴があった。

① Waterman氏の証言にあった「リーグ最終順位がプレイオフに出場できる7位以
　　内であれば各選手に対してボーナスが支給される仕組み」が，2013/14シーズン
　　にも存在していた。

② Waterman氏からは2000年代前半当時にカップ戦ボーナスがあったか否かを聴く
　　ことはできなかったが，2013/14シーズンにはカップ戦ボーナスも存在していた。
　　カップ戦ボーナスは，入場料収入の一定割合が原資とされていた。

③ リーグ戦ボーナスとカップ戦ボーナスは別々にプールされて，「試合出場に関連
　　付けた貢献度」に応じて各選手に配分される仕組みとなっており，配分の係数設
　　定はいずれも「先発出場が1，途中出場が0.5，ベンチ入りのみが0.25，ベンチ外
　　が0」であった。

　選手の価値評価に関して，財務担当取締役のPaul Wright氏は次のように証言した。
「いかにも移籍市場があるような報道がなされているが，実際には計算式は存在しな
い。選手の移籍金は具体的な移籍交渉があった際にその都度見積もることとなってお
り，貨幣額での日常的な価値評価は行っていない。」(第2回調査より)

　取締役会長が選手の獲得や試合起用について意見したり，試合での選手のパフォー
マンスを評価するのか，Wright氏は次のように証言した。

「取締役会はプロサッカークラブの経営にのみ関わり，試合での戦術や選手起用につ
いては口出しを一切しない。選手の管理については監督に任せており，各選手の試合
でのパフォーマンスに対する評価は監督やチームスタッフが行っている。」(第2回調
査より)

　図表3-4に示した組織図のように，OUFCではサッカー部門とビジネス部門とに分
かれており，選手の管理はサッカー部門のトップである監督に任せられているという

ことであった。

選手の年俸（基本給や出来高）を決めるのも監督なのか，Wright 氏は次のように証言した。

「選手年俸を決定するのは取締役会である。自主的にサラリーキャップ制を導入しており，監督はそれに関わらず要求するが，チームとしては予算の範囲内でやりくりしてもらう。それゆえ，たとえ良い選手であっても，年俸が高くて費用対効果が小さいと判断されれば，次年度の契約を結ばないという決断をすることもありえる。得点や勝利などへの個人ボーナスの契約内容は選手によって異なる。」（第 2 回調査より）

2013/14 シーズンのリーグ戦について，前監督の Wilder 氏が指揮を執った 26 戦目までの成績は，12 勝 9 分 5 敗の勝ち点 45 で 6 位であった。続いて，27 戦目から 38 戦目まで指揮を執った暫定監督の Lewis 氏の下では，12 試合で 3 勝 5 分 4 敗の勝ち点 14 しか稼げなかったが，順位はまだ 6 位を維持していた。その後，39 戦目から 46 戦目の最終節までを新監督の Waddock 氏が率いたものの，8 試合で 1 勝 7 敗の勝ち点 3 しか得られず，最終順位は 8 位となり，プレイオフ出場を逃した。

図表 3-6 は 2013/14 シーズンにおける個人ボーナス支給の条件と結果を整理したものである。リーグ戦ボーナスは条件を満たすことができず，支給されなかった。カップ戦ボーナスは，一部のカップ戦で格下のチームに 2 勝したため，それぞれ入場料収入の一定割合が支給された。

図表 3-6　2013/14 シーズンにおける個人ボーナス支給の条件と結果

シーズン	条件	結果
2013/14	チームがシーズンでリーグ 7 位以内であれば，貢献度に応じて，選手にボーナスが支給される	達成できなかった（FL2：8 位）
	チームがカップ戦で勝利すれば，貢献度に応じて，選手にボーナスが支給される	FA カップ：2 試合勝利（3 回戦敗退） リーグ・カップ：未勝利（1 回戦敗退） FL トロフィー：未勝利（南地区 2 回戦敗退）

出典：第 15 回調査における Brown 氏提供の社内資料と，Anderson（2014）pp. 270-271 を基に筆者作成

第5節　2014/15 シーズン

　2014年7月4日をもって Darryl Eales 氏が会長に就任し, 同日に Michael Appleton 氏が監督に就任した。

　Brown 氏提供の社内資料によれば, 2014/15 シーズンのインセンティブ・ボーナスには以下のような特徴があった。

①　リーグ戦ボーナスについて, その獲得条件は「5 試合進捗する毎の暫定順位が 7 位以内」へと変更された。すなわち, リーグ戦ボーナスを獲得する機会は, 2013/14 シーズンはシーズン終了時の 1 回のみであったが, 2014/15 シーズンは 5 試合毎の 9 回に増えた。また, シーズン・ボーナスは総じて「増額」された。さらに, 「ホーム開催のリーグ戦での来場者数によるボーナス」が追加された。

②　カップ戦ボーナスについて, その獲得条件は「勝利した場合にカップ戦の種別・回戦別にあらかじめ設定されたボーナス額を支給」へと変更された。また, 「リーグ・カップは準優勝の場合でも, FA カップは準優勝または準決勝敗退の場合でも, ボーナスが支給される」という条件が追加された。

③　貢献度に応じた各選手への配分係数について, リーグ戦ボーナスもカップ戦ボーナスも「先発出場は 1, 途中出場も 1, ベンチ入りのみは 0.25, ベンチ外は 0」へと変更された。

　図表 3-7 は 2014/15 シーズンのリーグ戦結果である。当該シーズンのインセンティブ・ボーナス・スキームの特徴として, リーグ戦 5 試合毎にシリーズという呼称が付されていたので, シリーズ 1〜シリーズ 9 と表記した。また, ホーム開催の試合でホーム側の来場者数がボーナスの対象となっていたので, 主催試合における OUFC 側の来場者数も付した。

　Appleton 氏が監督として就任してから開幕までは 1 ヶ月ほどの準備期間があったが, 開幕 4 連敗を喫したり, 8 戦目でようやく勝利を収めたりと, シーズン序盤の成績は非常に悪かった。その後, シーズンが進むにつれて成績は改善したものの, シーズン序盤の苦戦が響き, 各シリーズの終了時点で, 一度もプレイオフ出場圏に浮上することなく, 最終順位も 7 位以内という条件を満たせなかった。

図表 3-7 2014/15 シーズンのリーグ戦結果

シリーズ	節	日付	会場	対戦相手	結果		暫定順位	来場者数	OUFC側の来場者数
1	1	9-Aug	H	Burton Albion	L	0-1	16	5,370	4,975
	2	16-Aug	A	Mansfield Town	L	1-2	19	3,042	
	3	19-Aug	A	Morecambe	L	0-1	21	1,615	
	4	23-Aug	H	Portsmouth	L	0-1	24	6,852	4,716
	5	30-Aug	H	Dagenham & Redbridge	D	3-3	23	4,391	4,233
2	6	6-Sep	A	Southend United	D	1-1	23	5,315	
	7	13-Sep	A	Exeter City	D	1-1	22	3,076	
	8	16-Sep	H	Accrington Stanley	W	3-1	22	4,111	4,043
	9	20-Sep	H	Stevenage	D	0-0	22	4,658	4,395
	10	27-Sep	A	Luton Town	L	0-2	23	9,101	
3	11	4-Oct	H	Newport County	W	1-0	20	5,072	4,429
	12	11-Oct	A	Cambridge United	L	1-5	23	4,435	
	13	18-Oct	H	Tranmere Rovers	W	2-0	20	4,748	4,289
	14	21-Oct	A	Northampton Town	W	3-1	19	4,577	
	15	25-Oct	A	Carlisle United	L	1-2	19	4,392	
4	16	1-Nov	H	Wycombe Wanderers	L	1-2	19	7,552	5,862
	17	15-Nov	A	York City	W	1-0	18	3,363	
	18	22-Nov	H	AFC Wimbledon	D	0-0	19	5,443	4,923
	19	29-Nov	A	Cheltenham Town	D	1-1	19	3,002	
	20	13-Dec	H	Bury	W	2-1	17	6,912	6,697
5	21	20-Dec	A	Hartlepool United	D	1-1	17	4,070	
	22	26-Dec	H	Shrewsbury Town	L	0-2	17	7,502	6,878
	23	28-Dec	A	Plymouth Argyle	W	2-1	16	11,020	
	24	3-Jan	H	Cheltenham Town	L	1-2	16	5,360	4,861
	25	10-Jan	A	Dagenham & Redbridge	D	0-0	15	1,892	
6	26	17-Jan	H	Southend United	L	2-3	17	7,207	6,576
	27	24-Jan	H	Exeter City	D	2-2	16	6,791	6,279
	28	31-Jan	A	Stevenage	W	2-0	15	3,146	
	29	7-Feb	H	Luton Town	D	1-1	15	7,541	5,277
	30	10-Feb	A	Accrington Stanley	L	0-1	17	1,065	
7	31	14-Feb	A	Burton Albion	L	0-2	17	2,954	
	32	21-Feb	H	Mansfield Town	W	3-0	17	6,954	6,632
	33	28-Feb	A	Portsmouth	D	0-0	17	16,355	
	34	3-Mar	H	Morecambe	D	1-1	19	6,924	6,873
	35	7-Mar	A	Bury	W	1-0	18	3,645	
8	36	14-Mar	H	Plymouth Argyle	D	0-0	17	8,057	6,767
	37	17-Mar	H	Hartlepool United	L	0-2	19	4,375	4,273
	38	21-Mar	A	Shrewsbury Town	L	0-2	19	5,265	
	39	28-Mar	H	Carlisle United	W	2-1	16	5,515	5,039
	40	3-Apr	A	Wycombe Wanderers	W	3-2	15	6,892	
9	41	6-Apr	H	York City	D	0-0	16	9,406	8,984
	42	11-Apr	A	AFC Wimbledon	D	0-0	16	4,234	
	43	14-Apr	H	Northampton Town	D	1-1	16	4,839	4,229
	44	18-Apr	A	Tranmere Rovers	W	3-0	15	5,777	
	45	25-Apr	H	Cambridge United	W	2-0	14	5,954	5,347
	46	2-May	A	Newport County	W	1-0	13	4,295	

出典：Anderson（2015）p.274, Oxford United Football Club （2015）pp.64-65 を基に筆者作成

図表3-8は2014/15シーズンにおける個人ボーナス支給の条件と結果を整理したものである。リーグ戦に関しては，来場者数ボーナスのみ，複数回獲得することができた。カップ戦に関して，一部のカップ戦で勝利を収めたため，規定額のボーナスが支給された。

図表3-8　2014/15シーズンにおける個人ボーナス支給の条件と結果

シーズン	条件	結果
2014/15	チームが5試合進捗する毎にリーグ7位以内であれば，貢献度に応じて，選手にボーナスが支給される	9回中一度も達成できなかった
	ホーム開催のリーグ戦でホーム側の来場者数が5,750名を超えた場合，当日の登録選手にボーナスが支給される	23試合中9回達成された
	チームがシーズンを終えてリーグ7位以内であれば，貢献度に応じて，選手にボーナスが支給される	達成できなかった（FL2：13位）
	チームがカップ戦で勝利すれば，貢献度に応じて，選手にボーナスが支給される	FAカップ：1試合勝利（2回戦敗退） リーグ・カップ：1試合勝利（2回戦敗退） FLトロフィー：未勝利（南地区1回戦敗退）

出典：第15回調査における Brown 氏提供の社内資料と Anderson（2015）pp.274-275, Oxford United Football Club（2015）pp.64-65 を基に筆者作成

第6節　2015/16シーズン

　ボーナス制度に関して，Eales 氏は次のように証言した。

「試合での選手のパフォーマンスをいかにして貨幣価値に結び付けるかということであるが，監督である Appleton 氏が考案した新たなインセンティブ・システムを2015/16シーズンから導入し，チームが5試合毎に獲得した勝ち点合計に応じて，頑張った選手達にボーナスを支給することとした。」（第8回調査より）

図表 3-9 は，Appleton 氏が考案したインセンティブ・システムの勝ち点目標値で，練習場のクラブハウス内の廊下に掲示されていた。表の下部には，過去 4 シーズンにおける，自動昇格とプレイオフ進出に必要であった勝ち点実績が補足されていた。

図表 3-9　掲示されていたインセンティブ・システムの勝ち点目標値

出典：第 8 回調査で筆者撮影

　図表 3-9 の新たなインセンティブ・システムの導入の経緯と，勝ち点目標値を設定した根拠について，Appleton 氏は次のように証言した。

　「『チームを FL1（実質 3 部）へ昇格させる』という目標を実現させるために，今シーズンから新たなインセンティブ・システムを設けた。シーズンの勝ち点目標（TARGET）を 75，シーズンのストレッチ勝ち点目標（STRETCH TARGET）を 84 に設定した根拠は，過去 10 シーズンの，自動昇格したクラブ（リーグ戦の最終順位が 1〜3 位）とプレイオフに出場したクラブ（リーグ戦の最終順位が 4〜7 位）の勝ち点を調査したところ，リーグ 7 位になるためには勝ち点 75，リーグ 3 位になるためには勝ち点 84 が必要であると導き出されたからである。」（第 8 回調査より）

　図表 3-10 は OUFC が旧 FL3 部（実質 4 部）に降格した 2001/02 シーズン以降の，

実質4部におけるOUFCの順位と勝ち点，プレイオフに出場した7位クラブの勝ち点を表したものである。ただし，実質5部に所属していた2006/07シーズンから2009/10シーズンまでの連続した4シーズンは除外する。2001/02シーズン以降の14シーズンにおいて，プレイオフに出場した7位クラブの平均勝ち点は71である一方，OUFCの最高順位は2002/03シーズンと2013/14シーズンの8位であり，最多勝ち点は2003/04シーズンの勝ち点71であった。

図表3-10　実質4部におけるOUFCと7位クラブの成績比較

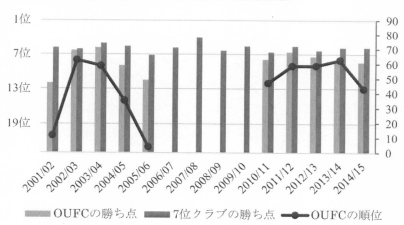

出典：Brodetsky（2012）とAnderson（2011, 2012, 2013, 2014, 2015）を基に筆者作成

OUFCが所属するFL2は24クラブで構成されており，リーグ戦はひとつのクラブに対してホーム＆アウェイの計2試合ずつ対戦するゆえ，1シーズンの試合数は46試合である。

新たなインセンティブ・システムの仕組みについて，Appleton氏は次のように証言した。

「46試合を15試合ずつ3つに分けたものを『サイクル』（CYCLE）と名付け，さらに，各15試合を5試合ずつ3つに分けたものを『ブロック』（BLOCK）と名付けた。以下の計算式により，各サイクルのストレッチ勝ち点目標は27，各ブロックの勝ち点

目標は 8 に設定した。シーズンのストレッチ勝ち点目標 84 は，各サイクルのストレッチ勝ち点目標 27×3 サイクル＋1 試合分の勝ち点 3 である。シーズンの勝ち点目標 72 は，各ブロックの勝ち点目標 8×9 ブロック＋1 試合分の勝ち点 3 である。各ブロック（5 試合）で勝ち点 8 以上を獲得できれば，選手にはボーナスが支給されるが，勝ち点 7 以下の場合は，ボーナスは支給されない。また，勝ち点 9 以上の場合は勝ち点が 1 増える度にボーナス額が上乗せされる。」（第 8 回調査より）

　図表 3-11 は，図表 3-9 を基にして，サイクルとブロックの考え方を整理したものである。Appleton 氏によれば，シーズンの勝ち点目標 75 とシーズンのストレッチ勝ち点目標 84 が先に導き出された，ということであったが，46 試合を 15 試合ずつ 3 サイクルに分け，さらに，15 試合を 5 試合ずつ 3 ブロックに分けた根拠として，ブロックは 1 ヶ月単位，1 サイクルは 3 ヶ月単位であることが示されていた。

図表 3-11　新たなインセンティブ・システムのサイクルとブロックの考え方

年月	2015年 8月	2015年 9月	2015年 10月	2015年 11月	2015年 12月	2016年 1月	2016年 2月	2016年 3月	2016年 4月	2016年 5月	合計
シーズン	2015/16シーズン										合計
サイクル	1			2			3				
ブロック	1	2	3	1	2	3	1	2	3	α	
試合数	5	5	5	5	5	5	5	5	5	1	46

出典：第 8 回調査における撮影画像を基に筆者作成

　新たなインセンティブ・システムにおける各試合の位置づけについて，Appleton 氏は次のように証言した。

「対戦相手が強くても弱くても，ホームの試合もアウェイの試合も，全て対等な扱いである。対戦相手の強弱は客観的には判断できないし，試合毎に重要度を変えてしまうと非常に複雑なシステムとなってしまう。そこで，シンプルで分かりやすいシステムにした。」（第 8 回調査より）

図表 3-12 は，練習場のクラブハウスに掲示されていた勝ち点目標値と勝ち点実績の表の様子であるが，誰もが通る廊下の目立つ位置に掲示されており，視覚的にもアピールされていた。また，シーズンの全試合の分が，サイクル 1 からサイクル 3 に分けられて，あらかじめ作成され掲示されていた。

図表 3-12　勝ち点目標値と勝ち点実績の表

出典：第 8 回調査で筆者撮影

図表 3-13 は，第 8 回調査時点におけるサイクル 1 の勝ち点表であり，結果が出る毎に随時，勝ち点の数字が色分けして書き込まれていた。調査時点では，サイクル 1 ブロック 1 の 5 試合を終えて勝ち点 9 であり，選手たちは 5 試合毎のブロック目標（BLOCK TARGET）をクリアしており，ボーナスを獲得できていた状況であった。

キャプテンを務める Wright 氏は，次のように証言した。

「2015/16 シーズンから設けられた新たなインセンティブ・システムは，ブロックの 5 試合でチームが勝ち点 8 以上を獲得できた場合に，個人ボーナスが支給される。」（第 8 回調査より）

図表 3-13　第 8 回調査時点におけるサイクル 1 の勝ち点表

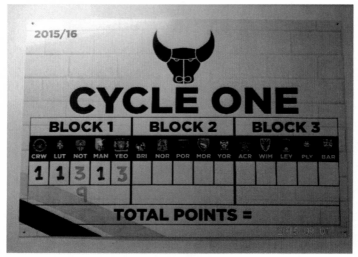

出典：第 8 回調査で筆者撮影

　Brown 氏提供の社内資料によれば，2015/16 シーズンのインセンティブ・ボーナスには以下のような特徴があった。

① 　リーグ戦ボーナスについて，「5 試合毎に勝ち点 8 以上の獲得」が条件となった。すなわち，2014/15 シーズンは「累積成績」で評価されるので，シーズン序盤につまずいたら挽回が困難であったが，2015/16 シーズンは「独立した 5 試合」毎の成績で評価されるので，5 試合毎に挽回可能となった。一方で，シーズン・ボーナスについて，リーグ優勝以外は金額が微減された。さらに，「ホーム開催のリーグ戦での来場者数によるボーナス」は廃止された。

② 　貢献度に応じた各選手への配分係数について，リーグ戦ボーナスのみ「先発出場は 1，途中出場は 0.5，ベンチ入りのみは 0，ベンチ外は 0」へと再変更された。

　リーグ戦のインセンティブ・ボーナス・スキームを基に，ブロック・ボーナスの合計額の変動について例示すると，図表 3-14 のようになる。

図表 3-14　1 ブロック全てに先発出場した選手のブロック・ボーナス額の変動例

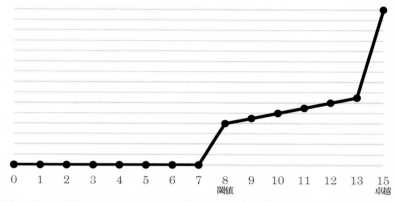

出典：第 15 回調査における Brown 氏提供の社内資料を基に筆者作成

　図表 3-15 は，第 8 回調査における Wright 氏の証言を基に，チームがブロックの 5 試合合計で勝ち点 8 を獲得した場合に支給されるボーナス額の仮設例である。

　例えば，選手 A はチームの主力選手であるが，選手 B は控え選手である。選手 A は，1 試合目のように勝っても，2 試合目のように負けても，3 試合目のように引き分けても，先発出場すれば当該試合のボーナス係数は 1 となる。選手 B は，ベンチ入りして途中出場すれば，2 試合目のように負けても，4 試合目のように引き分けても，当該試合のボーナス係数は 0.5 となるが，1 試合目のようにベンチ外であったり，5 試合目のようにベンチ入りしても出場無しであれば，当該試合ではボーナス係数はゼロとなる。

　当該ブロックで勝ち点 8 を獲得すればブロック・ボーナスが支給されるが，勝ち点 1 当たりのボーナス単価を 100 と仮設すると，勝ち点 8 を獲得した場合，ボーナスの満額は 100×勝ち点 8＝800 となる。したがって，5 試合全てに先発出場した選手 A のボーナス係数合計は 5 となり，3 試合に途中出場した選手 B のボーナス係数合計は 1.5 となる。よって，この場合，選手 A が受け取るボーナス額は，100×勝ち点 8×（5/5）＝800 となるが，選手 B が受け取るボーナス額は，100×勝ち点 8×（1.5/5）＝240 となる。

図表 3-15　ブロックで勝ち点 8 を獲得した場合に支給されるボーナス額の例

		ブロック					合計
		1 試合目	2 試合目	3 試合目	4 試合目	5 試合目	
	試合結果	勝ち	負け	引き分け	引き分け	勝ち	
	勝ち点	3	0	1	1	3	8
選手 A	試合出場の状況	先発 フル出場	先発 フル出場	先発 フル出場	先発 途中交代	先発 途中交代	
	出場時間	90 分	90 分	90 分	45 分	30 分	345 分
	ボーナス係数	1/1	1/1	1/1	1/1	1/1	5/5
選手 B	試合出場の状況	ベンチ外	控え 途中出場	控え 途中出場	控え 途中出場	控え 出場無し	
	出場時間	-	1 分	30 分	45 分	0 分	76 分
	ボーナス係数	0/1	0.5/1	0.5/1	0.5/1	0/1	1.5/5

出典：第 8 回調査における Wright 氏の証言を基に筆者作成

　新たなインセンティブ・システムにおける基本給とボーナスの関係について，Wright
氏は次のように証言した。
　「基本給は選手によって異なるが，新たなインセンティブ・システムに基づいて設定
されるボーナスの満額は，全選手同額である。基本給とボーナスの割合は，私の場合
は上手くいけば，85％と 15％になるのではないかと推測している。プロになりたての
若手選手で，基本給が低くとも，毎試合出場して勝利に貢献した選手ならば，例えば
50％と 50％のように，ボーナスの割合が高くなる仕組みである。」（第 8 回調査より）
　次に，新たなインセンティブ・システムについてどのように捉えているのか，Wright
氏は次のように証言した。
　「以前のように，1 シーズンを通じての成果で評価されるのではなく，独立した 5 試
合ずつの成果で評価されるので，仮に今ブロックは成果が出なくても，次のブロック
で頑張るぞと気持ちを新たにして挑めるため，選手はモチベーションを維持すること

ができると思う。控え選手であっても，途中出場してチームも成果を出せば，ボーナス係数は半分が支給されるので，控え選手の不満はある程度は抑えることができると思う。また，個々のプレイの成果に対するボーナスは無いので，個人ボーナス獲得を目的とした強引な個人プレイを抑えることができ，チームプレイが期待できるのではないか。」（第8回調査より）

一方で，新たなインセンティブ・システムの懸念すべき点について，Wright氏は次のように証言した。

「新しいインセンティブ・システムにおいても，対戦相手の強弱や，ホームとアウェイの違いは考慮されない。それゆえ，ブロックによっては，格上相手の厳しい5連戦になることもあれば，容易な5連戦になることもある。ブロックの出だしで，仮に3連敗したら，その時点でブロック目標を達成できないことが確定するので，残り2試合のモチベーション維持は，難しくなるかもしれない。」（第8回調査より）

図表3-16は2015/16シーズンのリーグ戦結果である。当該シーズンのインセンティブ・ボーナス・スキームの特徴として，リーグ戦5試合毎についてブロック，リーグ戦15試合毎についてサイクルという呼称が設定されたので，そのように区分した。また，シーズン当初に公表された試合日程の通りに行われなかった試合については，マスの背景に黄色を付した。監督就任2年目のAppleton氏が通年で指揮を執り，12戦目以降はシーズン終了まで自動昇格圏のリーグ3位以内を維持することができた。

図表 3-16　2015/16 シーズンのリーグ戦結果

サイクル	ブロック	節	日付	会場	対戦相手	結果		暫定順位	来場者数
1	1	1	8-Aug	H	Crawley Town	D	1-1	15	6,349
		2	15-Aug	A	Luton Town	D	2-2	16	8,877
		3	18-Aug	H	Notts County	W	3-1	10	5,774
		4	22-Aug	A	Mansfield Town	D	1-1	9	3,112
		5	29-Aug	H	Yeovil Town	W	2-0	5	6,018
	2	6	6-Sep	A	Bristol Rovers	W	1-0	4	7,038
		7	12-Sep	A	Northampton Town	L	0-1	8	4,838
		8	19-Sep	H	Portsmouth	D	1-1	5	9,093
		9	26-Sep	H	Morecambe	D	0-0	6	5,273
		10	29-Sep	A	York City	W	2-1	6	2,791
	3	11	3-Oct	A	Accrington Stanley	W	3-1	5	1,755
		12	10-Oct	H	AFC Wimbledon	W	1-0	3	6,301
		13	17-Oct	A	Leyton Orient	D	2-2	3	6,296
		14	20-Oct	H	Plymouth Argyle	W	1-0	3	7,007
		15	24-Oct	H	Barnet	L	2-3	3	6,137
2	1	16	31-Oct	A	Stevenage	W	5-1	2	3,412
		17	14-Nov	H	Cambridge United	W	1-0	2	6,958
		18	21-Nov	A	Dagenham & Redbridge	W	1-0	2	1,980
		19	24-Nov	H	Newport County	D	1-1	2	5,479
		20	28-Nov	A	Hartlepool United	W	1-0	1	3,622
	2	21	12-Dec	A	Carlisle United	D	1-1	2	5,936
		22	19-Dec	A	Wycombe Wanderers	L	1-2	3	5,742
		23	26-Dec	H	Exeter City	W	3-0	2	9,683
		24	28-Dec	A	Yeovil Town	D	0-0	3	4,661
		25	2-Jan	A	Notts County	W	4-2	3	5,877
	3	28	9-Feb	H	Mansfield Town	D	2-2	3	5,346
		26	17-Jan	H	Bristol Rovers	L	1-2	3	9,492
		27	23-Jan	A	Portsmouth	W	1-0	3	17,840
		30	16-Feb	H	Northampton Town	L	0-1	3	9,559
		32	23-Feb	H	Exeter City	W	4-1	3	3,089
3	1	29	13-Feb	A	Morecambe	W	4-2	3	1,749
		31	20-Feb	H	Accrington Stanley	L	1-2	3	6,792
		33	27-Feb	H	AFC Wimbledon	W	2-1	3	4,628
		34	1-Mar	H	York City	W	4-0	2	5,654
		35	5-Mar	A	Plymouth Argyle	D	2-2	2	10,091
	2	36	12-Mar	H	Leyton Orient	L	0-1	2	7,102
		38	19-Mar	H	Barnet	W	3-0	2	3,264
		39	25-Mar	H	Stevenage	D	1-1	2	7,980
		40	28-Mar	A	Cambridge United	D	0-0	2	6,108
		37	15-Mar	H	Dagenham & Redbridge	W	4-0	2	5,319
	3	41	9-Apr	H	Crawley Town	W	5-1	2	3,340
		42	16-Apr	H	Luton Town	L	2-3	2	8,838
		43	19-Apr	A	Newport County	D	1-1	3	2,847
		44	23-Apr	H	Hartlepool United	W	2-0	3	7,955
		45	30-Apr	A	Carlisle United	W	2-0	2	6,948
	α	46	7-May	H	Wycombe Wanderers	W	3-0	2	11,815

出典：第 8 回調査における撮影画像と Anderson（2016）p.278 を基に筆者作成

2015/16 シーズンのリーグ戦結果を，シーズン開幕当初に作成された勝ち点目標値の表に当てはめると，図表 3-17 となる。

図表 3-17　2015/16 シーズンの勝ち点実績表

サイクル	1														
ブロック		1					2					3			
日付	8-Aug	15-Aug	18-Aug	22-Aug	29-Aug	6-Sep	12-Sep	19-Sep	26-Sep	29-Sep	3-Oct	10-Oct	17-Oct	20-Oct	24-Oct
相手	CRW	LUT	NOT	MAN	YEO	BRI	NOR	POR	MOR	YOR	ACR	WIM	LEY	PLY	BAR
結果	1	1	3	1	3	3	0	1	1	3	3	3	1	3	0
月計			⑨					⑧					⑩		
季計								㉗							

サイクル	1														
ブロック		1					2					3			
日付	31-Oct	14-Nov	21-Nov	24-Nov	28-Nov	12-Dec	19-Dec	26-Dec	28-Dec	2-Jan	*9-Feb*	17-Jan	23-Jan	*16-Feb*	*23-Feb*
相手	STE	CAM	D&R	NEW	HAR	CAR	WYC	EXE	YEO	NOT	*MAN*	BRI	POR	*NOR*	*EXE*
結果	3	3	3	1	1	1	0	3	3	3	*1*	0	3	*0*	*3*
月計				⑬				⑧					⑦		
季計								㉘							

サイクル	1															
ブロック		1					2					3				α
日付	13-Feb	20-Feb	27-Feb	1-Mar	5-Mar	12-Mar	19-Mar	25-Mar	28-Mar	*15-Mar*	9-Apr	16-Apr	19-Apr	23-Apr	30-Apr	7-May
相手	MOR	ACR	WIM	YOR	PLY	LEY	BAR	STE	CAM	*D&R*	CRW	LUT	NEW	HAR	CAR	WYC
結果	3	0	3	3	1	0	3	1	1	*3*	3	0	1	3	3	3
月計			⑩					⑧					⑩			③
季計								㉛								

出典：第 8 回調査における撮影画像と Anderson（2016）p. 278 を基に筆者作成

表の見方を説明すると，まず，「結果」について，3 は勝ち，1 は引き分け，0 は負けである。次に，「月計」はブロック毎の勝ち点合計，「季計」はサイクル毎の勝ち点合計で，○囲みの数字は，目標を達成できた場合であることを意味する。「斜字かつ下線」は日程が変更となった試合で，例えばサイクル 2 ブロック 3 の MAN（Mansfield Town）戦は，シーズン開幕当初は 1 月 9 日の開催が予定されていたが，カップ戦で勝ち進んだ結果，2 月 9 日に延期となった。また，「色付きの背景」は日程が変更となり，ブロックとサイクルを遡って開催された試合で，例えばサイクル 2 ブロック 3 の NOR（Northampton Town）戦は，カップ戦が優先されて試合が 2 月 16 日に延期となった結果，次のサイクルであるサイクル 3 ブロック 1 の MOR（Morecambe）戦が先に 2 月 13 日に開催されることになった。

下部リーグではカップ戦で勝ち進むことを前提とせずにリーグ戦のスケジュールが組まれるため，カップ戦で勝ち進むと，リーグ戦が延期されたり，サイクル 3 ブロック 2 の D&G（Dagenham & Redbridge）戦のように前倒しされることが度々生じるのである。

結果として，ブロック目標（5 試合毎に勝ち点 8 以上）を 9 回中 8 回達成し，サイクル目標（15 試合毎に勝ち点 27）を 3 回中 3 回達成することができた結果，年間順位 2 位で自動昇格を果たし，「FL1 への昇格」というシーズン目標を達成することができた。しかしながら，試合延期の影響を受けたサイクル 2 ブロック 3 だけはブロック目標を達成できなかった。

図表 3-18 は 2015/16 シーズンにおける個人ボーナス支給の条件と結果を整理したものである。リーグ戦では，新たに導入されたブロックボーナスを 8 回獲得し，昇格を果たしたためシーズンボーナスも獲得することができた。また，カップ戦でも，すべてのカップ戦で勝利をおさめ，決勝まで進出したカップ戦もあり，入場料収入ボーナスや回戦別に規定されたボーナスを獲得した。

図表 3-18　2015/16 シーズンにおける個人ボーナス支給の条件と結果

シーズン	条件	結果
2015/16	チームが5試合毎に勝ち点8以上を獲得できれば，貢献度に応じて，選手にボーナスが支給される	9回中8回達成できた
	チームがシーズンで昇格を果たせば，貢献度に応じて，選手にボーナスが支給される	達成できた（FL2：2位で自動昇格）
	チームがカップ戦で勝利すれば，貢献度に応じて，選手にボーナスが支給される	FAカップ：3試合勝利（4回戦敗退） リーグ・カップ：1試合勝利（2回戦敗退） FLトロフィー：4試合勝利（準優勝）

出典：第15回調査における Brown 氏提供の社内資料と Anderson（2016）pp. 278-279 を基に筆者作成

第7節　考察

　OUFC におけるインセンティブ・システムの設計・運用には，監督が強く影響を与えていた。2013/14 シーズンから 2015/16 シーズンにおけるリーグ戦のインセンティブ・システムの特徴をまとめると，図表 3-19 のようになる。

図表 3-19　OUFC におけるリーグ戦のインセンティブ・システムの変化

	2013/14 シーズン	2014/15 シーズン	2015/16 シーズン
査定基準	最終順位	暫定順位 最終順位	勝ち点 最終順位
査定基準の絶対性／相対性	相対的集団業績（順位）	相対的集団業績（順位）	絶対的集団業績（勝ち点） 相対的集団業績（順位）
評価のサイクル	年間	5試合ずつ加算 年間	5試合毎 15試合毎 年間

出典：インタビュー調査に基づき筆者作成

2015/16 シーズンから導入された新たなインセンティブ・システムは，Merchant and Otley（2007）の短期的なペイ・パフォーマンス関係の一般的な形態のように，固定的な基本給と比例的なボーナスから構成される典型的で理想的なものであった。そして，絶対的目標値（勝ち点）を導入して効果をより高めるように改良した結果，「FL1 への昇格」という目標を実現できたと解釈できる。

参考文献一覧

Anderson, J.（2011）*Skysports Football Yearbook 2011-2012*, Headline Publishing Group.

Anderson, J.（2012）*Skysports Football Yearbook 2012-2013*, Headline Publishing Group.

Anderson, J.（2013）*Skysports Football Yearbook 2013-2014*, Headline Publishing Group.

Anderson, J.（2014）*Skysports Football Yearbook 2014-2015*, Headline Publishing Group.

Anderson, J.（2015）*Skysports Football Yearbook 2015-2016*, Headline Publishing Group.

Anderson, J.（2016）*Skysports Football Yearbook 2016-2017*, Headline Publishing Group.

Anderson, J.（2017）*Skysports Football Yearbook 2017-2018*, Headline Publishing Group.

Anderson, J.（2018）*The Football Yearbook 2018-2019 in association with The Sun*, Headline Publishing Group.

Anderson, J.（2019）*The Football Yearbook 2019-2020 in association with The Sun – Special 50th Anniversary Edition*, Headline Publishing Group.

Brodetsky, M.（2012）*Oxford United – The Complete Record 1893-2009*, Derby Books Publishing Company Limited.

Ferguson, A. snd Moritz, M.（2015）*Leading*, Hodder & Stoughton Ltd.

Merchant, K. A. and Otley, D. T.（2007）"A Review of The Literature on Control and Accountability", *Handbook of Management Accounting Research*, Volume 2, Chapter 13, pp. 785-802.

Merchant, K. A. and Van der Stede, W. A.（2012）*Management Control Systems – Performance Measurement, Evaluation and Incentives*, 3rd Edition, Pearson Education Limited.

Oxford United Football Club（2015）*Official Matchday Magazine for Oxford United FC*, Vol. 67 Issue 01.

ソリアーノ，F.（グリーン裕美訳）（2009）『ゴールは偶然の産物ではない―FC バルセロナ流世界最強マネジメント―』アチーブメント出版。（Soriano, F.（2009）*La Perota No Entra Por Azar : Ideas De Management Desde El Mundo Del Futbol*.）

（角田　幸太郎）

第4章　スポーツビジネスの特異性─経営学（サービスマネジメント）の視点から

第1節　「特異性」を論じることの意義─本章の目的と内容

　本章では，スポーツマネジメントに関する研究の中でもその中心的存在をなしてきた「スポーツビジネス（主にプロスポーツに関するビジネス）(1)」について取り上げ，そのビジネスとしての特徴や商品としての特性（これらを併せて「特異性」と呼ぶ）をスポーツマネジメントの親学問の 1 つである経営学（特にサービスマネジメント）や経済学の知見をもとに概観し，整理することを目的とする。

　ではなぜ，「スポーツビジネスの特異性 (distinctiveness)」を論じる必要があるのだろうか。それは，スポーツビジネスのもつ特異性が，ビジネスを行う上での前提となったり，そのやり方に大きな影響を与えるからである。

　身近な例で例えてみたい。読者諸氏は，鮮魚店や寿司店などの生鮮食品を扱う小売店や飲食店で「産地直送」という看板やキャッチフレーズを見たことはないだろうか。この「産地直送」という輸送方法は，例えば鮮魚などの生鮮食品に「腐敗しやすく短時間で味が劣化しやすい」という製品上の特性（プロダクト特性）があるため，問屋などの中間業者を排し，産地から消費地点に「直送」することで提供される商品の価値を高めるために行われる。生鮮食品は，この「劣化しやすい」という特性を大前提としてビジネスが展開される。このように，商品がもつ特性（特異性）は，ビジネスの行う上での前提であり，そのやり方に影響を与える。

　このことはスポーツビジネスにおいても同様であり，学会などの研究の世界でも繰り返し指摘されてきたことでもある。スポーツビジネスないしスポーツマネジメントは，経営学をはじめ，心理学・社会学・経済学・マーケティング論などの親学問において一般化された理論をスポーツに応用した特殊経営学である（宇土，1991，池田・守能，1999，吉田・辻，2018）。拡張・発展するスポーツには，一般的な製品や組織には備わっていない特性があり，その特異性 (distinctiveness) を十分に考慮した上で親学問の理論を適用すべきであるという（Chalip, 2006）。

　そこで，以下の第2節では「スポーツビジネスの特異性」について，特に親学問で

ある経営学（特に，サービスマネジメント）や経済学の視点から述べ，さらに続く第3節ではそれらの整理・統合化を提案することにしたい。

第2節　スポーツビジネス10個の特異性

(1)　商品の「分割不可能性」

　スポーツビジネスは，実にさまざまな商品形態をとるビジネスである。例えば，試合（大会や興行などのイベント），中継（テレビ・ラジオ），報道（新聞・雑誌），評論（本・雑誌），ネットコンテンツ，グッズ，広告や宣伝などが挙げられる。これらの多彩な商品形態の中でも，その第1次的なプロダクト（生産物）は，「試合（ゲーム）」であり，試合を主催し運営すること，つまり試合の興行がスポーツビジネスの商品である（広瀬，2009）。そして，試合（ゲーム）から派生するさまざまな情報や価値を，2次的に商品化したものが，上述の「中継」「報道」「評論」「ネットコンテンツ」「グッズ」「広告」などの2次的商品である。

　スポーツビジネスにおける試合という生産物ないしサービスは，「そのものを分割して売ることができない」という特徴をもっている。これを商品の「分割不可能性」という（小林，1979）。例えば，スポーツと同じサービス産業に属する他業種と比べてみよう。鉄道などの交通・輸送サービス業では，始発から終点までのサービスの提供に常に一定の費用がかかり，これを分割することはできない。例えば，ある列車は乗客が半分なので終点区間も半分にするといったことはできない。その中で，乗客の求める移動・輸送区間に応じて乗車券を販売している。同様に，音楽などのコンサート興行においても，観客の数や支払った金額に応じて，コンサートホールを変更したり，コンサート全体の曲数や時間を（大幅には）変更できないという特性を持っている。

　これらことは，スポーツビジネスにも当てはまるものであり，観客の払った料金によって，サービスの量や質，内容やコストを変えることができない商品上の性質を有している。これが，第一の特異性である。

(2)　提供する財・サービスの「公共利用財的特性」

　次に挙げられるのが，提供する財・サービスの「公共利用財的特性」である（小林，

1979)。スポーツの第1次的な商品ある「試合（ゲーム）」という商品は，ファン・メディア・スポンサー・地域・オーナー（株主）などのステイクホルダーに影響を与える公共財のような性質をもつ (2)。

　例えば、プロサッカーの試合を想起してほしい。ピッチ上には、興行を主催し，プロダクトの生産者でもある選手やコーチ，クラブのスタッフがいる。同様に，競技場を管理運営することで使用料を受け取るビジネスを行う施設の関係者や，中継や報道などのメディア関係者がいる。また，観客と同じスタンドには，グッズ・飲食物などの物販業者や看板などの企業広告があり，多数のビジネス関係者が往来している。さらには，競技場の外（周辺）には，スポーツメーカーが自社のブースを出して商品の宣伝や販売を行っていたり，サッカー観戦ツアーなどに添乗する旅行代理店の関係者がいたり，サブグランドではジュニア世代のためのサッカースクールのコーチやスタッフが活動している。このように，多くのビジネス関係者に，試合という商品が生み出す集客力や広告効果，情報発信力といった価値が共同利用されている。なお，図表4−1は，これらのステイクホルダーを分類したものであり，6種類に大別することができるという（広瀬, 2014）。

図表4-1　広瀬によるステイクホルダーの6分類

第1分類	所有者（株主／親会社）
第2分類	競技関係者［IF／NF・リーグ・他チーム・監督・選手］
第3分類	ファン，サポーター
第4分類	メディア
第5分類	ビジネス［スポンサー・MD・物販］
第6分類	その他（自治体・施設）

（注）IF…International Federation（国際競技団体），NF…National Federation（国内競技団体）、MD…Merchandising（商品化権）

出典：広瀬（2014），58-59頁（注は筆者が加筆）

(3)「外部性」の高さ

　前項で述べたように，スポーツビジネスは公共財的な特性をもつ。このことは，試合という商品に直接的に関連するビジネスに限ったことではなく，直接的に関係のない事業者（経済主体）についても同様のことがいえる。これが，スポーツビジネスの特異性として第3に挙げられる「外部性（externality）」の高さである。

　外部性（同義として「外部効果」と呼ばれることもある）とは、「ある経済主体の活動が何ら対価を享受することなく他の経済主体に影響を与えること」をいう（水野正一・木村吉男・辻正次（1989）『経済学辞典』中央経済社，32頁）。

図表4-2　外部性のイメージ

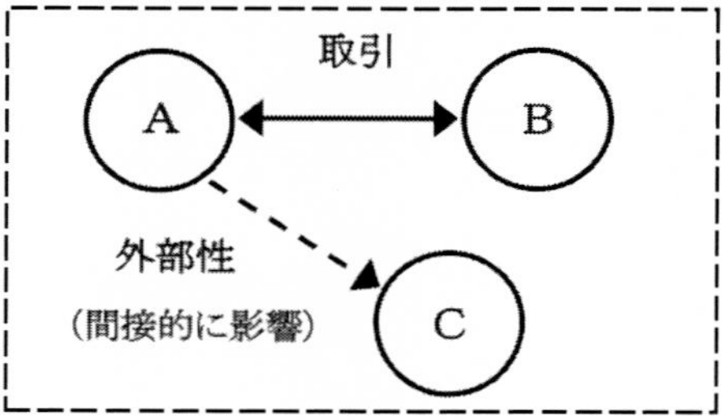

出典：筆者作成

　図表4-2は，外部性のイメージを図示したものである。市場に存在する経済主体である「プレイヤーA」と「プレイヤーB」との経済取引が，彼らと直接的な取引関係をもたない「プレイヤーC」の経済活動とその成果に間接的に影響を与えるようなケースが「外部性（外部効果）」であり，スポーツビジネスは外部性が高いビジネスであるという（小林，1979）。

　身近な例で考えてみよう。プロスポーツの試合が行われる競技場に隣接するコンビニエンスストア（以下，コンビニと略称する）を挙げることができる。競技場に隣接するコンビニは，試合が開催されない日は，どこにでもある通常のコンビニのチェーン店舗である。しかし，試合が開催される日は，弁当や飲料が通常のチェーン店と比較すると異様なほどに仕入れられており，箱で山積みにされていたりする。観戦者（図

中のプレイヤーA）が，試合の主催者であるスポーツクラブ（プレイヤーB）が販売するチケットを購入するという経済行動（取引）が，間接的にコンビニ（プレイヤーC）の弁当や飲料の仕入量や売上に影響を与えていることになる。これが外部性である。

　また，このような外部性による影響は，地理的に球場に隣接する事業者に限ったことではない。例えば，プロ野球の阪神タイガースが勝利した翌日は，地元スポーツ新聞の「デイリースポーツ」の売上が通常よりも高くなるといった，メディアやコンテンツビジネスにおいても，外部性による効果を確認することができる。

(4) 他の産業との親和性（プラットフォーム性）

　上述した「(2) 公共利用財的特性」や「(3) 外部性（の高さ）」といった特異性からも明らかなように，スポーツビジネスは多くのステイクホルダーと関わりをもつと同時に，他産業や他業種とも親和性の高いビジネスである。

　図表4−3は，みるスポーツ産業（主にプロスポーツ）の拡がりによって，他の産業との間に新たなビジネスが拡大していることを示した図である。例えば，みるスポーツ産業と不動産業・建設業と公務（政府・自治体）の間では，スタジアムを中心とした「スマートベニュー事業 (3)」などのスタジアムを中心とした都市開発などが進展している。

　同様に，スポーツの国際化にともなう選手移籍の流動化や選手の肖像権を利用したスポンサービジネスの拡大などの影響から，「選手マネジメント業」や「エージェント業」などのビジネスも展開されている。

　このように，スポーツビジネスは，他産業・他業種のビジネスを結びつけるプラットフォームとしての磁力や親和性をもつ。これは，従来より体育学において「スポーツの力（power of sports）」という概念として提唱されてきたものでもある (4)。

(5) プロダクト（試合）の「共同生産性」

　スポーツビジネスにおける5つ目の特異性として挙げられるのが，主たるプロダクトである試合の「共同生産性」という特徴である（小林1979，広瀬2009；2014，橘川・

図表 4-3 スポーツ産業の拡がり

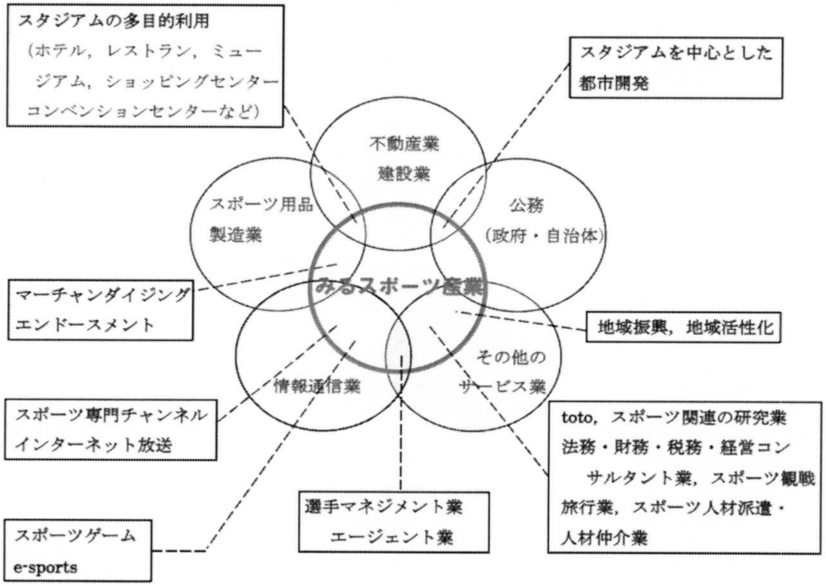

スタジアムの多目的利用
（ホテル，レストラン，ミュージアム，ショッピングセンター
コンベンションセンターなど）

スタジアムを中心とした
都市開発

不動産業
建設業

スポーツ用品
製造業

公務
（政府・自治体）

みるスポーツ産業

マーチャンダイジング
エンドースメント

その他の
サービス業

地域振興，地域活性化

情報通信業

スポーツ専門チャンネル
インターネット放送

toto, スポーツ関連の研究業
法務・財務・税務・経営コンサルタント業，スポーツ観戦
旅行業，スポーツ人材派遣・
人材仲介業

スポーツゲーム
e-sports

選手マネジメント業
エージェント業

出典：江戸川大学スポーツビジネス研究所（2008），30 頁に一部加筆。

奈良 2009，新日本有限責任監査法人 2016）。スポーツの試合は，競技場では勝敗をめぐって競い合っている 2 者の「共同生産」によって商品である試合の価値が決定し，顧客に提供される。つまり，平たく表現すれば「試合の上は敵であるが，ビジネスの上では味方」といえるのである。ここで重要なことは，2 者の実力が均衡する（接戦の展開となる）ことによって，プロダクトである試合の価値も高まるという点である。その反対に，格差の拡がりは商品価値の低下をもたらす。例えば，試合開始直後から圧倒的な実力差のある試合よりも接戦の方が価値が高いことや，シーズン終盤まで勝敗が拮抗した首位攻防戦の方が面白いという事実を考えれば，このことは明白であろう。試合というプロダクトの価値を生産する 2 者の間に格差が生じることは，試合の敗者（格差の下位者）はもちろん，たとえ勝者（格差の上位者）となった場合においてもビジネスの上では不利益となるのである。

　したがって，戦力差の背後にある経済格差や収入格差を是正する必要性が生じる。

ドラフト制度による新人選手獲得の平等性の確保や，アメリカ4大スポーツを中心に日本のJリーグなどでも行われている「収入分配制度（revenue sharing）」は，このような格差を是正するための具体的なリーグ施策であるといえる。これは，他の産業にはほとんど見られないスポーツビジネスの特異性であり，スポーツ組織の間に「競争」と「協調」を必要とするリーグ構造があることが指摘されている（Chalip 2006, Wakefield 2007, Smith & Stewart, 2010）。

(6)「収入の多様性」

スポーツビジネスにおける第6の特異性は，「収入の多様性」という特徴である。スポーツビジネスは，試合という商品（チケット）を販売し，入場料を得るという単一の収入を得ているだけではなく，試合から派生する複数の価値を利用して「収入の項目を増やす」ことで成立している。これを「収入の多様性」という。

図表4-4　プロスポーツクラブのビジネスモデル

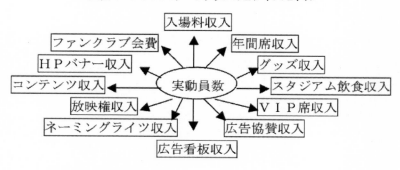

出典：小寺（2009），81頁

収入を多様化する理由は，主として2つある。まず1つは、年々着実に上昇し、とりわけメジャースポーツにおいては莫大なコストを要する選手年俸（参稼報酬）を賄うためである。もう1つは，試合が開催される競技場には収容人員のキャパシティがあるため，キャパシティを越える入場者を得ることはできないがゆえに，入場料（チケット収入）に限界が生じるためである（大野，2010）。

81

図表4-4は，競技場への「実動員」とスポーツビジネスがもつ多様な「収入項目」との関係を示したものである。この図が示す重要な点は，競技場への実動員（入場料収入）が契機となり，他の関連収入が伸長する構造になっていることである。

　ファン（観戦者）がチケットを購入し，競技場への実動員数（観客動員数）が増えれば増えるほど，競技場内の広告看板の価値が上昇したり，競技場内の飲食消費量の増加やファンのロイヤリティの向上（ファンクラブ会員の増加やホームページ閲覧数の増加によるバナー収入の増加），放送コンテンツとしての価値の上昇やグッズ売上の増加などが進み，関連収入も伸長するというビジネス構造になっているのである。いわゆる「箱物ビジネス」としての特徴である (5)。

　このような「実動員が関連収入を伸長する」ビジネス構造は，海外のスポーツビジネスにおいても同様である。Foster et al. (2006) は，ゲーム（入場者やテレビ観戦者）から派生して伸長してくる関連収入のことを「漸進的収入源（Incremental Revenue Sources）」と呼んでいる。(p.12)。図表4-5は，米国ハーバード大学のスポーツビジネス講座において紹介されているスポーツビジネスのモデルを示したものである。図の左半分に示されている項目は，試合（観戦者）によってもたらされる収入項目を示しており，一方，図の右側にある項目（漸進的収入源）は，観戦者が増加することによって2次的に増加が見込める収入を示している。

(7)　組織成果の「不確実性」

　第7の特異性として挙げられるのが，スポーツビジネスの「不確実性 (uncertainty)」である（Gray, 2010, Tsuji et al, 2010, Yoshida & James, 2010, 松岡, 2010）。スポーツビジネスにおける不確実性とは，組織の成果が，「試合の勝敗」や「人気」「チーム・選手の調子（体調・勢い・試合の流れ）」「ケガによる長期欠場」「天候」「選手の移籍」「監督の采配や交代（休養や解任）」といった不確実かつ予測が困難なものによって左右されること特異性のことを指す。したがって，事前に予測することが困難なため，ビジネスの成果も予測しにくいという。

　また，スポーツビジネスは，リーグ戦やトーナメントなどの開催期間が定められた「ロングラン興行」としての特徴をもっている（橘川・奈良, 2009）。特に開催期

図表 4-5　スポーツのビジネスモデル（ハーバード大学モデル）

（Model of the Sports of Business）

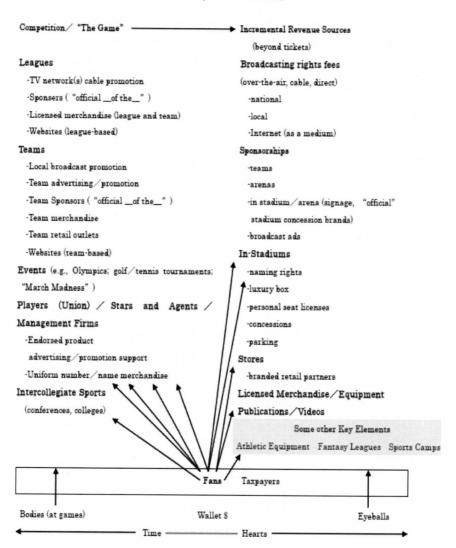

出典：Foster＝Greyser＝Walsh（2006），p.12

間中に最も人々の注目が注がれるのは，勝者が決定するリーグ戦の終盤やトーナメント戦の決勝戦などの「閉幕時」であろう。同じ興行ビジネスである映画やミュージカルなどの舞台興行とスポーツが異なるのは，この点である。前者が「開幕（封切時）」に興業のピークが来るように組織内外のサービスマネジメントを行うのに対し，後者はその反対に「閉幕（勝敗の決する時点）」に興行のピークが来るようなマネジメントが求められる。したがって，ロングランの影響を受けやすく，興行ビジネスの中でも不確実性の高いタイプのビジネスといえるのである。

（8） 財務的特異性

　上述のようにスポーツは「試合展開」や「勝敗」という意味においては，極めて不確実性の高い事業であるが，その一方で，財務的視点ではどうだろうか。以下では，スポーツビジネスにおける財務的特異性について 2 点を指摘しておきたい。

　まず第 1 に，「固定費的事業性の高さ（広瀬，2009）」を挙げることができる。支出は，一般的に固定費と変動費に区別されるが，スポーツビジネスでは事業の当該年度の初期の段階で，選手との選手の年俸や球場使用料やリーグへの拠出金など，あらかじめ金額の決まっている支出項目が多い。したがって，コスト面では（変動が少なく，予測の立てやすい）固定費的性格が強い事業といえるであろう。一方，収入面では，年間シートの販売や放映権契約など，あらかじめ予測の立てやすい項目もあるものの，入場料や競技場内での物販・飲食収入，試合収入金（順位によって変動する賞金）など，予測のつきにくい項目もある。したがって，実際に事業を展開する際，スポーツビジネスにおける財務計画では，この点を考慮に入れておく必要がある。

　第 2 に，「事業年度によって収入予測に大きな違いが生じる」という点を挙げることができる（Mullin et al, 2007，武藤，2008；2009，奈良，2016）。上述のように，スポーツビジネスはコスト面では比較的変動が少なく，収入面では変動性の高い特徴を有しているが，このことは事業年度（通常の会計年度は 1 年）ごとの予算計画においても同様のことを指摘することができる。例えば，数年に 1 度開催されるビッグイベントや大会がある年度は，通常の年度よりも多くの収入を予測することができる。また，所属する有力選手の移籍が起き，高額の移籍金収入を得るという事態が起きた場

合は，シーズン別の収入変動を財務計画（特に中長期計画の策定時）の中に組み入れておく必要があるだろう。

(9)　経営目標の「多義性（トリプルミッション）」

　次に挙げられる特異性が，経営目標の「多義性」である。平田（2017）によると，図表4−6に示されるように，スポーツビジネスには3つの組織的使命「トリプルミッション」があるという (6)。

　まず挙げられるのが「勝利（競技力の向上）」である。大学のサークルのような同好会組織と異なり，スポーツビジネスの場合はトップスポーツである以上，まず試合に勝利することや競技力を向上させていくことを組織目標とする必要がある。その一方で，次世代の選手やファンを増やすためにスポーツのすそ野を拡大する活動（普及）も不可欠である。さらには，市場を通じて資金を獲得し，経営を安定化することも，長期視点でのビジネスの継続性や「勝利」や「普及」を実現していくためには重要な要素といえるであろう。

図表4-6　スポーツビジネスのトリプルミッションモデル

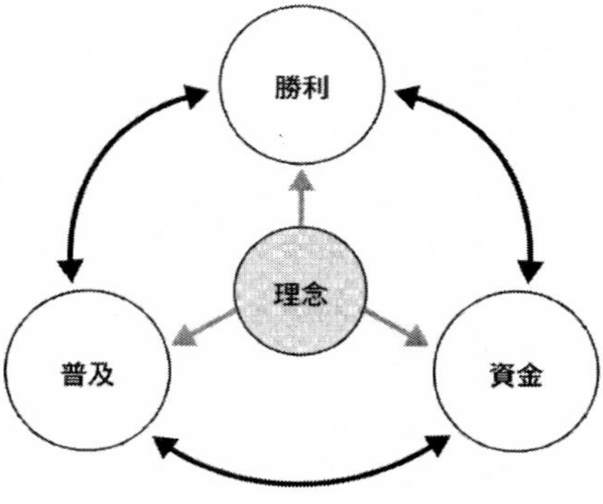

出典：平田（2017），307頁

　実際にスポーツビジネスを行う企業（プロ野球球団）の事例にも，このことを確認することができる。株式会社横浜DeNAベイスターズが刊行した『次の野球』と

いう本には，次のような一節があり，球団が複数の経営目標を多義的に追及してい
く姿勢をもっていることが確認できる。

> プロ野球チームというのは，「優勝」が目標です。しかし，「株式会社横浜
> DeNA ベイスターズ」としては，「優勝」はあくまでひとつの大きな過程で
> あって，「本当の目標」は，親会社に頼らなくてもいい健全な経営であった
> り，（中略）地域の人たち応援していただける“街のアイデンティティ”に
> なることだったり，職員一人ひとりの幸せであったり，野球を通じた社会へ
> の貢献であったりします。（出典：株式会社横浜 DeNA ベイスターズ
> （2014），227 頁より抜粋して引用，カッコおよび下線は筆者による）。

(10) その他の特異性（個別的特性）

　最後に挙げるスポーツビジネスの特異性は，上記の（1）〜（9）には含まれないも
のの，競技別の特異性や特定の国や地域・リーグなどの個別的事由によって生じるビ
ジネス上の特異性であり，本章ではこれらを「その他の特異性（個別的特性）」と呼ぶ
ことにする。これらは，上記の（1）〜（9）の「○○性」のような形で整理すること
はできないが，実際のスポーツビジネスの事例において観察することができる特異性
であるといえよう。

　例えば，池田（2017）は，日本のプロ野球球団において経営者（球団代表）を務め
た経験から，「日本のプロ野球の特異性」として，次の3点を経験則的に述べている。
すなわち，①（日本のプロ野球では，球団が広告費を投じない場合でも）常にメディ
アで大きく報じられること，②（リーグを形成する場合）毎年同じサイクルを繰り返
すビジネスモデルであること，③（野球協約第 37 条の保護地域による地域内独占の
ルールがあるなど）地域とのつながりが極めて強いこと、の3点である（47-51 頁，カ
ッコ内は筆者による）[7]。

　また，日本のプロバスケットボールリーグである「B リーグ」には，野球やサッカ
ーといった国内メジャースポーツと比較した場合，「選手数が少なく年俸総額が低い」
ことや，競技場（観客席）が小さい分「使用料は安い一方で，キャパシティが小さい

ため収入の多様化が必須である」などのビジネス上の個別的特異性が挙げられる。

　同様に，大相撲の場合も，神事や伝統行事といった「文化性」を継承しつつ，一方で競技統括団体の透明性や健全な選手（力士）育成のシステムの確立といった「競技性」の両面にわたるマネジメントが求められる。

　冒頭（第1節）で述べた通り，スポーツビジネス研究が，経営学などの親学問の知見によって導出された理論を，その特異性を踏まえながら適応する（必要に応じてその修正を迫る）「特殊経営学」であるとするならば，これらのように個々の競技や特定の国・地域・リーグにおける特性は，研究上の重要な意味をもっているといえよう。

第3節　まとめと提案—特異性の「3次元モデル」

　さて，ここまではスポーツビジネスがもつ10個の特異性について，それぞれ述べてきた。以下では，これらの特異性を3つの共通点で類型化・整理した「3次元モデル」を提案することで，本章のまとめとしたい。図表4-7は，ここまで述べてきた10個の特異性を表にしたものである。

図表4-7　スポーツビジネスの10個の特異性（本章のまとめ）

10個の特異性	説　　明
(1) 商品の「分割不可能性」	観客の数や払った料金によって商品（試合）の価値（サービスの内容）を決めることができないという性質。
(2) 提供する財・サービスの「公共利用財的特性」	提供するスポーツサービスが，多数のステイクホルダーに影響を与える「公共財」としての性質。
(3) 「外部性」の高さ	スポーツビジネスが，直接的に取引関係をもたない経済主体の行動や成果に間接的に影響するという性質。
(4) 他の産業との親和性（プラットフォーム性）	多くのステイクホルダーと関わりをもつと同時に，他産業や他業種とも親和性の高いビジネスであり，スポーツがプラットフォーム的な役割をもっているという性質。
(5) プロダクト（試合）の「共同	試合というサービスが，グランド上で競争する2者の共同

生産性」	生産によって価値が提供されるという性質。
(6) 「収入の多様性」	興行がもつ価値を多面的に活用することで，試合という商品から派生した多様な収入形態が生まれるという性質。
(7) 組織成果の「不確実性」	組織成果が「人気」「勝利」「順位」「選手のコンディション」など，不確実性の高い要因で決定されるという性質。
(8) 「財務的特異性」	事業における「固定費」の高さといった支出面の特徴と，年度によって収入予測が大きく異なるといった，スポーツビジネスにみられる財務的な性質。
(9) 経営目標の「多義性」	経営目標に「利益（市場）」以外にも「勝利」や「（競技の）普及」といった要素が含まれるという性質。
(10) その他の特性（個別的特性）	上記の（1）〜（9）には含まれないものの，競技別の特異性や特定の国や地域・リーグなどの個別的事由によって生じるビジネス上の性質。

出典：筆者作成。

　さらに，これら 10 個のスポーツビジネスの特異性をそれぞれ 3 つの次元で分類・類型化したものが，図表 4−8 に示す「3 次元モデル」である。
　まず 1 つ目の次元は，「製品・サービス特性」である。従来，スポーツビジネスの特異性へ接近する視点として議論の中心となっていたのが，スポーツがもつプロダクトとしての特性によるものである。スポーツの 1 次的生産物である試合（ゲーム）というプロダクトには，「特殊経営学」として特筆に値する特異性を有している。なお，このプロダクト特性の中には，サービス製品としての特徴が含まれているため，ここでは「製品・サービス特性」と呼ぶことにした。
2 つ目の次元は，「組織特性（クラブ・リーグ）」である。これは，マネジメント特性と換言しても差し支えないが，（プロダクト以外の）スポーツビジネスのもう 1 つの構成概念である「組織」とその「マネジメント」に着目したものであり，この学問分野の研究と教育を遂行する上でいうまでもなく重要な概念である（松岡 2010, 43 頁）。

図表 4-8 特異性の「3次元モデル」

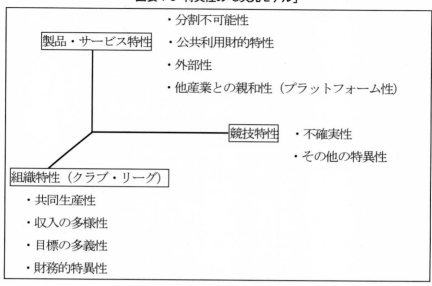

製品・サービス特性
・分割不可能性
・公共利用財的特性
・外部性
・他産業との親和性（プラットフォーム性）

競技特性
・不確実性
・その他の特異性

組織特性（クラブ・リーグ）
・共同生産性
・収入の多様性
・目標の多義性
・財務的特異性

出典：筆者作成

　3つ目の次元は，「競技特性」である。これは，1つ目の「製品・サービス特性」との峻別が困難な面があるが，製品やサービスというプロダクトがもつ普遍的かつ競技横断的な特異性というよりも，より競技性や地域性をもった個別的な特異性として，別次元で捉えた。特に，経営学研究者として今後のスポーツビジネス研究を展望するとき，前者2つの次元はもちろん，この個別具体的な「競技特性」の次元まで踏み込んだ「質的研究」を行っていくことが，親学問である経営学の知見をまだまだ援用・適用できる領域ではないかと思われる。

注
(1)　本章で「スポーツビジネス」という場合は，プロ野球やJリーグなどの「プロスポーツに関するビジネス」を意味する用語として，この用語を使用する。
(2)　スポーツビジネスのもつ「公共性（公共スポーツ施設を使用するスポーツの公益性）」という特異性については，Chalip（2006）やWakefield（2007）も参照さ

れたい。

(3) スマートベニュー事業とは，日本政策投資銀行の定義によると「周辺のエリア
マネジメントを含む，複合的な機能を組み合わせた，サステナブルな交流施設」
のことを指す。日本政策投資銀行ホームページ＜
www.dbj.jp/pdf/investigate/etc/pdf/book1308_01.pdf＞参照（2019 年 9 月 30 日アク
セス）。

(4) スポーツの力（power of sports）については，原田（2016）48 頁，173−174 頁に
詳しい。

(5) 小寺（2009）では，この「実動員数の増加」だけでなく，一人一人の顧客の競
技場への「滞在時間」を伸長することによっても，スポーツ組織の収益力を高
められることが指摘されている（数×滞在時間の原理，75-77 頁）。

(6) トリプルミッションモデルについての解説は，平田（2017）306−330 頁に詳し
い。

(7) これら 3 点のうち，「①常にメディアで大きく報じられること」については，
Mullin et al.（2007），Wakefield（2007），Smith & Stewart（2010）らの研究にお
いても，高い人気によって支えられたスポーツの「メディア露出」と「パブリ
シティ効果」といった特異性として指摘されている。

参考文献

Chalip, L.（2006）Toward a distinctive sports management discipline. Journal of Sport Management,
20: pp.1-21.

江戸川大学スポーツビジネス研究所編（2008）『SpoBiz ガイドブック〈'08-'09〉』プレジ
デント社

Foster, G., Greyser, S.A., & Walsh, B.,（2006）The Business of Sports; Text and Cases on Strategy
and Management. South-Western, a part of College Learning.

Gray（2001）Marketing. In B. L. Parkhouse (Ed.), The Management of Sports. (3ed. pp.299-352).
Mosby: st. Louis, MO, USA.

原田宗彦（2016）『スポーツ都市戦略』学芸出版社

平田竹男（2017）『スポーツビジネス 最強の教科書〔第 2 版〕』東洋経済新報社

広瀬一郎（2014）『スポーツ・マネジメント入門〔第 2 版〕』東洋経済新報社

広瀬一郎編著（2009）『スポーツ・マネジメント 理論と実際』東洋経済新報社

池田勝・守能信次編（1999）『スポーツの経営学（講座・スポーツの社会科学 3)』杏林
書院

池田純（2017）『常識の超え方 35 歳球団社長の経営メソッド』文藝春秋

株式会社横浜 DeNA ベイスターズ（2014）『次の野球』ポプラ社

橘川武郎・奈良堂史（2009）『ファンから観たプロ野球の歴史』日本経済評論社

小林好宏（1979）「プロ野球の経済分析」『経済セミナー』292 号（1979 年 5 月号）46-54 頁，日本評論社

小寺昇二（2009）『実践 スポーツビジネスマネジメント』日本経済新聞出版社

松岡宏高（2010）「スポーツマネジメント概念の再検討」，『スポーツマネジメント研究』第 2 巻第 1 号，33-45 頁，創文企画

武藤泰明（2008）『スポーツファイナンス』大修館書店

奈良堂史（2016）「スポーツファイナンス」（黒田次郎・石塚大輔・萩原悟一編『スポーツビジネス概論 2』叢文社，所収）47-58 頁

大野貴司（2010）『プロスポーツクラブ経営戦略論』三恵社

Pitts,B. G., & Stotlar, D. K.（2007）*Fundamentals of Sport Marketing -Third edition-, Fitness Information Technology.*

新日本有限責任監査法人編（2016）『最新スポーツビジネスの基礎』同文舘出版

Smith, C. T., & Stewart, B.（2010）The special features of sport. Sports Management Review, 13: pp.1-13.

Tsuji, Y., Bennett, G., & Zhang, J.（2007）Consumer satisfaction with an action sports event. Sports Marketing Quarterly, 16(4): pp.199-208.

宇土正彦（1991）「スポーツ産業とスポーツ経営との構造的連関に関する研究」『スポーツ産業研究』第 1 巻第 1 号，1-11 頁

Wakefield（2007）*Team sports marketing.* Butterworth-Heinemann: Boston, MA, USA.

Yoshida, M., & James, J.D.（2010）Customer satisfaction with game and service experience: Antecedents and Consequences. Journal of Sports Management, 24: pp.338-361.

吉田政幸・辻洋右（2018）「特集号「スポーツマネジメントの特異性」の刊行にあたって」『スポーツマネジメント研究』第 10 巻第 1 号，3-5 頁，創文企画

（奈良　堂史）

第5章　プロスポーツ企業の費用と収入および利潤

　企業は,市場や銀行から資本を調達し,生産に必要な建物,設備,材料,労働力を購入して製品やサービスを作り出し市場で販売する。この活動は一般企業でもプロスポーツ企業でも同様である。本章では,この企業活動を収入,費用,利潤の関係に焦点を当て,経済学における産業組織論の費用便益モデルを用いてプロスポーツ産業の企業行動を考察する。

　まず,収入と費用および利潤という経済学用語では,会計学が類似した用語を使用しているので,混乱を避けるために簡潔に用語を定義しておこう。経済学での収入は,会計学では売上高という。会計学では売上高から売上原価を引いた額を売上総利益という。この売上総利益から販売管理費や手数料を引いたものを経常利益とする。経済学では利益とは言わず利潤という。この経済学の利潤は,単純に収入から費用を引いた概念であるが,経済学の費用には機会費用が含まれる。会計学には機会費用の概念はないので,それは経常利益に含まれていることになる。会計学では,原価と費用を区別するが,経済学にはその区別はない。よって会計学の原価も費用も,経済学では費用に含まれる (1)。

　次に経営学では,その研究が会計学に基づいていれば会計学用語を使用し,経済学に基づいていれば経済学用語を使用するので,経営学として用語の定義は統一されていない (2)。

　このように学問や学派によって用語の定義が異なっている。本章では経済学の用語による定義を使用するが,経済学を専門としない研究者やプロスポーツ企業の経営を学ぼうとしている初学者を想定して解説する。また,一般に使われる「生産性」については,ここでは経済学用語との統一感を図るため「収穫性」と表現することとした。事例による解説では,プロスポーツ企業の経営を想定して,経済学の基本用語を使用しながら,経営学における経営目的とも対比させて解説する。その後,スポーツ企業の経営がもつ特殊性にも言及した。読者は,本章を理解することで経済学と経営学を連結させながら,スポーツ企業の経営を分析する能力を獲得できるだろう。

第1節　企業の生産量と収穫性

　企業の経営目的は様々であるが，経済学では企業経営の目的を「利潤の最大化（これ以降,利潤最大化と記す）」ととらえる (3)。

　この利潤とは，収入から費用を引いた以下の関係式で表される。

　　　利潤 ＝ 収入 － 費用

　ここでは経済学の産業組織論の基本モデルである費用便益モデルで，利潤最大化の特徴を考える。この利潤を得る過程を時間の順番で考えると，生産財の販売で収入を得るには，財を生産しなければならず，その前に生産要素を購入しなければならず，さらにその前に資金を調達しなければならない。ゆえに利潤は時間順からすると最後となる。その関係を示したのが図表 5-1 である。図表 5-1 では証券市場や銀行から資本金を調達し，機械・建物（固定費用）や労働力（可変費用）を購入し，製品やサービス等の財を生産し，消費者などへ市場で販売する。総売上高である収入から当初の投資した費用を引いた分が利潤となる。

　この利潤を増やすには，収入を増やすか，費用を減らすかの 2 通りしかない。収入は販売価格×販売数量なので，利潤＝(販売価格×販売数量)－費用となる。よって利潤を増やすには販売価格を上げるか，販売数量を増やすか，費用を減らすかとなる。価格を上げるには，財の使用価値やブランドイメージを高める必要がある。他方，数量を増やすと収入も増えるが費用も増えるだろう。よって，費用を増やさずに量をより多く生産する必要がある。例えば，100 の費用で価格 5 の財を 21 個生産すると収入は 105 となり，利潤は 5 （=105-100） となるが，22 個生産できれば 110 となり利潤は 10 と 2 倍になる。同じ費用でより多くの財を生産できるということは，財 1 単位に必要な費用を減らすのと同じことでもある。

　時間を短縮することで利潤を増やすこともできる。利潤は資本市場で調達した資金の利息と同じ意味である。通常利率は 1 年単位で示されるので，1 年間の投資 100 に対して収入 105 であれば 5% であるが，半年で実現できれば，収入 105 の内から 100 を再び投資し，その投資から 105 の収入を得れば年間で収入は 110 （=+105-100+105） となる。つまり 1 年間で投資から収入を 2 回転させれば利潤率は増加する。

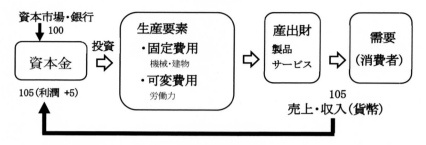

図表 5-1 生産の時間順にみる資本，生産要素，産出財

資本市場・銀行
↓ 100

| 資本金 | →投資 | 生産要素
・固定費用
機械・建物
・可変費用
労働力 | ⇒ | 産出財
製品
サービス | ⇒ | 需要
（消費者） |

105（利潤 +5）

105
売上・収入（貨幣）

筆者作成： 資本市場から資本金を 100 調達し生産要素を購入し，生産した財を消費者へ 105 で販売した場合，利潤は 5 となる．

　では次に，投入する生産要素の量と，そこから生まれる産出財の量の関係を考えてみよう．もし利潤を 2 倍にしたいとき，投入資金量を 100 から 200 へ 2 倍とすることで生産販売できる財の量も 2 倍となるであろうか．実際のところ，必ずしもそうはならない．生産要素を 2 倍としても，そこから得られる生産量が 2 倍未満にしか増加しえないことはよくある．これを，収穫逓減の法則(law of diminishing returns)という．生産量を収穫というのは，農業生産性の考察から理論化されているからである．土地には，農業に適した肥沃な土地もあれば痩せている土地もある．作物を生産するときには，まず肥沃な土地を耕し，収穫を増やすために耕作地を増やすと徐々に痩せた土地へと広げて開拓していくのが最も合理的な方法である．しかし痩せた土地へと開墾を広げるに従って 1 単位面積あたりの収穫は減少していく．よって生産要素である土地を 2 倍としても収穫量は 2 倍未満にしかならない．このように自然資源のような不均一な生産要素から産出される財は，生産要素の投入量を 2 倍に増加させても産出は 2 倍とならない．よって産出財と利潤を 2 倍にするには，2 倍よりも多くの量の生産要素を投入する必要がある．生産要素の価格が一定であるとすれば，投入量が増えるにしたがって総費用が増える．総費用÷生産量を，本章では経済学用語と対応して理解するために収穫性と呼ぼう．この収穫性を図表 5-2（a）に示す．図表 5-2（a）の縦軸と横軸を入れ替えたのが図表 5-2（b）の①線である．

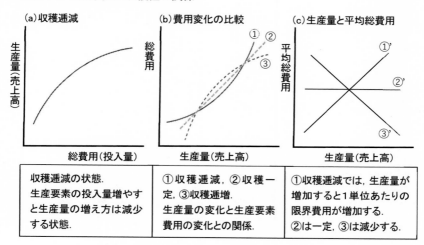

図表 5-2　限界費用と収穫性の関係

収穫逓減の状態. 生産要素の投入量増やす と生産量の増え方は減少 する状態.	①収穫逓減, ②収穫一 定, ③収穫逓増. 生産量の変化と生産要素 費用の変化との関係.	①収穫逓減では, 生産量が 増加すると1単位あたりの 限界費用が増加する. ②は一定, ③は減少する.

　収穫性には①収穫逓減，②収穫一定(constant returns)，③収穫逓増(increasing returns)と 3 つがあり，図表 5-2（b）の①〜③で示す。これらの違いは生産量を変化させたときの費用の変化の仕方の違いである。①収穫逓減では，生産量が 1 単位増えるにつれて 1 単位あたりの生産費用が増加する。これは資源の有限性，希少性によっておこるもので，ほとんどの生産要素がこれにあたる。例えば砂漠のオアシスで井戸を掘って水を供給するとしよう。砂漠の水は希少で汲み上げると，次第に減って枯れてしまう。よって，汲み上げるにつれ水の存在量が減るため希少性が高まり価値が上がると考えられるのである。この希少性は一般的には，不均一な自然に依存する生産要素でみられ，その代表的なものに労働能力がある。

　図表 5-2②収穫一定となる生産要素は，必要量がごく僅かであるのに対して存在量が非常に多い場合である。例えば海水から塩を生産する場合，生産量に対して地球上の海水は非常に大量に存在しているので，希少性が影響しないなどが考えられる。もちろんこの場合でも余りにも多く摂取すれば希少性による生産要素価格の上昇により収穫逓減となるだろう。

　図表 5-2③収穫逓増は，使用量を増やすと財の希少性が少なくなる特殊な生産要素である。それは労働力の投入量を増やすと分業が可能となり，1 人の労働能

95

力は特定作業に集中できる。これを特化という。特化によって一人当たりの生産量が増加する場合，投入労働量を増やし特化を促進すれば，労働力生産要素は収穫逓増となる。このように投入量によって収穫性が変化する費用を可変費用という (4)。ここまで収穫性によって，生産量による1財あたりの生産費用の変化をみてきたが，この変化の増減部分を限界費用（Marginal Cost: MC）と言う。この関係を解り易くしたのが図表5-2（c）である。収穫性の違いにより限界費用の変化が異なっていることが解る。

第2節　生産費用の種類と変化

　ここまで生産量と可変費用の関係についてみてきた。ここからはもう一つの費用である固定費用を考察に加えよう。つまり，費用には可変費用と固定費用の2種類があり，2つの費用と生産量の関係で総費用が決定する。

　固定費用は，可変費用とは異なり生産量とは関係なく発生する。図5-3は，生産量と固定費用および可変費用の変化の関係を示したものである。左右とも縦軸に価格と費用の金額を，横軸に生産量を示す。図5-3（a）をC型生産と名づけよう (5)。C型生産で，生産量と無関係に発生する費用を固定費用（Fixed Cost: 以下FCと表す）といい，生産量で除した1単位当たりの固定費用を平均固定費用（Average Fixed Cost: 以下AFCと表す）という。図表5-2（a）ではそれぞれにcの添え字を付けて表し，$AFC_C = FC_C \div$ 生産量とする。よって AFC_C は生産量が増加すると限りなくゼロへ近づく。これは固定費用が生産数に拡散するので拡散効果（spreading effect）という。

　他方，可変費用（Variable Cost: 以下VCと表す）は，前節でみたように生産要素の収穫性によって決まる。可変費用は，生産量がゼロから増えるにつれて最初減少する。それは分業の収穫逓増の効果が影響するからである。しかし，ある程度分業が進むと希少な生産要素の収穫逓減の効果が分業の収穫逓増の効果を上回り，生産量の増加につれて徐々に上昇する。例えば，プロスポーツ企業で選手やコーチに高いパフォーマンスの追及を要求すると，要求が高まるにつれ希少性が非常に高い労働力を要求することとなりチーム作りはC型生産となる。

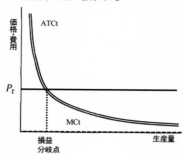

図表 5-3　生産量と費用変化の関係

(a) C 型生産(希少性に依存した産)
　　経済学で主に扱われる

価格・費用

ATCc

MCc

Pc
$= MRc$

AVCc

AFCc

利潤の　損益分岐点　生産量
最大化点　（上限）

(b) T 型生産(希少性に依存しない生産)
　　経営学で主に扱われる

価格・費用

ATCt

P_t

MCt

損益　　生産量
分岐点

出典:安藤信雄（2018b）, p.76.

　1 財生産あたりの可変費用は平均可変費用（Average Variable Cost: 以下 AVC と表す）といい，AVC＝VC÷生産量となる，図表 5-3（a）の AVCc 線である。FC と AC の合計が総費用（Total Cost: 以下 TC と表す）となり，1 単位当たりの平均総費用（Average Total Cost: 以下 ATC と表す）は，ATCc ＝TCc÷生産量で，図表 5-3（a）で U 字型の線となる。生産量が増加するにつれて ATCc は減少し続け MCc との交点で最小となる。ATCc の最小点を超えて生産量を増やすと ATCc は上昇し始める。このように生産量を増加させると生産費用が減少することを「規模の経済」といい，AVC の収穫逓増と AFC の拡散効果が要因である。また，ATCc の最小点を超えて生産量を増やすことを「規模の不経済」といい，AFC の拡散効果を上回る AVC の収穫逓減が要因である。規模の経済が発揮されている状態では，価格を下げてライバル企業と価格競争をすることができる。

　次に利潤についてみてみよう。利潤を最大化する生産量を導くために，TC の増減分である限界費用（MC）を使って考察すると便利である。C 型生産の販売価格を Pc とすると，利潤最大化点は Pc と MCc の交点となる。初学者に解り易いように数学的証明ではなく直感的記述で説明しよう。MCc は 1 財生産量が増える時に総費用が増加する部分である。同時に，財が一つ多く売れると総収入（Total Revenue: TR）は，価格 Pc だけ増加する。この収入の増加分（ここでは Pc）

図表 5-4 テイラーの時間研究

出典: Taylor,F.W. （1911）, 上野陽一訳編.
右は「時計本」164 頁., 左は「時間研究用紙」165 頁.

を限界収入（Marginal Revenue : MR）といい図表 5-3（a）では Pc＝MRc である。よって限界収入が限界費用を上回る MCc と MRc の交点までは利益は増え続け，その交点が利潤の最大化点になり，それを超えての生産量を増やすと限界費用が限界収入を上回るので，利潤は減少しはじめる。さらに ATCc と MRc との交点を超えてもまだ生産し続けると損失（マイナス利潤）となる。利潤最大化点は，利潤最大化を経営目的とする企業の最適生産規模となる。

　次に左の図表 5-3（b）は，（a）の AVC がない，つまり可変費用がない状態で，現代の大量生産でみられ，主に経営学で扱われている。この図表 5-3（b）を，ここでは T 型生産と名づけよう (6)。これは労働者をマニュアル等で機械のように働かせたり，機械に置き換えたりすることで実現する。例えば，昔は労働者が手作業で部品を取り付けていた電子機器プリント基板の大量生産工程は，今日では労働者に代わって自動機械が生産している。また，アプリケーション，音楽や映画等の販売は，昔は小売店で売り子が販売していたが，今日では殆どがインターネットのダウンロードで販売できるので，販売数量が変化しても費用は増えない。

　T 型生産は，主に経営学における生産管理論や作業の合理化を考察する研究でみられる。現代大量生産の基本とされているのは，テイラー（Taylor, F. W.）の科学的管理法 (7) である。それは 1900 年代初期にアメリカの生産現場で頻繁に起き

ていた労使対立の解消を目的として始まった。対立は，生産量と賃金をめぐる争いとして起こっていた。テイラーはこの対立の原因を，適正生な産量と賃金の客観的基準が不在であることに見出した。よって彼は，解決策として客観的な生産量と賃金決定の測定方法を研究し，持続可能な作業時間を設定する方法を提唱した。またその実施のために，労働者の労働現場での裁量権と経営者の賃金決定権を，労使から中立的立場となる生産計画部署を新設し，専門家が測定し，標準作業時間を設定する権利へと置き換えた。専門の測定者は，仕事の要素をひとつずつストップウォッチで測定し，それを時間研究用紙（図表 5-4.右）で集計し，各仕事に必要な最短時間を発見する方法を繰り返した。ときにはストップウォッチを収納した「時計本」（図表 5-4. 左）で労働者に知られないように測定したという。そのデータから標準作業時間を設定し，労働者はその時間に従って作業をおこなう。このことで労働能力による労働者個人間の差で生産量のばらつきがなくなり，最も効率的な生産力が発揮される。よって，一定時間あたりの生産量は労働者を選ばず一定となるので，労働能力に希少性は現れない。

　テイラーの科学的管理法を図表 5-3（b）の T 型生産で検討してみよう。生産要素に希少性がないので VC がなく MCt＝0 となり，費用は FCt のみでの生産となる。よって AFCt＝ATCt となり，ATCt は限りなくゼロへと近づく。Pt と ATCt の交点が損益分岐点となるが，費用の最小点はない。したがって利潤最大化点は無限大となり，生産量を無限に増やせば，利潤も無限に増える。身近な例でみるとインターネットで販売するデジタル製品や，有料テレビ放送などがこれに当たる。デジタル・コンテンツやテレビ番組制作では，作品制作には有名俳優や優秀なプログラマーのような希少な人間労働能力が必要なので C 型生産となるが，そのコンテンツの販売や放送時点では，ネットや電波により無限に拡大する。よってコンテンツ生産は C 型生産で，コンテンツ販売は T 型生産となる。

第 3 節　プロスポーツ企業の生産財における費用

　プロスポーツ企業は，様々な財を生産しており，それらの生産量と費用の関係を考察するには，それぞれの生産に投入される生産要素の収穫性を検討する必

要がある。つまり，試合のチケット，応援グッズ，会場での飲食物など，各財の限界費用を理解することが重要で，財の生産を構成する複数の生産要素の中に限界費用がないとＴ型生産となり，限界費用があるとＣ型生産となる。

　例えば，応援グッズのＴシャツを例に生産要素の限界費用の有無を検討してみよう。応援Ｔシャツは，大量生産された既製品にオリジナルなイラストをプリントを施すものとしよう。この場合，原材料は既製品Ｔシャツとイラストの２つだけであるとしよう。規制品Ｔシャツは，価格が一定であれば収穫一定であるので限界費用はゼロとなる。次にＴシャツにプリントするイラスト原画はどうであろうか。原画をデザイナーに頼み，それをスクリーンプリントで印刷するとしよう。イラストの生産は，その品質を高めようと腕のよい人気デザイナーに頼むと，それだけ原画料は高くなる。品質を高めるほどにデザイン料金は高くなるので，品質と費用の関係は収穫逓減となり限界費用が発生する。しかし，デザイナーから買い取った原画の費用は固定費用となり，プリントするＴシャツの量を増やすと，この平均固定費用は拡散効果で減少しＴ型生産となる。

　ではＴシャツへイラストをプリントするのではなく選手の直筆サインとすると，どうなるであろうか。選手が１枚一枚のＴシャツにサインするので，生産量を増やすと，疲労などで生産量も落ちてくるだろう。よって直筆サインには限界費用が発生し，それは上昇する。つまり選手のサインはＣ型生産となる。

　ここまで，応援グッズの生産費用について検討してきたが，次に試合の生産費用について検討してみよう。まず，試合の生産要素は，チームの育成費用と試合の運営費用に別れる。前者は選手を雇用し，練習を重ねることで作られる。よってこのチームづくりにかかる費用がチームの生産費用となる。そこでは，選手自身とその育成のためのコーチやトレーナー，対戦相手の分析専門家や監督が生産要素となる。各選手は独自の希少な運動能力を備え，それを鍛えて最高のパフォーマンスを追及する無二の存在であるので，その能力に希少性が強いほど報酬は高騰する。また選手能力は機械で自動生産できず，職人的な訓練やトレーニングの専門家の費用が必要とされる。また用具も選手独自の要求に基づいて職人が手作りで作成するオリジナルとなるであろう。そうなると希少な能力を生産要素と

するため費用は収穫逓減的となりC型生産となる。

　試合の生産費用とは，試合前にC型生産されたチームの育成費であり，通常，決まった年間試合数と日程を前提にしている。売上であるチケットの販売数によって変化するものではないので固定費である。試合をおこなう費用には，チームの育成費以外に，競技場の使用料や運営管理費が決まってくる。運営管理費には，チケットを販売する窓口，会場の設備費などがあるが，これらも観客数によってあまり変化しないので固定費とみなせる。

　チケット印刷費用は，観客数によって生産量が変化するだろうが，1枚当たりの印刷原価はチケット販売価格と比べるとほんの僅かであり，販売窓口はネット販売や自動機械化すると固定費となる。放送権を販売する放送機材も視聴者数によって変化しない固定費用だ。よって試合運営に必要となる費用の殆どが固定費であるので，T型生産となり拡散効果による規模の経済を発揮する。

第4節　プロスポーツ企業における生産財からの収入と市場価格

　プロスポーツ企業が生産する試合は，選手たちによって生産されているのだが，販売されているのは試合を観る権利であるので，その収入はチケット価格と観客数や放映権料によって決まる。選手たちが生産している試合は，「みる」権利を販売するコンテンツなのである。試合が稼ぐ収入は試合数によって決まるわけではなく，観戦チケットの販売数で決まる。よって生産「数量」は，チケット販売量，観客数量である。チケットは，「みる」権利料なのである。収入は，観客数が多いチームほど増え，利益の最大化点は競技場が上限数となるし，放送権料であれば視聴率と連動した金額が上限となる。

　プロスポーツ企業も一般企業と同様に，生産要素へ費用を払い生産した財を市場で販売し，売上高が支払った費用以上であれば利潤が残り，逆に費用以下であれば損となる。経営目的が強いチームの育成にあるならば，高額な報酬で優秀な選手を獲得する必要があり，それを賄うために収入を最大化する必要がある。この収入は財の価格×数量で決まので，市場で決定する価格と数量の変化の関係について検討する必要がある。

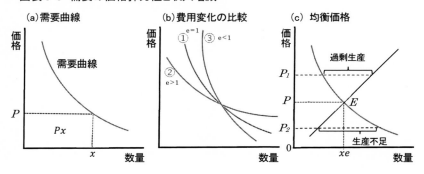

図表 5-5　需要の価格弾力性と収入増減

（a）需要曲線　　　（b）費用変化の比較　　　（c）均衡価格

財の価格と数量は，生産者と消費者が財を交換する場が市場で決定する。その市場には，競争市場，寡占市場と独占市場があるが，本論では競争市場と独占市場での財の価格と数量の決定のメカニズムについて考察しよう。生産者側に同一製品を供給する無数のライバル企業が存在し，価格競争を行っている市場を競争市場という。逆に生産者側が一社だけの場合，競争は起こらない独占市場という。この二種類の市場を考察するとき，独占市場を競争市場の応用として考えると理解し易いので，まず競争市場における価格と財の変化について考えよう。

　経済学では財を生産する企業を供給といい，その財を購入する消費者を需要という。需要と供給の自由意志で交換する社会では，価格決定は需要と供給の両者が納得した価格と数量で取引される。供給の生産量のメカニズムは第 2 節で考察してきたので，ここでは需要についてみていこう。

　需要は限られた予算で，なるべく多くの財を購入したいと考える。需要がもし企業であれば，同じ金額で生産要素をより多く購入し財を産出でき，もし家計の消費者であれば，より多くの消費を行うか，余った分で他の財を購入することができる。従って財の価格が下がると需要はより多く購入し，価格が上がるとより少なく購入する。この関係を表したのが図表 5-5（a）需要曲線である。

　右下がりの需要曲線は財によって下る角度が変わってくる。この下がる角度を需要の価格弾力性　（price elasticity of demand）といい，記号 e で表し次の式となる。その式を図表 5-5（b）で表している。

$$e = -\frac{需要量の変化率}{価格の変化率}$$

　需要量の変化率と価格の変化率が同じ場合はe ＝1 となる（図表5-5（b）①）。このとき価格が１％下がると数量は１％増えるので，価格×数量である売上は変化前と後で変わらない。図表5-5（b）②のe ＞1 では，価格の変化率よりも数量の変化率の方が大きいので，価格変化に対し需要量は敏感であり，需要は弾力的であるという。このとき売上は，価格を下げると増加し，価格を上げると減少する。逆に図表5-5（b）③のe ＜1 では，価格の変化率よりも数量の変化率が小さくなるので，需要は非弾力的であるといい価格変化に対し需要量は敏感ではない。このとき売上は価格を下げると減少し，価格を上げると増加する。例えば米などの生活必需品は消費量が価格の変動にあまり影響を受けないので，非弾力的であるといわれる (8)。逆に贅沢品などは弾力的となる。他方，供給の価格と数量の変化の割合は，供給の価格弾力性（price elasticity of supply）という。

　競争市場価格の決定は，供給側の都合だけでは決められない。市場では無数の供給が弾力性を考慮して売上を最大化させる価格を設定しようとする。一方，需要はより低い価格で購入したいと考える。需要は価格が上昇すると購入量を少なくしようとする。図表5-5（c）はこの状態を表している。供給が P_1 で販売しようとしても需要が少なければ財は余り「過剰生産」となる。生産した財が売れなければ投入費用を回収できないだろう。他方，P_2 で供給した場合，無数の供給の中で P_2 では費用を回収できないと考える企業は生産を中止するだろうから，供給数は減少する。消費者の中には高くてもよいので欲しいと思う者もいるであろうから，価格は上昇する。よってある価格 Pe で需要と供給の数量が一致し価格変動は安定する。これを均衡価格（equilibrium price）と呼び，均衡価格に対応する数量 xe を均衡取引量（equilibrium quantity）と呼ぶ。均衡価格での供給の売上は，均衡価格×均衡取引量であるから四角形 $Pe, E, xe, 0$ の面積 $Pe \times xe$ となる。様々な財ごとに需要と供給の弾力性があると考えると，この均衡価格の決定は，財の性質によって様々に異なる価格弾力性によって決定されることになる。また均衡価格での供給量が，最良の財を最も安価に生産し，消費者の満足を最大化さ

せ，かつ資源の効率的配分を実現している状態となる。

　また重要なことは，供給企業は市場で決定するこの均衡価格を受け入れざるを得ないことだ。なぜならば，競争市場では無数の供給企業が存在するので，市場での巨大な取引量と比べると，一供給企業の生産量では市場に影響を及ぼせないほど少ないと想定されているからである。よって一供給企業が生産量を調整しても市場の均衡価格は変動しない。競争市場での供給側は，市場の価格を受け入れざるを得ないことから価格受容者（price taker）という。このような財の価格決定は，量販店で販売されている大量生産品でみられる。

　次に，独占市場についてみてみよう。独占市場では競争市場とは異なり，供給は 1 社しかない。消費者は供給企業以外から財を購入することができないので，この供給企業を独占企業という。独占企業は販売価格を自由に決定できるので，価格形成者（price maker）という。しかし，独占企業が価格を自由に決定できるからといって，価格を上げていくと需要の価格弾力性に応じて需要量は減少する。つまり独占企業が供給する財はその市場で取引されている財のすべてであるため，独占企業の決定価格は需要曲線によって販売量が決まってくることになる。よって需要曲線は右下がりとなるが，競争市場では無数の企業の中の一企業の生産量は市場全体からみて微々たる数量なので，一企業の生産量が市場全体の販売量に影響を与えないと考えるのに対し，独占市場では，一企業しか供給していないため，企業が直面する価格と需要量の関係は需要曲線で変化すると考えるのである。よって市場全体の需要量の動きに対応して，独占企業は供給量を変化させることになる。

　例えば，飲食物持ち込み禁止の試合会場でジュースを販売する企業の売上を考えてみよう。ジュースは，会場の外ではスーパーで販売され競争市場であるから図表 5-6（a）のように価格と数量が決まり，各供給企業は価格需要者となる。試合会場では，ジュース販売企業である供給は 1 社のみで，需要である観戦客はその企業からしかジュースを購入できないので，ジュース販売企業は独占企業であり価格形成者である。もしスーパーにて 100 円で買えるジュース 1 杯を会場では 10 倍の 1,000 円で販売したとする。入場者数 1 万人の観客分のジュースを用意し

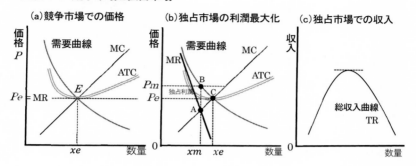

図表 5-6　競争市場と独占市場

(a)競争市場での価格　　(b)独占市場の利潤最大化　　(c)独占市場での収入

たが，高すぎて 500 杯しか売れないと売上は 50 万円となる。この結果を理解した企業が，1 杯が 800 円へ値下げし 5,000 杯売れたとすると売上は 400 万円となる。さらに値下げして 500 円で 7,000 杯売れたとすると売上は 350 万円となる。さらに 200 円へ値下げし 9000 杯売れると売上は 180 万円となる。

　この関係を示したのが図表 5-6（b）と（c）である。独占企業が決定した価格で納得した消費者が購入した量は，価格に対応した需要曲線上にある数量である。このとき独占企業が価格をそのままで供給量を増やしたとすると，会場でのジュースの例のように売れ残ってしまう。この売れ残りを避けるために価格を下げると，販売量が増えることを表しているのが図表 5-6（b）の需要曲線である。その総売上額の変化は図表 5-6（c）となる。数量が 1 単位変化したときの売上金額の変化を限界収入（marginal revenue：MR で表す）という。図表 5-6（b）のように MR は需要曲線より下になる (9)。また MR と MC の交点の供給量 xm が独占企業の利潤最大化点となり，そのときの消費者が納得する価格は Pm となる。価格 Pm のときの売上金は，四角形 Pm - B - xm - 0 である。

　競争市場では，均衡価格 Pe によって均衡供給量 xe となるが，独占市場では価格 Pm で量は xm となり，$(Pm-Pe)$ xm が独占利潤となる。既存の資源が最も効率的に配分されて，消費者満足が最大となるはずの均衡価格 Pe よりも Pm は高く，均衡供給量 xm よりも xe は少なくなる。よって独占市場での消費者満足は，競争市場の効率的な資源配分が実現する満足よりも過小となり，社会的損

失がおこる。この損失は，図5-7(b)では三角形A-B-Cの部分で，死荷重（deadweight loss）という。

第5節　プロスポーツ企業の経営目的と企業行動

　ここまでは，企業の経営目的を利潤最大化として，経済学の分析手法を中心として費用，収入と利潤最大化における企業行動をみてきたが，実際には企業の経営目的が利潤最大化であるとは限らない。スポーツ企業でもその経営目的は多様であろう。よって企業の多様な経営目的の下での企業行動について検討する。

　経営目的については，主に経営学の分野で研究が進んできた。経営学では，企業形態によって経営目的が異なる。株式会社は，株主総会を最高意思決定機関とするため株主利益を最大化するよう行動する。その株主は資金提供の見返りに配当を最大化することを求めると考えられてきた。しかし，バーリー＝ミーンズ（Berle and Means, 1932）の研究 (10) によると株式所有の分散が進行すると所有と経営が分離し，企業は専門経営者によって支配されることを指摘した。これを経営者支配という。株式の分散とは，株式資本の巨額化に伴い，株式所有者が分散し最大株主であっても単独で支配する株式数を所有していない状態となる。

　経営者支配では売上高最大化や成長最大化などの利潤最大化以外の目的を優先する傾向がある (11)。経営者支配では，自己の名誉，従業員利益の優先，ステークホルダー (12) の利益を優先する等の意思決定が行われることが多くなる。武藤(2013)によるとプロスポーツ企業にも様々なステークホルダーが存在しており，一般企業とプロクラブチームを比較すると図表5-7となる。

　では，もし経営者支配による経営目的が売上高最大化であるとすると，企業行動はどのようになるかを，費用便益モデル図表5-3（a）で検討してみよう。利潤最大化点を超えて生産量を増やすと，平均費用は上昇し始め，利潤は減少する。損益分岐点（上限）を超えて生産量を増やすと，利潤がマイナスとなり持続的に生産活動を続けることはできない。よって利潤以外の経営目的があっても生産量の増加には損益分岐点（上限）の限度がある。その限度を超えて生産し損失を出し続けると，その企業は存続できなくなるからである。

図表 5-7　スポーツ企業とステークホルダー

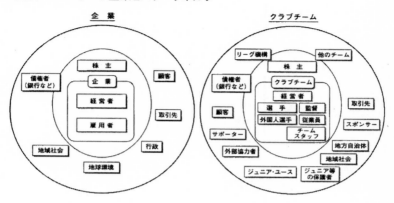

出典:武藤泰明（2013），p.37.

　私的企業以外の非営利企業もこの費用便益モデルの原理を無視して存続することはできない。経営目的が利潤ではない非営利企業とは，例えば協同組合や共済団体，医療や学校などの公益法人等がある。これらは公共目的を担う非営利企業として利益に対し課税の優遇などがおこなわれる反面，利益の分配は制限されている。近年では，地域の健康や交流を目的としたスポーツの振興を行う団体で，非営利組織団体（**Non-Profit Organization**）として設立されることも多い。

　公共目的を経営目的とする公的企業は，有効な手段で効率的に行うことが求められる。例えば，災害救助を目的とした消防署は，その利益を最大化するために消防活動をしているのではない。最も効果的に火災や災害救助が行える設備を購入し，人命救助が最大限に実施できるようにする。効率的に目的を達成するために費用を削減するが，それは利潤最大化を目的としているからではなく，限られた予算内で最大限の効果を実現するためだからである。よって消防署は利潤を目的に消火活動をしているわけではない。

　社会に存在する企業の目的は，経済学が想定する「利潤最大化」原理だけで行動しているわけではないので，利潤だけで社会の企業活動を考えると現実から乖離してしまうのだが，そうかと言って効率性を無視して利潤がマイナスとなる経

営では存続できなくなる。利潤最大化を目的としない企業であっても存続するためには効率的な経営が必要となるのである。よって企業目的に応じて利潤，売上高，供給量など，最大化する対象を明らかにし，その目的を効率的に達成させつつ存続可能性との両立を図ることが経営能力に求められる。

　また，経営者が利潤最大化を経営目的としようとても，情報が不完全なために利潤最大化の実現が困難な場合もある。経済学は利潤最大化に向けて合理的な行動をとることを前提としているが，その合理性はすべての情報が得られることを前提としている。例えば最も安い材料を購入し，市場価格での消費者の購入数を完全に理解できるならば，費用便益モデルで利潤が予測できるだろう。しかし実際には，全ての市場情報を完全に入手できるということは，まずありえない。よって経営者は利潤最大化のために情報を収集しつつも，それは不完全な情報であると認識しておく必要がある。このようにすべての情報が得られない状態を不完全情報，情報の非対称性の状態という。不完全情報の下で決定された合理的判断は当然，完全な合理的判断ではない。これを完全情報の下での完全合理性と区別して，サイモン（Simon, 1945）は限定された合理性　（bounded rationality：これ以降，限定合理性と記す）と定義した。限定合理性は，それ以上完全を求めると費用と時間がかかり過ぎるか，あるいは不可能であろうから，経営者は完全合理性を求めず，ある程度の不完全な情報による限定合理性で満足するというものである。サイモンは，これを経営者の「満足化行動」原理として提唱した。

　今日では，企業には一つではなく複数の経営目的が共存していると考えられるようになってきた。世界的には，短期的な利潤最大化を求める株主からの影響を受けないように経営を行おうとする傾向も増えつつある (13)。

第6節　プロスポーツ企業における経営目的の特殊性と多様性

　一般企業の行動原理における利潤最大化，有効性，効率性を検討してプロスポーツ企業の例で考察してきた。ここからは，プロスポーツ企業における経営目的の特殊性と多様性を考慮した費用と利潤の関係を考察しよう。

　プロスポーツファンがプロスポーツ企業から財を購入するのは，ファンが何か

しらの満足を得るからだ。この満足を経済学では効用（utility）または使用価値という。よって企業が生産する財は，消費者の効用，使用価値を生産し交換していることになる。では，プロスポーツ企業が生産する財の効用とは何であろうか。チェラデュライ（Chelladurai, 2014）によるとスポーツには「最高のパフォーマンスの追求」を「する」という人間の欲求がある。「するスポーツ（Participant Sercive）」の欲求である「最高のパフォーマンスの追求」をエンターテイメントしているところに「みるスポーツ（Spectator service）」の価値があり，その最たるものがプロスポーツである（松岡宏高，2007）。この定義に従えば「最高のパフォーマンスの追求」を「する」ことがプロスポーツ企業の生産財の供給であり，その財を貨幣と交換して「みる」ことが消費者の効用を満たす需要である。

　このように最高のパフォーマンスの試合を「する」を生産し「みる」権利を交換するところに，一般企業と異なるプロスポーツ企業の特殊性があると考える。この試合を「する」は，販売数「みる」と同時に発生するが，「する」試合は質によって測られ「みる」販売数は観戦者数で測られる。例えば対戦型スポーツでは，チームの質は試合での勝敗である勝率によって評価される。もちろん，試合に勝てなくても特定の選手の最高のパフォーマンスをみることを目的とする消費者もいるだろう。だがチームの最高決定権をもつ監督が最大化しようとするパフォーマンスは，選手個人だけではなくチームのそれであり，それはシーズンの勝率によって評価される。

　さて，一般的に消費者の限界効用（marginal utility: MU ）は逓減し，図表 5-8.（a）のようになる。財の品質や数量が増えるにつれて満足が増えるのだが増え方は減少する。これを限界効用逓減の法則という。限界効用逓減の法則のために消費者は2倍の量を消費しても満足は2倍にはならないので2倍よりも少ない金額が妥当であると感じる。企業が供給する財を2倍に増やしても消費者の満足は2倍とはならない。これは財のパフォーマンスも同様である。例えば，消費者の効用をある程度満足させる 10 万円の洗濯機があると，その5倍の機能を追及した 50 万円の洗濯機があっても，多くの人はそれに 50 万円以下の価値しか見出さない。それは，洗濯機能の上昇に対し効用は低減するからだ。

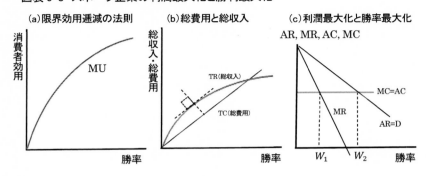

図表 5-8　スポーツ企業の利潤最大化と勝利最大化

(a)限界効用逓減の法則　　(b)総費用と総収入　　(c)利潤最大化と勝率最大化

出典:(a) 筆者作成.　(b),(c) Leeds and Von Allmen　(2016), p66-67.

　　　MU は限界効用, AR は平均収入, MR は限界収入, AC は平均費用, MC は限界費用.

　プロスポーツの場合では，試合の生産費用は固定費用であり，ファンへの「み
る」権利の販売数による拡散効果で販売価格は決定する。チームがより最高なパ
フォーマンスを生産し勝率を高める質を追求すれば，観客が増える。そのために
は希少性の高い高度なパフォーマンスをもつ選手を高額報酬で競って獲得する
必要がある。プロスポーツは最高のパフォーマンスを追求すること自体を「みる」
権利を販売することでチームが収入を得て，そこから選手が報酬を得て生活する
のである。よって一般財のように一定の質を満たしていればファンに満足される
とはならないところにプロスポーツ企業の特殊性がある。

　では次に，最高のパフォーマンスと売上を決定する観戦者数の増減について検
討しよう。消費者であるファンの満足は勝率を 100%に近づければ最大化するで
あろうか。リーズ＝フォン・アルメン（Leeds and Von Allmen, 2010）は，ファン
の感覚は，試合結果が予測できるよりも予測できない不確実な方がはるかに面白
く満足が大きいのだという。よって試合はどちらが勝つか解らないと効用が大き
くなる。戦力がかけ離れているチーム間の試合は結果が予測できるので満足が少
ない。そしてこの不確実性は，チーム間の戦力が均衡することから生まれる。よ
って各チームは戦力を高めるために資本を投入し努力する。このような努力は一
般企業が高品質の財の生産に努力するのと同じであるが，プロスポーツチームの

図表 5-9　MLB チームのパフォーマンス（2011 年）　*単位は（百万ドル）

チーム	勝率	観客入場数	*収入	*営業利益
フィリーズ	0.630	3,680,718	439	-11.6
ヤンキース	0.599	3,653,680	249	10.0
インディアナ	0.494	1,840,835	178	30.1
ローヤル	0.438	1,724,450	161	28.5

出典：Leeds and Von Allmen　（2016），p65.

特殊性は，戦力が均衡し試合結果が不確実性になるようにするところにある。

　また，収入源であるファンの数が立地によって決まってしまうこともプロスポーツ企業がおかれている特殊性だ。ファンの数はチームの本拠地の人口に左右されるので，人口の多い大都市と少ない地方都市でファン数は異なってくる。よって大都市チームが，最高の売上と勝率を得て最大の利潤を得ることが可能となる。このことから，大都市チームは収入が巨額化し，報酬が高く優秀な選手が集まり，圧倒的な戦力となり，利潤も多くなりやすいと考えらえる。

　しかし実際はもう少し複雑であり，それを表したのが図表 5-9 である。これは2011 年の MLB での勝率上位 2 チームと利潤率上位 2 チームの比較である。この年フィラデルフィア・フィリーズは，ナショナル・リーグを制覇し，ニューヨーク・ヤンキースはアメリカン・リーグをリードしていた。フィリーズはメジャー・リーグのシーズン最高記録をつくり試合あたり観客数でもトップであった。ヤンキースは勝率と観客数ともにフィリーズに次ぐ 2 位であった。しかし，営業利益では勝率と観客数ともに少ない数値のインディアナとローヤルが首位である。このときヤンキースの営業利益は 30 チーム中 22 位，フィリーズは 29 位であった。これらは強いチームであるにもかかわらず相対的に利潤が少ない。極端な例では，NHL（National Hockey League）では 2002 年にオタワ・セネターズ（Ottawa Senators）がリーグ最高記録を出しながら倒産している。

　欧州のサッカー・リーグでは，マンチェスター・ユナイテッド，レアル・マドリード，バルセロナ，AC ミランなどの数チームは 5,000 万ドルから 1 億 6,000 万ドルの営業利益を出しているが，その他のチームは極めて深刻な経営状態だとい

う。なぜ，勝率が高いにもかかわらず利潤が少ないのか。

　この疑問に対しリーズ＝フォン・アルメンは一定の仮説を立てて図表 5-8（b）のよう説明している。横軸は勝利数で縦軸が総収入と総費用の金額とすると，勝率を高めるにつれて収入は逓減的に増えるが，費用である選手報酬は勝率に比例して高くなる。勝率を高めようとすれば，希少で優秀な選手の獲得に必要な報酬が上昇する。選手はより高額な報酬を提示したチームと契約する。よって必然的に大都市の特定チームへ優秀な選手が偏在し，そのチームのパフォーマンスは高まる。実際に大都市のチームは勝率が高い。だが図表 5-8（b）の TR と TC の交点まで報酬で支払ってしまうと利潤がほとんどなくなるのである。

　ではプロスポーツ企業の経営目的は，勝率最大化なのか，利潤最大化なのか。リーズ＝フォン・アルメンによると，各チームのオーナーによって経営目的は利潤と勝率の 2 つの最大化の間で揺れ動き多様化しているのではないかと思われる。その関係を図表 5-8（c）が示している。AR は勝率を生産数とした時の需要線でり，その需要線による限界収入が MR である。限界費用 MC は一定であるのは，図表 5-8（b）で TC が直線的に上昇する場合である。この時企業の利潤最大化点は MR と MC の交点であるので，利潤最大化企業は勝率 W_1 となる。

　一方，勝率最大化を目的とした企業行動を図表 5-8（c）で考察しよう。チームが勝率を高めるほど平均収入は減少するが，平均収入と限界費用の交点を超えてもさらに報酬を高めて勝率を高めようとするとマイナス利潤となる。よってW_2が勝利最大化点となる。このW_1とW_2の間でオーナーの考えやファンの圧力等，様々な要因によってスポーツ企業の経営目的が決まるのではないかと考えられる。ここにプロスポーツ企業の経営目的が多様化する要因があるだろう。

第 7 節　プロスポーツ企業のリーグと戦力均衡

　プロスポーツ企業の経営目的の違いが示すように，勝率を最大化しようとするチームは戦力を高め，利潤最大化を目的とするチームの戦力は低くなる。しかし試合結果の不確実性がファンを増やしファンの効用を高めるとすると，戦力は拮抗している方がよい。そこでチームに外部から規制して戦力を均衡させる必要が

ある。この戦力均衡（competitive balance）を実現する手段としてリーグがある。

　対戦型プロスポーツ企業では，複数の企業チームがなければ試合を生産できない。あるチームのパフォーマンスは，他のチームとの試合で発揮される。よって各チームは競争関係でもあり協力関係でもある。そこでリーグを創設して協力関係をつくり，その枠内で競争することが必要となる。リーズ＝フォン・アルメンによるとリーグの最も重要な機能は，試合ルールの設定，新規参入の仕組みと制限，マーケティング，試合日程の決定，収入の分配等である(14)。

　しかしリーグの各チームに対する規制は，経済活動としてみると，同一業種の複数の企業による事実上一体化した企業として行動するトラストにあたる。アメリカではプロ野球で新規リーグを結成する自由をもとめてメジャー・リーグに対する反トラスト訴訟がおこった。この訴訟に対し，1922年に最高裁は満場一致でプロ野球リーグを反トラストの適用除外とする判決を下している。アメリカでは他のプロスポーツリーグでは結成の自由を阻害した場合，反トラスト法の適用判決が下されており，野球だけが特別扱いされたため，今日まで独占の正当性について議論が続いている。

　アメリカの反トラスト法や日本の独占禁止法の目的は，独占による社会的損失を防ぐためである。市場競争が最適配分と効用の最大化を生み出すことから競争を阻害する独占を禁じている。ではリーグによる独占は社会に損失を与え，最適配分と効用の最大化を阻害するであろうか。この点を，リーグの独占的地位が加盟チームであるスポーツ企業の経営目的に与える規制で検討しよう。

　もし各チームが利潤最大化を経営目的としている場合は，第4節でみたように，独占によって死荷重が生まれ社会的損失が生まれる。よって反トラスト法や独占禁止法で禁じることには経済的に意味がある。だが，もしリーグの強制力が各チームに勝率最大化を目指させるとしたら，企業は図表5-8（c）のW_2まで支出し，勝率をたかめる。W_2は需要線とMCの交点であるから図表5-6（b）のC点となる。よってリーグが独占として，全加盟チームに勝率最大化を目指させるならば，死荷重は生じず経済効率性を実現でき，社会的損失は生まれない。

　もしリーグではなく，競争市場で自由に行動する企業のように，各チームの自

発性に任せるとしたらどうなるだろうか。そこでは，必ずしも全チームが勝率最大化を経営目標として行動するとは限らない。チームの中にはファンの手前，経営目標を表向きには勝率最大化としているように振舞って，実際には利潤最大化で行動するかもしれない。また，全チームが勝率最大化を目指したとしても，収入が多い大都市チームが高額報酬で優秀な選手を多く採用できるので，チーム間で優秀選手の偏在による勝率の差が拡大するだろう。結果，収入が少ない地方都市のチームのパフォーマンスは低下し，地方都市のファンは高い観戦料でつまらない試合しかみられなくなる。

　そこでリーグは，全チームの戦力が均衡となるように，加盟チームの収入を管理し金銭的罰金などを課して経営行動を規制し，各チーム間の戦力均衡をつくり勝率競争を実現すことで死荷重を生じさせない政策をとっている (15)。例えば，MLB ではチームに課税して，収入や選手報酬を調整している。また，MLB での戦力均衡の手法では収入と費用へ統制がおこなわれている。代表的な政策としては基本プラン（Base Plan），中央構成基金（Central Fund Component），贅沢税（Luxury Tax）などがある。基本プランは，各チームの純収入（総収入から球場経費を除いた額）に一定率で課税し，全チームに均等分配する制度である。中央構成基金は，収入の高いチームに課税して一定の規則で収入の低いチームに再分配する制度である。贅沢税は，球団側が選手に支払う年俸総額が一定額を超えた場合，超過分に課徴金を課す制度である (16)。このようにしてリーグは全国様々な大小の都市にチームを設立することを可能とし参入制限を設けてチームの新設が，既存チームやリーグ全体の収入を減少させないように調整しつつ，同時に戦力均衡を図っているのである。

　しかし，戦力均衡はチームの独立性を制限し，リーグの独占的地位を強化する。よってリーグが自らの利潤最大化を目指すことを防ぐことは困難だ。するとそのプロスポーツ分野で独占による死荷重も生み出されてしまう。よってリーグ運営にはファンや選手のために高い理念と倫理が求められ，さらにそれだけでなく，他のスポーツ・リーグと競争する独占的競争も必要となるだろう。

(1) 経済学での機会費用とは，資金や生産要素を他の活動に充てた時に得られたであろう実際には実現しなかった収入のことであり，会計学にはない。また費用は，会計学では，商品の仕入れ値を売上原価といい，費用は販売管理費と一般管理費である。製造企業で製品を作るために使用された材料費や人件費は原価に含まれるが，その製品が販売された時点で販売された分の原価が費用となる。よって会計学では売上金から原価を引いたものが売上総利益であり，売上総利益から費用を引いたものが経常利益となる。つまり，製造された製品が販売されなければ，その材料費や製造人件費や製造経費などは原価であり，製品や仕掛品という資産にすぎず，費用とはならない。費用は損益計算書に計上されるが，原価は，製品，仕掛品として貸借対照表に計上され，次期以降に販売されたと時点で費用となる。

一方，経済学では企業内に蓄積された原価は最終的に市場価格で販売されるものとみなし，原価と費用を区別しない。経済学は，支出された総費用と，受け取った総収入の差額を利潤または残余という。

(2) 今日の経済学では，数学理論を駆使して変数の関係を厳密に定義するようになってきたが，経営学では数学的分析に限定せずに，むしろ企業行動を多面的に捉えようとしている様にみえる。経済学は完全情報のもとでの合理的な競争を理論の前提としているが，経営学では，企業が所有する資源の違いによる競争優位性を研究したり，人間集団の制度設計による差異や人的資源管理論にみられる産業心理学を応用した諸個人のモチベーションとインセンティブの諸原理を解明したりする研究が多い。経営学では，会計学にみられる資源管理の方法や，法学を基礎としたガバナンス研究など多様なアプローチで企業行動に迫ろうとしている。

(3) 経営学では「利潤の最大化」以外に「売上の最大化」や「ステークホルダーの利益最大化」など，様々な企業目的を考察の対象としている。

(4) 収穫逓増の要因としては，アダム・スミスが分業論において作業を単純作業に分割すると作業習得時間の短縮，移動時間の短縮，機械への置き換えによって一定時間内での生産量が増大すると指摘した。また，チャールズ・バベッジは分業で高価な専門労働と安価な単純労働とを別けると，同じ生産量に必要な人件費が低下するとした。デヴィッド・リカードは比較優位論で，分業によって得意な労働へ特化することで生産量を増大させることを示した。

(5) 中川誠士（2011）によると科学的管理法の提唱者テイラーは今日では「アメリカ的経営方式の土台の築造者，大量生産原理の提唱者」等の評価があ

る一方で、「資本主義的搾取の方法の完成者，労働の衰退の元凶」等の評価もある。

(6) C 型生産とは，研究開発や職人的創造活動による生産であり，「Information Creative Product」の頭文字 C で表した．安藤信雄(2019),p4-5.参照のこと．

(7) T 型生産とは，C 型生産により作られた図面やレシピなどの生産情報を転写する生産で，「Information Transcribing Product」の頭文字 T で表した．安藤信雄(2019),p4-5.参照のこと．

(8) 米価格の上昇で米の消費は減るがパンの消費が増える。この米とパンの増減率を限界代替率（MRS: Marginal Rate of Substitution）という。

(9) なぜ MR が需要曲線より下になるかは次の通りである。まず，簡単な関数式で需要曲線 D を考えてみよう。収入を TR，価格を P，販売数量を Q，D の傾き $-A = -\triangle P / \triangle Q$ とすると，需要線は $P = +b - AQ$ となり，$TR = P \times x$ より $TR = (+b - AQ)Q = +bQ - AQ^2$

MR は TR を微分して $MR = TR' = +b - 2AQ$

よって MR は TR と同じ切片で傾きが -2 倍となり，需要線より下となる。

(10) バーリー＝ミーンズは，1932 年発表の論文で，株式の分散化が進み 5% 以上の大株主が少数しか存在しない場合，「少数株主支配」がみられ，5% 以上の大株主が存在しない場合，株主による支配は成立しなくなり，多くの株主から委任状を収集する仕組みと取締役会の決定を掌握する専門経営者が支配すると指摘している。

(11) 小田切宏之（2000）136-139 頁では，日本の代表的企業 200 社を調査したところ 126 社（63%）に経営者支配がみられ，所有と経営の分離は日本の大企業においてほぼ普遍的にみられる現象であると指摘している。

(12) ステークホルダーとは，企業の利害関係者を株主，従業員だけでなく銀行，自治体，消費者など直接的，間接的に企業となんらかしらの利害関係を持つ者と定義されている。

(13) 経済学では企業活動の目的は利潤最大化であり，それは具体的には株主への配当の最大化とみなされてきた。しかし現実は，経済学の描く世界とは少し異なる。例えば，日本経済新聞（2018 年 8 月 28 日朝刊）「さらば株式市場，世界の上場企業数減少に転じる：カネ余り時代　企業と市場の溝（上)」で，株式を非公開とする企業が増え，世界の上場企業数は減少に転じていると報じている。世界銀行や大和総研などは，世界の上場企業数は 17 年で約 4 万 5000 社と，過去最高だった 15 年から 500 社以上減ったと報じた。「短期の株価を気にする」株主利益を優先する経営を嫌う経営者が増えているからだ。株式の非公開化を目指していた

テスラのイーロン・マスク最高経営責任者（CEO）も，その理由を「テスラをできるだけ短期的な考え方から解放する」ためだと説明した。

(14)　Leeds and Von Allmen，（2010），訳書 66-82 頁。

(15)　Leeds and Von Allmen，（2010），訳書 202-204 頁で，完全な戦力均衡は全チーム勝率 0.5 であるとしている。

　　　ヨーロッパのサッカー・リーグでは，戦力均衡政策はとらないが，昇格・降格制度でチーム経営の目的を勝率最大化へ向けようとしている。

(16)　Nathaniel Grow （May 1, 2015）　*MLB's Evolving Luxury Tax*, FAN GRAPHS で詳しく紹介されている。

参考文献

安藤信雄（2018a）「勝利最大化を目的とするプロスポーツ企業経営の非営利化について」日本体育・スポーツ経営学会, 第 41 回大会.

安藤信雄（2018b）「プロスポーツ団体の経営における最大化について」『中部学院大学・中部学院大学短期大学部研究紀要』第 19 号，中部学院大学総合研究センター, 69-78 頁.

安藤信雄（2019）「情報創造型生産の費用収入モデルによる高収益中小企業の考察」『中小企業季報』2019. No.1（通巻第 189 号）,pp.4-14. 大阪経済大学 中小企業・経営研究所.

Berle, Adolf A. and Means, Gradiner c.（1932）*The Modern Corporation and Private Property*, Harcourt Brace and World. （森 杲 訳（2014）『現代株式会社と私有財産』北海道大学出版会）.

Chelladurai, Packianathan,（2014）*Managing Organizations for Sport and Physical Activity: A Systems Perspective fourth edition*, Routledge.

Krugman, Paul and Wells, Robin.　（2013）　*ECONOMICS*, Third Edition, Worth Publishers. （大山 道広・石橋 孝次・塩澤 修平・白井 義昌・大東 一郎・玉田 康成・蓬田 守宏 訳, (2010)『クルーグマン ミクロ経済学 [第 2 版]』東洋経済新報社）.

Leeds, A. Michael and Von Allmen, Peter.　（2010）　*The Economics of SPORTS, The 4th Edition*, Person Education, Inc.　（大坪正則監修, 佐々木勉 訳（2012）『スポーツの経済学』中央経済社）.

Leeds, A. Michael and Von Allmen, Peter.　（2016）　*The Economics of SPORTS, The 5th Edition*, Person Education.

松岡宏高（2007）「プロスポーツの経営に関する研究動向」『体育・スポーツ経営学研究』第 21 巻第 1 号，体育・スポーツ経営学会，41-46 頁.

丸山雅祥 (2005) 『経営の経済学』有斐閣.

武藤泰明 (2013)『プロスポーツクラブのマネジメント-戦略の策定から実行まで-第 2 版』東洋経済新報社.

中川誠士 (2011)『経営学史叢書 第 1 巻 テイラー』文眞堂, 平成 24 年.

西村和雄 (1986)『ミクロ経済学入門』岩波書店.

小田切宏之 (2000)『企業経済学 プログレッシブ経済学シリーズ』東洋経済新報社.

里麻克彦 (2011)『スポーツ経済学』北海道大学出版.

Simon, Herbert, A. （1945）, *Administrative Behavior: A Study of Decision-Making Process in Administrative Organization*, 3rd Edition, New York: Macmillan. （村田武彦・高柳暁・二村敏子訳『経営行動』ダイヤモンド社, 1965 年）.

Smith, Adam. （1776） *An Inquiry into the Nature and Causes of The Wealth of Nations*, Cannan. 6th edition 1950, London, 2 vols. （大内兵衛・松川七郎訳『諸国民の富』第 35 版 岩波書店, 1989 年）.

Stiglitz, Joseph E. （1993） *ECONOMICS*, W. W. Norton & Company. （藪下史郎・秋山太郎・金子能宏・清野一治 訳『スティグリッツ ミクロ経済学 第 2 版』東洋経済新報社, 2000 年）.

Taylor, F. W. （1911） *Principles of Scientific Management*, 1911. （上野陽一訳編『科学的管理法』産業能率大学出版部, 昭和 44 年）.

参考 URL 一覧

公益財団法人日本プロスポーツ協会, http://www.jpsa.jp/history.html （最終アクセス 2019 年 9 月 25 日）.

Nathaniel Grow （May 1, 2015） MLB's Evolving Luxury Tax, FAN GRAPHS, https://blogs.fangraphs.com/mlbs-evolving-luxury-tax/ （最終アクセス 2019 年 9 月 26 日）.

（安藤 信雄）

第 6 章　経営学的研究としてのスポーツ経営論とスポーツ・ガバナンス

第1節　はじめに

　筆者がスポーツ経営論 (1) の研究をスタートしたのは，2013 年 4 月に愛知工業大学に奉職したことがきっかけであった。筆者が所属する愛知工業大学の経営学部にはスポーツマネジメント専攻があり，そこで教鞭をとることになったために，必要にせまられてスポーツ経営論の研究をはじめた，というのが正直なところである。

　その頃のわが国におけるスポーツマネジメントの研究といえば，第 1 章で編者の大野貴司が記しているように，体育学やスポーツ科学の研究者か，もしくはスポーツに関する実務経験者が，自身の実務経験にもとづいて実践的な視点から議論を行っているかが主であった。経営学の研究者がスポーツに関する団体や組織の経営について研究をした成果は，ほんのわずかばかりしかなかった。

　このような状況の中，筆者の所属先には，幸いにしてこれまでスポーツマネジメント研究の中心にいた体育学やスポーツ科学の研究者が多く所属していたので，誘われて日本体育学会や日本スポーツマネジメント学会に入会し，研究報告を行ったりもした。これらの学会で何回か参加や研究報告を行った後，筆者の場合は，本書の編著者である大野貴司先生や他の執筆者の多くの先生方とは違い，経営学系の学会に戻って研究活動を続けてきた。そこには，経営学の研究者として，経営学の中にスポーツ経営論の芽を育てていきたいという思いがあった。

　このように，筆者がスポーツ経営論の研究をはじめて 6 年以上が経ったが，わが国のスポーツマネジメント研究の状況が大きく変化したかといえば，その答えは否である。相変わらずその中心にいるのは，体育学やスポーツ科学の研究者か，もしくはスポーツに関する実務経験者であろう。

　そこで本章では，経営学の立場からスポーツ経営論を論じるということはどういう意味なのかから丁寧に論を進めていきたい。ただし，いまだ黎明期にあるといえる経営学的なスポーツ経営論研究においては，ここに記す内容はあくまでも

私見によるものであることを強調しておきたい。

第2節　経営学とは何なのか

「経営学とは何なのか」とは，簡単にみえて，実に難しい問題である。筆者の
ような若輩の経営学の研究者には，これについて論じることさえ許されないのか
もしれない。

しかしながら，経営学の立場からスポーツ経営論を論じていくためにはこの問
題は避けては通れない。また，経営学とは何かを改めて考えることは，「スポー
ツ経営論」の発展に大きな意味を持つものであると考えられる。

そこでここでは，無理を承知のうえで，この「経営学とは何なのか」という問
題を考えてみたい。なお，これについて論考を進めていくにあたっては，平田光
弘（2008）『経営者自己統治論─社会に信頼される企業の形成─』（中央経済社），
および平田光弘（2010）「21世紀の日本企業はどの道を歩むべきか‐社会に信頼
される企業の形成‐」（『経営哲学』第7巻第1号，6‐23頁），そして平田光弘
（2011）「経営の"学"を考える」（『経営哲学』第8巻第1号，6‐16頁）の所説に
依りながら考えていきたい。

さて，「経営学とは何なのか」を考える場合，まず問題となるのは，経営学を
どう捉えるかということであろう。この経営学をどう捉えるかという問いに対し
ては，さまざまな角度から考えることができよう。そのため，明確な答えを見つ
けるのはたやすいことではないが，ここでひとつはっきりしていることは，経営
学研究の長い歴史の中で，その研究対象が拡大してきたということである。

これは，経営学の名において研究されてきたものには，企業のみを対象とする
伝統的な経営学のほかに，人間集団，つまり組織体の管理活動を対象とする組織
論的経営学があることを意味する。

この組織論的経営学は，企業も行政組織も，NPO（非営利組織）も NGO（非
政府組織）も，学校も病院も，教会も軍隊も，それらはすべて人間集団であって，
これらの人間集団に共通する管理の問題を解き明かそうとしているという特徴
を持つ。しかしこの特徴は，経営学，管理論，そして組織論をも，すべて同じも

のになってしまうことになりかねないという危険性を併せ持つ。

　これを経営学の立場からのスポーツ経営論研究に当てはめた場合，伝統的な経営学の立場に立つのか，それとも組織論的経営学の立場に立つのかで，その研究の意味合いや方向性が大きく変わってしまうことを意味する。

　この2種類の経営学について，平田光弘（2011）ではより詳細な考察が行われている。そこでは，片岡信之・齊藤毅憲・佐々木恒男・高橋由明・渡辺 峻編（2010）『アドバンスト経営学‐理論と現実‐』（中央経済社）を取り上げ，「その中に，経営学の研究対象が広がるにつれて経営学の基本的性格が変わっていくことに言及した記述があり，そのくだりを読むと，経営学をどう捉えるかについて，編著者の片岡信之教授（桃山学院大学）と佐々木恒男教授（青森公立大学）との間に大きな，いや決定的な見解の相違があることに気付いた」とし，その後，「大学院のテキストブックとして編集された本書においてすら，経営学をどう捉えるかについて，編著者の間でこのような決定的な見解の相違が見られるのを見過ごすわけにはいかない」としている。

　具体的には，佐々木恒男（2010）は，同書の中で「会社企業の経営学として出発した経営学は，しだいにその研究対象を広げ，あらゆるタイプの事業経営体，言い換えればあらゆる種類の組織の経営行動を研究する科学に進化し，現在に至っている。かつては会社利潤学と揶揄され翻弄された経営学は，組織が社会の主要な制度となった現代に必須の学際的な組織の経営学として確固たる地位を築きつつある」とし，さらに，「組織論を基礎にしてマネジメントの問題を考える組織論的経営学が，経営学研究の主流になるのは必然であった」と述べている。対して，片岡信之（2010）は，同書で「現代の巨大企業は，私企業といえども社会性を無視しては存立しえず，利己的利潤追求だけにとどまることはむずかしい。他方で，非営利組織の占める位置が今日では大きく成長してきた。このことは，私企業と利潤目的とを前提として組み立てられてきた旧来の経営学の枠組みに，新たな課題を突きつけた。非営利組織の経営学領域への理論的組込みである」としている。

　これについて，平田光弘（2011）は，「佐々木教授が，経営学は研究対象の拡

大につれて『企業の経営学』から『組織の経営学』へと進化を遂げてきたと解するのに対して，片岡教授は，研究対象の拡大にもかかわらず，経営学は『企業の経営学』であることに変わりはないと解している」と読み解いている。

その後，平田光弘（2011）はこの問題について議論を進めていき，結論として，「経営学は『企業の経営学』なのか，『組織の経営学』なのか。この問題は，社会現象を対象とする社会科学を体制関連的な科学とみるか，体制無関連的な科学とみるかによって，見解が分かれるであろう。社会科学は，本来，体制関連的な科学として捉えられてきたことに立ち返るならば，経営学は市場経済体制と運命を共にするような『企業の経営学』でなければならないであろう」と指摘している。

もちろん，この平田光弘の見解についてもさまざまな解釈ができよう。しかし，筆者が大学学部時代に平田光弘先生の担当する「経営学原理」を受講した際に使用された講義資料には，新しい経営学の創造の企図に関する言及がなされている項がある。そこには，「それ（新しい経営学の創造 - 筆者）は，なにもアメリカ流の組織論や管理論によらなければ実現できないというわけではない。伝統的な経営学の中から，それを生み出すことは充分可能なのである。伝統的な経営学は，企業の学である。それは，実質的には，製造業の大規模株式会社企業の学として発展してきた。私（平田光弘先生 - 筆者）は，経営学の伝統に立ち返って，今日の状況に適合し得る経営学はどのようにして可能になるかを，君たちと一緒に考えていきたい」と記されている。

これにもとづいて考えてみると，市場経済体制ないし資本主義体制の体制原理の波及範囲は企業のみではなく，その社会に存在しているあらゆる経営体，そしてひとりひとりの人間にまで及ぶものであることが前提である現代社会においては，「企業の経営学」の論理が社会に存在しているあらゆる経営体，そしてひとりひとりの人間にまで援用・応用されるべきであると解釈できる。加えて言及すれば，営利企業と非営利企業の理論の相互作用によって経営学や企業を中心とした経営体等の経営が発展していくということがいえるだろう。

さて，ここまで理解したうえで，次の課題となるのは，経営学の概念について

であろう。経営学の概念を考えてみることで，経営学は「経営論」なのか，それとも「マネジメント」なのかがみえてくるのではないであろうか。

　まず，経営学は企業を主たる研究対象としてスタートした。企業は「ビジネス」を行う主体であるが，その企業には一つの社会的職分があるとされている。社会的職分とは聞きなれない言葉かもしれないが，社会に存在するために果たさなければならない役割を指す言葉である。企業の場合は，商品生産がそれにあたる。

　ただし，経営学の場合，ここにいう商品は，経済学でいわれるような，ただの財貨やサービスであってはならない。必ず，消費者にとって必要とされる商品でなければならないのである。すなわち，企業は自らがよいと思うものではなく，絶えず消費者の動向を気にしながら，消費者が求めているものを提供することが重要となるのである。

　また，この商品生産活動は，営利活動と密接なかかわりをもっている。なぜなら，市場経済社会下の企業は，営利性を企業活動の基本に据えて，商品生産活動を行わなければならないからである。ここから，企業活動の第一の目的は，営利性であるということができる。営利性は，市場経済社会の体制原理であり，企業が市場経済社会において企業活動を行おうとする限り，否も応もなく，また，好むと好まざるとにかかわりなく，その活動目的として受け入れなければならないものなのである。

　ここまで理解したうえで，ひとつ注意しておかなければならないことがある。それは，市場経済社会における企業は，営利性のみを企業活動の基本に据えているわけではない，ということである。企業は，社会性をも重視して，企業活動を行っているのである。

　ここにいう社会性とは，企業が社会に対して負う責任のことである。現在の企業は，自らが社会の中に存在し，社会に背くことなく，社会と手を取り合って生きていかなくてはならないという考えが社会に広く認識されるようになったことから，社会性が求められるようになった。

　企業の社会性は，これまでに企業が起こした公害問題や消費者問題，環境問題，また，大規模化した企業において，経営者の発言力が増し，株主軽視の経営もあ

ちこちで見られるようになったこと等が背景になって，いっそう大きく問われるようになってきた。

　つまり，企業は営利性と社会性のふたつの目的を有しているということができるのである。よって，経営学は，営利性だけではなく，社会性をも意識して理論構築をはかろうとする学問であるといえよう。ここに，経営学の持つ重要な意味があると解釈できる。これとは，企業は，当然，社会の中に存在しており，決して社会から隔離された存在であるわけではないということである。利潤追求をすることが企業の存在と発展にとって欠かせない営みであるのと同時に，社会からの信頼を獲得し，社会との調和を果たすこともまた，企業の存在と発展にとって欠かせない営みであるからである。営利性と社会性のバランスのとれた経営こそが，企業を永続事業体として存続せしめるのである。

　ここから，先に示したような経営学は「経営論」なのか，それとも「マネジメント」なのかという問いの答えがみえてくる。

　営利性の問題のみを取り扱うのであれば，経営学は「マネジメント」であった方が都合がよい。ヒト・モノ・カネ・情報といった経営資源に関する「管理や方法」を議論する，すなわち「マネジメント」に関する議論を行うことがその解をみつける最短距離であることは容易に想像できるからである。

　しかしながら，先にみたように，企業は営利性のみを追求するわけにはいかない。社会性も同時に追求してこそ，自らの存続を可能にするからである。これこそが「経営する」ということであり，経営学においては，「経営する」ことを議論の対象にした「経営論」が必要となることを示唆する。

　つまり，経営学には「経営する」という概念が根底にあり，「管理や方法」に関する議論は「経営する」という概念の中にあるさまざまな手段のひとつでしかないのだということができるであろう。

　ここまで，ふたつの視点から「経営学とは何なのか」を考えてきた。ここからは，さらにいくつか経営学における大事な視点を記したい。

　ひとつめは，経営学は，周知のとおり経営学の研究（経営学の学）と経営の研究（経営の学）とから成り立っているということである。

経営学の研究とは，経営思想や経営学の体系化を企てる学説史的研究のことである。経営学史や経営学説史とよばれるのがこれにあたる。そこでは，経営学の発展の歴史を深く丁寧に考察し，その学説が提唱された時代の経営学の特徴や，現代の経営学との相違を浮き彫りにする。当然，ここでは，経営の対象や範囲が拡大するにつれて，数多くの学説が誕生してきている。

　また，経営の研究とは，現実の生きた企業における経営の理論・実証研究のことである。現実の企業の経営を観察し，企業経営の姿を浮き彫りにしようとする学問である。ここでは当然，当該企業の存在する国や地域における歴史，社会システム，法律，文化，制度，慣習等を広く認識したうえで議論を展開する必要がある。

　ここで重要となることを確認しておくと，平田光弘（2011）が指摘するように，「経営の研究を抜きにして経営学の研究の伸展はあり得ないし，逆に経営学の研究に支えられなければ，経営の研究は進化しえない」ということであろう。経営学の研究と経営の研究が相互に作用しあいながら，経営学全体の発展に繋がっているのである。

　これを踏まえたうえで，さらに経営学は産学協同思想という土壌のもとで育つべきものであるという考えの存在を忘れてはなるまい。経営学について考えた場合，その伝統を誇る国のひとつにドイツがある。そのドイツはひときわ優れた経営学の研究者が数多く輩出しているが，その一人であるシュマーレンバッハは，学問と実践との緊密な協同を実現するために尽くした人物である。シュマーレンバッハは，理論は実践から導き出されるものであり，理論は実践と常に手を携えていくものだと固く信じ，経営の学問は経営の実践との結びつきを欠いてはあり得ないと確信していた。「シュマーレンバッハが言うように，経営学は実践科学であり，経営実践と手を携えて，はじめてすくすくと育っていけるであろう」との平田光弘（2011）による指摘が，経営学のあり方をはっきりと示しているのである。

第3節 体育学・スポーツ科学における「体育管理学」ないし「体育・スポーツ経営学」

　ここからは，体育学・スポーツ科学における「体育管理学」ないし「体育・スポーツ経営学」(2) について議論したい。ただし，1 章で編著者の大野貴司が論じている内容とは，認識が異なる面もあることに留意されたい。

　さて，現代のわが国において，スポーツは日々のテレビニュースや新聞報道でも取り上げられるほど，国民の間に広く浸透している。われわれにとって，スポーツは非常に身近な存在であり，日常生活に溶け込んだものであるといってよいであろう。これは，スポーツが文化としてわが国に根付いていることを意味しているといえる。そして，文化として根付いた現代のスポーツは，「する」「みる」という意味合いを持つだけではなく，ビジネス的側面を持つものに変化している。

　ここで，「スポーツビジネス」という概念が出現する。その「スポーツビジネス」という概念は，1980 年代のアメリカにおけるスポーツのビジネス化（商業化）に伴い誕生したといわれている。その背景には，スポーツが「商売・商品」になるという認識の広範な普及がある。

　このように，1980 年代のアメリカにおけるスポーツのビジネス化（商業化）に端を発したスポーツビジネスであるが，わが国では，これまで，主に体育学やスポーツ科学の研究者が中心となって「体育管理学」ないし「体育・スポーツ経営学」を発展させてきた。それでは，体育学やスポーツ科学の分野で「体育管理学」ないし「体育・スポーツ経営学」がどのように捉えられてきたのであろうか。

　宇土正彦（1986）においては，体育・スポーツ経営を「『体育・スポーツ事業』という概念を用いていいかえるならば，『体育・スポーツ事業を中心にして展開する営みであり，そのために必要なまわりの条件やその他の事業をいろいろにととのえて体育・スポーツ事業をいっそう能率的にする営み』」であるとしている。

　また，清水紀宏（2002）では，「体育・スポーツ経営とは，①体育・スポーツ経営組織が②人々のスポーツ行動の成立・維持・発展をめざして③体育・スポーツ事業を④合理的・効率的に営むことである」としている。

　さらに，中西純司・行實鉄平（2006）では，「体育・スポーツ経営とは，『①体

126

育・スポーツ経営組織が，②人々のスポーツ行動の成立・維持・発展（文化としてのスポーツの普及・振興と人々の豊かなスポーツライフの形成・定着）をめざして，③体育・スポーツ環境の創造を，④効率的かつ効果的に営む』ことである。そのため，体育・スポーツ経営組織は，『営利であるか非営利であるかにかかわらず，体育・スポーツ環境の創造にかかわる経済的かつ社会的活動』として『体育・スポーツ事業』を展開しなければならない。換言すれば，体育・スポーツ経営とは，体育・スポーツ事業を効率的かつ効果的に展開していくことと言っても過言ではない」との指摘や，「さすれば，体育・スポーツ事業の経営には，①スポーツ生活者を創造し維持する『効果』的な仕組みと，②そうした仕組みを経営資源（人的，物的，財務的，情報・知識）をもとに『効率』的に営む方法が要請される」との言及を行っている。

そして，福岡孝純・谷本都栄（2009）では，「スポーツ経営学とは，現実のパラダイムの中でその具現化の全体像を明確にとらえ，スポーツ活動の個々の局面において，どのようなハード・ソフト・ヒューマン・ウェア，マネジメント，アドミニストレーションが可能かということを，個性と調和という視点から考察するものに他ならない」。そして，「スポーツ活動領域が立地する母社会との相対性において，スポーツ経営的な諸指標が決定されることを前提としなければならない」との言及を行っている。

ここからわかるように，体育学やスポーツ科学においては，スポーツ団体やスポーツ組織を「能率的」，「合理的・効率的」，「効率的かつ効果的」に営むことが重視されているのである。

これは，第2節で記した内容に従えば，経営＝マネジメントと捉えられ，「組織が成果を達成するための管理論・方法論」という観点からの議論が期待されていることを意味している。つまりは，スポーツビジネスの手法である「スポーツマネジメント」，「スポーツマーケティング」，「スポーツファイナンス」等が議論の中心となることが期待されているのである。これらから，「体育管理学」ないし「体育・スポーツ経営学」においては，「管理・運営する」という視点はあるが，「経営する」という視点が乏しいのだと指摘できる。このことは，スポーツ

団体やスポーツ組織自らが社会からの信頼を獲得したうえで発展を目指すという「経営」の概念が欠如していると指摘できよう。

なぜこのような考え方が浸透しているのかを明らかにすることは難しいが、あえていうならば、「スポーツはよいものだから多少問題があっても人々が支援してくれるはずだ」という発想が根強くあり、そこから抜け出せていないという問題があるのではないだろうか。これは、第2節で示した社会性の概念が不十分であるといえるのではないだろうか。

また、もうひとつつけ加えておくと、体育学やスポーツ科学の研究者がいうスポーツビジネスの前提条件として、「体育学やスポーツ科学の基礎理論を十分に学んでいる者が、経営学を勉強してスポーツビジネスを考えることが重要である」という認識があると指摘できるであろう。

第4節　経営学的アプローチによる「スポーツ経営論」の意義と意味

ここまでのことから、経営学的アプローチによる新たな「スポーツ経営論」確立のために、いくつか考察を加えてみる。

第一は、「ビジネス」を行う主体である企業が、営利性と社会性というふたつの目的を持つように、スポーツビジネスにおいても、営利性と社会性のふたつの概念を忘れてはならないということである。ましてや、スポーツ経営というのは社会との関係で捉えていくことがより重要となるのではないだろうか。スポーツ団体やスポーツ組織には多くの利害関係者が存在し、スポーツ団体やスポーツ組織は社会と繋がり合いながら、社会の中に存在しているということは忘れてはならない。これは、スポーツ団体やスポーツ組織を「経営する」という概念の導入が必要であることにほかならない。

もっといってしまえば、教育学や体育学・スポーツ科学における「体育管理学」ないし「体育・スポーツ経営学」のような、管理論的・方法論的議論では、早晩スポーツビジネスが衰退を始めると考えてよいのではないだろうか。スポーツ業界は、第二次世界大戦後に発足し、やがて消滅したプロ柔道等の教訓を忘れてはならないのである。「スポーツはよいものだから多少問題があっても人々が支援

してくれるはずだ」というのではなく，「スポーツ団体やスポーツ組織が自ら働きかけながら，社会からの信頼を獲得していく必要がある」ことを自覚することが必要である。

　第二は，先にも述べたように，平田光弘（2011）による，「経営の研究を抜きにして経営学の研究の伸展はあり得ないし，逆に経営学の研究に支えられなければ，経営の研究は進化しえない」という指摘を忘れてはならないであろうということである。これは，これまで経営学が積み重ねてきた数多くの研究成果と，教育学や体育学やスポーツ科学が積み重ねてきた数多の研究成果とをうまく整合させながら，論を築いていくことが必要であることを意味する。

　第三は，スポーツ経営論もまた，「産学協同思想という土壌のもとで育つべきもの」であろうということである。平田光弘（2011）にあるように，「経営学は，まさに経営実践に対する助言の科学であると同時に批判の科学でもあるのであって，資本家や経営者の御用学問では決してないのである」。この認識を基本とした「経営学の基礎理論を十分に学んでいる者が，体育学やスポーツ科学を勉強して，スポーツビジネスを考えることができるようになる」ことと，これまで教育学や体育学・スポーツ科学の研究者が行ってきたような「体育学やスポーツ科学の基礎理論を十分に学んでいる者が，経営学を勉強してスポーツビジネスを考えることができるようになる」ことが重要である。そのうえで，お互いを認め合いながら，率直に議論を積み重ねていく。さらに，スポーツ団体やスポーツ組織とともに，学問と実践の緊密な協同の実現を目指すことが必要である。それこそが，新たな「スポーツ経営論」の確立には欠かせないであろう。

　このように，今後マーケットの拡大や産業としての成長，それに伴う雇用の受け皿の拡大等が期待できる「スポーツビジネス」の発展に寄与できる新たな「スポーツ経営論」の確立を目指すことに，この分野における経営学的意義があるのではないだろうか。

　次いで，経営学的アプローチによる，新たな「スポーツ経営論」研究の意味を考えてみたい。このことは，経営学のこれまでの歴史から考えれば答えが導き出せるであろう。ここでいう経営学の歴史とは，経営学の研究対象が拡大してきた

歴史のことである。

　先にも述べたように，経営学は企業を主たる研究対象として研究が進められてきた。その企業は，営利性を基本としながらも，社会性を無視して経営活動を行うことはできない存在である。

　同じように，企業が社会性をも重視するという風潮が社会に広まるとともに，従来の営利企業だけではなく，非営利企業や非営利組織の存在も大きく成長してきた。先述したように，この現実を前に，経営学では，非営利企業や非営利組織を，経営学領域へ理論的に組込みをはかることで研究対象の拡大が行われてきた。この研究対象の拡大についてどう捉えるかは諸説あるが，筆者は，社会科学が体制関連的な科学であり，経営学は市場経済体制の中で育っていく学問だと考えている。すなわち，企業の経営学の理論の援用・応用によって，そこでの議論が行われるべきだと考えている。つまりは，研究対象の拡大がなされても経営学はなお企業の経営学であることに変わりはないであろう。

　本書の研究対象であるスポーツ団体やスポーツ組織も，経営学の研究対象の拡大のひとつである。よって，新たな「スポーツ経営論」の研究を進めることは，経営学の発展に寄与するという意味を持つのである。

第5節　スポーツ・ガバナンスに集まる注目とそれに対する期待と問題点

　近年，スポーツ・ガバナンスへの注目が急速に高まっている。その背景には，スポーツ団体やスポーツ組織において相次いで発生した不祥事がある。ここにいう不祥事とは，助成金の不正受給や流用問題，不正な利益供与疑惑，プロ野球における統一球問題，体罰問題，セクハラ問題等である。

　これらの不祥事は，スポーツ界を牽引すべき人々やスポーツ団体・組織という組織体の問題ではあるものの，その社会的影響の大きさから，単に個人や個々のスポーツ団体・組織の問題ではなく，スポーツ界全体への不信感へと繋がっている。

　このように，これらを単にスポーツ界の問題として捉える場合にはこのような認識で問題はない。しかし，先にこれらの不祥事を「スポーツ界を牽引すべき人々

やスポーツ団体・組織という組織体の問題」と記したように，その中には，スポーツの統括団体の不祥事があったり，スポーツチームの不祥事があったり，スポーツ選手の不祥事があったりしている。このことは，これらに明確な分類を行うことなくスポーツのガバナンスが語られることに問題があることを表している。つまり，これはスポーツのガバナンスの対象が不明確なまま議論が進められていることを示しているといってよい。

　そもそもコーポレート・ガバナンスに期待される機能として，企業競争力の強化と企業不祥事の発生を抑制するという 2 つの機能がある。このことから，スポーツ団体・組織がコーポレート・ガバナンスに注目するのは，ある意味で当然の流れであると理解できる。しかしながら，筆者はスポーツ・ガバナンスが議論される際に，問題の本質が見失われているのではないかとの印象を受けている。つまり，スポーツ団体・組織は不祥事の続発という事態に直面し，慌ててしまったために，対処療法的にスポーツのガバナンスの確立を急いでいるだけに映るのである。

　ここでいう問題の本質とは，平田光弘（2008a）が指摘することを指す。それとは，「不祥事企業の経営再生の課題は，不祥事企業に対する社会，すなわち自社にとって大切な利害関係者からの信頼を回復することにある（平田光弘，2008a）」との指摘である。

第 6 節　　これまでのスポーツ・ガバナンスの議論

　これまでのスポーツ・ガバナンスの議論を概観してみると，その中心にいるのは，体育学やスポーツ科学の研究者であると指摘できる。特にこの分野では，学会でスポーツ・ガバナンスの特集を組むといったような積極的な動きがみられる。当然，論文もいくつか発表されており，さらには著書も何冊か出版されている。

　しかしながら，これらの研究成果を見てみると，そもそもスポーツ・ガバナンスとはどのようなものであるのかについては丁寧な議論が行われているとはいい難い。

　このような状況ではあるが，スポーツ団体やスポーツ組織にスポーツ・ガバナ

ンスが求められる根拠は比較的頻繁に記述されている。それとは，スポーツ基本法に定められた，スポーツ団体・組織の努力義務（5条2項・3項）である。これとは，「スポーツ団体は，スポーツの振興のための事業を適正に行うため，その運営の透明性の確保を図るとともに，その事業活動に関し自らが遵守すべき基準を作成するよう努めるものとする（5条2項）」とするものと，「スポーツ団体は，スポーツに関する紛争について，迅速かつ適正な解決に努めるものとする（5条3項）」とするものである。

　この根拠が原因であるのかは定かではないが，筆者は，体育学・スポーツ科学等で議論されるスポーツ・ガバナンスの多くは，経営学のいうところのコンプライアンスの議論であるような印象を受けている。

　これについて，上田滋夢・山下秋二（2014）においては，「我が国においては，日本相撲協会の八百長事件，全日本柔道連盟の暴力事件等のコンプライアンス問題を発端とし，『法令遵守』の観点から『ガバナンス』が注目されるようになった」と記されているのである。これは，体育学・スポーツ科学等におけるスポーツ・ガバナンスの議論がコンプライアンスの問題に矮小化されていることを記していると解釈できるのではないだろうか。

　さらに加えて言及すれば，スポーツ・ガバナンスはスポーツ団体・組織が抱える全ての問題の解決策を示してくれる万能薬のようなものであると認識されているようにも見受けられる。

第7節　経営学におけるコーポレート・ガバナンスの議論

　そもそも，コーポレート・ガバナンスの概念はどのようにして誕生したのであろうか。それには，企業の役割の変化がポイントとしてあげられる。世界的に経済が発展した現代において，社会における企業の役割が増大し，それとともに企業の負の側面が表面化してきた。このような事態に対処するため，企業の経営活動に自己規制を求めようという議論がはじまった。その議論こそが，コーポレート・ガバナンスと呼ばれるものである。

　わが国において，コーポレート・ガバナンスという言葉が一般社会で使われた

のは，1991 年の日本経済新聞の記事での使用が最初だといわれている。

　また，わが国におけるコーポレート・ガバナンスの議論は，1990 年代の企業不祥事続発を契機に，企業不祥事の発生を抑制する機能の観点から行われるようになったのがはじまりである。その後，日本経済の長期にわたる不況，そして，グローバル化や規制緩和の流れの中で，企業競争力を促進する機能の観点からの議論が行われた。そして，近年の企業不祥事続発を受け，再び，企業不祥事の発生を抑制する機能の観点からの議論が活発になっている。

　このような流れで行われてきたコーポレート・ガバナンスに関する議論は，昨今の状況を見る限り，一時のブームで終わることなく，完全に市民権を得たと言ってよい。このことは，企業不祥事が発生した場合や，企業競争力の促進をはかろうとする場合に，必ずといっていいほどコーポレート・ガバナンスの問題が語られることを見ても明らかであろう。

　次いで，コーポレート・ガバナンス問題研究は何を目的として行われているのか，また，議論の所在がどこにあるのかについて記したい。これにより，コーポレート・ガバナンス研究の議論の進むべき道の提示ができよう。

　小島大徳（2004）はコーポレート・ガバナンスの定義において，コーポレート・ガバナンスとは，「所有と経営が分離している企業において，経営者が，企業不祥事への対処（コンプライアンス経営）と企業競争力の強化とを目的としながら，企業に関わる利害関係者の利害調整を同時に達成しようとする企業構造」であるとしている。また，平田光弘（2000）は，「コーポレート・ガバナンス問題は，第一に，企業不祥事への対処をめぐって議論が行われており，第二に，企業競争力の強化をめぐって議論されている」としている。

　これらをみてもわかるとおり，コーポレート・ガバナンス問題研究には，企業不祥事の発生を抑制する機能の構築と，企業競争力を促進する機能の構築という 2 つの目的があることが指摘できる。

　この 2 つの目的に対する議論の方向性として，平田光弘（2000）は，「企業不祥事の発生を抑制する機能の構築という問題には，経営者に対する監視・牽制の仕組みはどうあるべきかが問われている。換言すれば，違法経営の遵法（適法）

経営化が模索されている」とする。ここから，企業不祥事の発生を抑制する機能を確立するには，コンプライアンス経営が不可欠であり，コンプライアンス経営の定着を求めるコーポレート・ガバナンスの構築が課題となっていると理解できる。よって，この目的を達成するためのコーポレート・ガバナンス研究には，コンプライアンスに関する議論が欠かせず，さらには企業倫理論の視点を併せ持った研究を行わなければならない。また，企業不祥事を起こした企業は，社会から，その根本的な経営感覚を問われることになる。そのため，企業の社会的責任論に関する議論も含め，重層的に研究が行われることが望まれる。

　一方の企業競争力を促進する機能の構築という問題については，「いかなる経営意思決定の仕組みと，いかなる経営者に対する監視・牽制の仕組みとが望ましいかが論じられている。そこでは，非効率経営の効率経営化が模索されている（平田光弘，2000）」とされる。すなわち，ここでは，コーポレート・ガバナンスを構築することで，経営責任を明確にするとともに，企業のマネジメントや意思決定に関する問題を改善し，企業の経済性や効率性を向上させることが求められているのである。

　また，ここから，コーポレート・ガバナンス論の研究には，「企業不祥事の発生を抑制し，企業競争力を促進するためには，いかに健全で効率的な運営をしていけばよいか．そして，そのためには，誰が，誰のために，経営者の舵取りを監視・監督するか」という問題の解明が求められているということができる。つまり，これこそがコーポレート・ガバナンス問題を議論する際の本質的問題であり，コーポレート・ガバナンスが，「企業は誰のものか」のみの問題だけではなく，これをより広く考え，「企業をいかに，そして，誰のために運営していくか」という問題であることを示している。

　そのため，この問題の解明を目的として，コーポレート・ガバナンスの議論を進めていくことこそが，真の意味でのコーポレート・ガバナンスを構築するということなのである。

　そして，ここで明らかになった「企業をいかに，そして，誰のために運営していくか」という問題がコーポレート・ガバナンス問題であるという視点が経営学

的コーポレート・ガバナンスの特徴を生み出していく理由のひとつとなる。

第 8 節　経営学におけるガバナンスの視点とスポーツ・ガバナンスの方向性

　経営学におけるガバナンスの議論の特徴のひとつとして、「ガバナンスとよい経営」や「ガバナンスと誠実さ」を結びつけて考えようとしていることがあげられよう。

　このような特徴がみられる理由についてはいくつか考えられるが、そのひとつに経営学における企業観があると考えられる。

　つまり、企業を中心とした組織体はすべて社会の中に存在しているという視点である。社会の中に存在しているからこそ、社会から期待や批判等の対象になる。そうなると、社会からの評価が否応もなく、好むと好まざるとにかかわらず常につきまとうのである。このように考えたとき、企業を中心とした組織体は社会に対して無関心ではいられなくなる。社会からの信頼を獲得するためにはどうしたらよいのか、どうしたら「よい経営」を行えるのかについて、真剣に向き合わなければならなくなるのである。もし、社会からの信頼を獲得するという認識を忘れた場合、企業を中心とした組織体は社会の中に存在し続けることはできなくなるのである。

　そのため、経営学においては、「ガバナンスとよい経営」や「ガバナンスと誠実さ」を結びつけて考えようとしているのであろう。

　さて、「ガバナンスとよい経営」や「ガバナンスと誠実さ」を結びつけようとしている一例として、少し長い引用になるが、以下に記したい。

　加護野忠男（2014）は、「経営学は、よいことを上手に成し遂げる方法を探求する学問である」という明快な指摘を行っている。その後、「『よいこと』は、経営の目的の選択にかかわり、『上手に』は手段の選択にかかわる探究である。正しい目的は何かを探ろうとすると、人々の価値観や正義感にかかわる議論が必要になる。利害の対立にかかわる政治的論争に巻き込まれることもある。目的の選択の場合には、ある主張が正しいかどうかの議論に決着をつけるのは難しい。こ

れに対して，手段の選択の議論の正しさは決着をつけやすい。価値観や正義感が介入する余地は小さく，データと論理をもとにした科学的方法で正しさを証明することができると考えられてきたからである」との指摘を行っている。さらに，「最近は，経営学における規範的な議論の必要性が高まっている」と指摘し，続けて「経営学の諸問題のなかで，規範の問題ともっとも深くかかわるのは企業統治（コーポレート・ガバナンス‐筆者）の問題である」と述べている。そのうえで，「企業統治（コーポレート・ガバナンス‐筆者）の問題を議論しようとすれば，よい経営とはどのようなものかという規範の問題を避けて通ることはできない」との指摘を行っている。

　また，平田光弘（2002）では，「コーポレート・ガバナンスのシステムは，不祥事を減らし競争力を強めるさまざまな手段の１つにすぎないのであって，そのシステムの基底にあるコーポレート・ガバナンスを過信し，これに過大な期待を寄せることを，私たちは，厳に慎むべきではなかろうか」と指摘されている。

　これは，コーポレート・ガバナンスとは，不祥事に対する万能薬ではないことを示していよう。このことを無視して，スポーツ・ガバナンスをコンプライアンスの側面のみから議論していくのでは，議論の矮小化という結果を招くだけではないだろうか。

第9節　おわりに

　ここまでみてきたように，経営学の立場からスポーツ経営論について論じていくことは非常に重要である。そうであるのになかなか研究が行われてこなかった背景には，体育学やスポーツ科学の分厚い壁があるのかもしれない。

　しかしながら，スポーツ団体やスポーツ組織の機能不全が明るみになったり，スポーツのプロ化が進んだりしている現代においては，経営学の立場からスポーツ経営論を論じていくことで経営実践の場に影響を与えていかなければならない。

　本書もさまざまな専門性を持つ執筆者が，それぞれの立場からスポーツ経営論の各分野について論じているが，今後も，焦らずにじっくり丁寧に議論を進めて

いくことが，経営学におけるスポーツ経営論の発展に必要であろう。

注

(1) 　筆者は，スポーツ経営（論）という言葉の意味するところと，スポーツマネジメント(論)という言葉の意味は異なるものであると考えている。これは，経営学をどのように捉えるかに起因するものである。経営学を社会科学でなければならないと捉え，経営学は，企業もしくはあらゆる経営体の維持・存続のための実践原理を提供し，経営実践に対して批判的助言を行うものと解するものがスポーツ経営（論）である。そして，経営学を社会的管理技術学であってよいと捉え，経営学は，企業もしくはあらゆる経営体の維持・存続のための手法を経営実践に対して提示すると解するものがスポーツマネジメント（論）である。なお，この分類方法は，平田光弘（2016a）の所説を参考にしている。

(2) 　「体育管理学」と「体育・スポーツ経営学」の関係については，清水紀宏（2002）において，「体育管理学」が発展したものが「体育・スポーツ経営学」であるという趣旨の言及が行われている。（詳しくは，清水紀宏（2002）を参照のこと。）このことから，「体育管理学」と「体育・スポーツ経営学」は，ほぼ同一のものと考えてよいであろう。

参考文献

青木　崇（2016）『価値創造経営のコーポレート・ガバナンス』税務経理協会

青木　崇（2018a）「価値創造経営を目指すコーポレート・ガバナンスと企業変革を導く組織間学習の形成」兵庫県立大学神戸商科キャンパス学術研究会『商大論集』第 69 巻第 3 号，101-121 頁

青木　崇（2018b）「日本のコーポレート・ガバナンス改革と経営者の自己統治」東洋大学現代社会総合研究所『現代社会研究』第 15 号，85-93 頁

赤岡広周（2009）「中央競技団体の戦略と組織」北海道大学大学院経済学研究科『經濟學研究』第 59 巻第 2 号，49-56 頁

明山健師（2013）『EU におけるコーポレート・ガバナンス』税務経理協会

福岡孝純・谷本都栄（2009）「スポーツ学の新しい傾向とスポーツ経営学のあり方について」帝京大学経済学部『帝京経済学研究』第 43 巻第 1 号，109-118 頁

平田光弘（1983）「日本企業の経営理念と経営者」一橋大学『ビジネスレビュー』第 30 巻第 3・4 号，21-36 頁

平田光弘（1995）「日本の取締役会―その法的・経営的分析―」一橋大学『一橋論叢』114 巻 5 号，22-43 頁

平田光弘（1999）「英国におけるコーポレート・ガバナンス改革の実践」東洋大学経営学部『経営論集』第 49 号，225-240 頁

平田光弘（2000）「1990 年代の日本における企業統治改革の基盤作りと提言」東洋大学経営学部『経営論集』第 51 号，81-106 頁

平田光弘（2001）「21 世紀の企業経営におけるコーポレート・ガバナンス研究の課題―コーポレート・ガバナンス論の体系化に向けて―」東洋大学経営学部『経営論集』第 53 号，23-40 頁

平田光弘（2002a）「日本における企業統治改革の現状と今後の方向」東洋大学経営学部『経営論集』第 56 号，155-160 頁

平田光弘（2002b）「日米企業の不祥事とコーポレート・ガバナンス」東洋大学経営学部『経営論集』第 57 号，1-15 頁

平田光弘（2003a）「日本における取締役会改革」東洋大学経営学部『経営論集』第 58 号，159-178 頁

平田光弘（2003b）「コンプライアンス経営とは何か」東洋大学経営学部『経営論集』第 61 号，113-127 頁

平田光弘（2006）「CSR 時代と松下幸之助」PHP 総合研究所第一研究本部『論叢松下幸之助』，第 5 号，25-53 頁

平田光弘（2007）「日本のコーポレート・ガバナンスを考える」星城大学経営学部『研究紀要』第 3 号，5-26 頁

平田光弘（2008）『経営者自己統治論―社会に信頼される企業の形成―』中央経済社

平田光弘（2009a）「次世代経営者の育成と経営者教育」日本経営教育学会『経営教育研究』第 12 巻第 1 号，1-17 頁

平田光弘（2009b）「企業競争力創成の礎としての CSR 経営―リコーグループと東芝グループの事例―」東洋大学経営力創成研究センター年報編集委員会『経営力創成研究』第 5 号，65-78 頁

平田光弘（2010）「21 世紀の日本企業はどの道を歩むべきか―社会に信頼される企業の形成―」経営哲学学会『経営哲学』第 7 巻第 1 号，6-23 頁

平田光弘（2011）「経営の"学"を考える」経営哲学学会『経営哲学』第 8 巻第 1 号，6-16 頁

平田光弘（2016a）「望ましい現代経営者とその経営理念」日本マネジメント学会『経営教育研究』第 19 巻第 2 号，33-44 頁

平田光弘（2016b）「社会責任経営と経営者行動」経営行動研究学会『経営行動研

究年報』第 25 巻第 1 号，5-9 頁

市古 勲（2002）「日本企業のコーポレート・ガバナンスに関する一考察―アンケート調査データによる現状分析―」名古屋大学大学院経済学研究科『経済科学』第 50 巻第 1 号，137-152 頁

加護野忠男・砂川伸幸・吉村典久（2010）『コーポレート・ガバナンスの経営学―会社統治の新しいパラダイム―』有斐閣

加護野忠男（2014）「企業統治と規範的経営学」日本経営情報学会『日本経営情報学会誌』Vol.34，No.2，5-17 頁

片岡信之・齊藤毅憲・佐々木恒男・高橋由明・渡辺 峻編（2010）『アドバンスト経営学―理論と現実―』中央経済社

菊澤研宗（1998）『日米独組織の経済分析―新制度派比較組織論―』文眞堂

菊澤研宗（2004）『比較コーポレート・ガバナンス論―組織の経済学アプローチ―』有斐閣

菊澤研宗（2009a）「Book Reviews 経営哲学とは何か」『週刊ダイヤモンド』2009年 4 月 18 日号

菊澤研宗（2009b）「Book Reviews 経営哲学の現代的課題」『週刊ダイヤモンド』2009 年 4 月 25 日号

菊池敏夫（1994）「コーポレート・ガバナンスの検討―国際的視点から―」経営行動研究所『経営行動』，Vol.9，NO.3，2-8 頁

菊池敏夫・平田光弘編（2000）『企業統治の国際比較』文眞堂

菊池敏夫（2002）「企業統治と企業行動―欧米の問題状況が示唆するもの―」日本大学経済学研究会『経済集志』第 72 巻第 2 号，75-82 頁

菊池敏夫（2007）『現代企業論 - 責任と統治 - 』中央経済社

菊池敏夫・平田光弘・厚東偉介編（2008）『企業の責任・統治・再生―国際比較の視点―』文眞堂（引用部分では平田光弘（2008a）と記載）

菊池敏夫・太田三郎・金山 権・関岡保二編（2012）『企業統治と経営行動』文眞堂

小島大徳（2004）『世界のコーポレート・ガバナンス原則―原則の体系化と企業の実践―』文眞堂

小島 愛（2008）『医療システムとコーポレート・ガバナンス』文眞堂

藻利重隆（1984）『現代株式会社と経営者』千倉書房

椙田智子（2009）「食品企業の倫理問題に関する「企業と社会」論的一考察」広島経済大学経済学会『広島経済大学経済研究論集』第 31 巻第 4 号，203-206頁

中西純司・行實鉄平（2006）「スポーツマーケティング・マネジメント学の展望

　　―体育・スポーツ経営学における需要調整の科学―」福岡教育大学『福岡教育大学紀要』第 55 号第 5 分冊 芸術・保健体育・家政科編，49-60 頁

中村瑞穂編（2003）『企業倫理と企業統治』文眞堂

老平崇了（2009）「日本型コーポレート・ガバナンスの展望と課題」名古屋市立大学経済学会『オイコノミカ』第 46 巻第 1 号，39-51 頁

老平崇了（2013a）「現代企業の経営行動に関する一考察―企業の責任・倫理・統治および日本型経営―」新潟経営大学『新潟経営大学紀要』第 19 号，95-105 頁

老平崇了（2013b）「スポーツ経営論序説―経営学的意義と意味をめぐって―」愛知工業大学経営情報科学学会『経営情報科学』第 9 巻第 1 号，20-30 頁

老平崇了（2014）「企業の本質と企業目的に関する一考察」愛知工業大学経営情報科学学会『経営情報科学』第 10 巻第 1 号，26-37 頁

老平崇了（2016a）「スポーツ団体・組織におけるガバナンス―社会的責任を視野に入れて―」，経営行動研究学会『経営行動研究年報』第 25 巻第 1 号，92-96 頁

老平崇了（2016b）「スポーツ団体・組織のガバナンス・社会的責任・倫理」愛知工業大学経営情報科学学会『経営情報科学』第 11 巻，24-36 頁

老平崇了（2019）「スポーツのガバナンスに関する一考察」日本生産管理学会『日本生産管理学会論文誌』第 26 巻第 2 号，77-82 頁

大野貴司（2010a）『スポーツ経営学入門―理論とケース―』三恵社

大野貴司（2010b）『プロスポーツクラブ経営戦略論』三恵社

大野貴司・神谷 拓・竹内治彦編（2011）『体育・スポーツと経営―スポーツマネジメント教育の新展開―』ふくろう出版

大野貴司編（2018）『スポーツマネジメント実践の現状と課題―東海地方の事例から―』三恵社，1-22 頁

飫富順久・辛島 睦・小林和子・柴垣和夫・出見世信之・平田光弘編（2006）『コーポレート・ガバナンスと CSR』中央経済社

坂本恒夫・佐久間信夫編（1998）『企業集団支配とコーポレート・ガバナンス』文眞堂

佐久間信夫編（2003a）『企業統治構造の国際比較』ミネルヴァ書房

佐久間信夫（2003b）『企業支配と企業統治』白桃書房

佐久間信夫（2007）『コーポレート・ガバナンスの国際比較』税務経理協会

櫻井克彦（1979）『現代企業の経営政策―社会的責任と企業経営―』千倉書房

櫻井克彦（1999）「コーポレート・ガバナンスに関する一考察―企業の社会的責任との関連を中心に」名古屋大学大学院経済学研究科『経済科学』第 46 巻

第 4 号，29-42 頁

櫻井克彦（2001）「企業経営とステークホルダー・アプローチ」名古屋大学大学院経済学研究科『経済科学』第 48 巻第 4 号，1-18 頁

清水紀宏（2002）「体育・スポーツ経営とは」八代勉・中村平編『体育・スポーツ経営学講義』大修館書店，16-39 頁

津田秀和（1999）「コーポレート・ガバナンス問題の分析枠組みの検討―「発言と退出」，「ステイクホルダー（利害関係者）間のバランス」を中心に―」日本経営学会『経営学論集』第 69 巻，85-91 頁

津田秀和（2000）「コーポレート・ガバナンス研究の拡充―日本企業の「利害調整」問題の解明に向けて―」名古屋大学大学院経済学研究科『経済科学』第 48 巻第 1 号，73-88 頁

津田秀和（1998）「「企業と社会」論における「責任」概念の再検討」愛知学院大学経営学会『愛知学院大学論叢経営学研究』第 12 巻第 1 号，35-47 頁

津田秀和（2006）「ステークホルダーアプローチによるコーポレート・ガバナンス論に関する考察―その理論に内包される規範性の批判的検討を通じて―」愛知学院大学『経営管理研究所紀要』第 12 巻，79-91 頁

出見世信之（1997）『企業統治問題の経営学的研究―説明責任関係からの考察―』文眞堂

上田滋夢・山下秋二（2014）「スポーツ競技統括団体の経営におけるガバナンスの始原的問題―UEFA のガバナンスからの考察―」日本体育・スポーツ経営学会『体育・スポーツ経営学研究』第 27 巻，35-53 頁

宇土正彦（1986）『体育経営の理論と方法』大修館書店

宇土正彦（1991）「スポーツ産業とスポーツ経営との構造的連関に関する研究」日本スポーツ産業学会『スポーツ産業学研究』第 1 巻第 1 号，1-11 頁

八代勉・中村平編著（2002）『体育・スポーツ経営学講義』大修館書店

山下秋二・中西純司・畑攻・冨田幸博編（2006）『スポーツ経営学　改訂版』大修館書店

吉森　賢（2001）『日米欧の企業経営―企業統治と経営者―』放送大学教育振興会

吉森　賢（2005）『経営システムⅡ―経営者機能―』放送大学教育振興会

吉森　賢・齋藤正章編（2009）『コーポレート・ガバナンス』放送大学教育振興会

（老平　崇了）

第7章　適応と学習を促すリーダーシップ

第1節　スポーツ領域のリーダーシップは共有・分散型へ

　本章では，組織の環境への適応と学習に着目し，スポーツ組織に応用可能なリーダーシップ理論について論じる。リーダーシップ・セオリー・ジャングルともいわれる程，リーダーシップ理論は溢れている。そのなかでスポーツにかかわる組織の特徴を考慮し，現場で役立つと考えられる理論を紹介しながら，どのような場面でそれらの理論が役立つか示すことを本章の目的とする。

　まず，本題に入る前に以下の二つの点について明らかにしたい。一つ目は，スポーツ関連組織にみられる典型的なリーダーシップに関する基本的前提，二つ目は，本章でスポーツ関連組織に有益と考えるリーダーシップに関する基本的前提である。

　本章でいうスポーツ関連組織は二つに大別することができる。一つは，競技をプレーするスポーツチームであり，もう一つは，スポーツイベントをマネジメントする組織や各競技団体のような，競技，競技者，スポーツチームなどを後方支援する組織である。後者について笠野（2012）の定義を援用すれば「スポーツに関する特定の目標を達成するために，複数の個人及び集団の活動を統制する地位と役割の統一体」とすることができる。これら両者については組織の特性が大きく異なるようにも思えるが，スポーツ関連組織の特徴として，いわゆる体育会文化という伝統的慣習が色濃く残ることが挙げられる。これはスポーツを支える組織の構成員の多くが元スポーツ競技者であることが背景にあると考えられる。そのため，スポーツを後方支援する組織は，本来経営学領域の理論でカバーできるはずであるが，ここではスポーツチームと明確に区別することなく同列でスポーツ組織として扱いたい。

　スポーツ組織のリーダーシップを考えるうえで重要な，スポーツ組織の特徴について示したい。大野（2015）は，わが国のスポーツ組織の特性として次の3点を挙げている。①第三者の監視にさらされることなく内部者がイニシアチブを持ち，その運営にあたってきた結果として，世間的な価値観との乖離がある。②同

じ競技を学生時代から一貫して行ってきた仲間「同族」により組織が構成され，先輩が力を持ち，後輩は先輩に従わなければならないという運営原理があり，組織を維持するための秩序となっている。③監督，実力者，先輩など「上」の者が「下」の者を支配する封建制を組織維持の秩序とし，組織を運営している。これらはいずれもわが国におけるスポーツの一端を示している。さらに，中央集権，上意下達，極端な権威勾配，閉鎖的などを想起させ，近年のスポーツ組織のガバナンスの欠如が原因とされた不祥事と容易に結びつく。

　こうした特徴は一見すると時代遅れのステレオタイプなスポーツの見方に見えるかもしれない。しかし，近年のスポーツ界を取り巻く一連の不祥事を概観すると，未だ根強くはびこるスポーツ界の慣習といえよう。

　では，これらのスポーツ界の特徴がどのようにリーダーシップに影響するのだろうか。上述したスポーツ界の特徴に，中央集権，上意下達，極端な権威勾配，「上」の者への権力（パワー）の集中などがあるが，これらはいずれも，リーダーシップに関する重大な誤解を招く要因になっている。近年のリーダーシップ理論においては，リーダーシップが特定の権威者のものと限定されることはほとんどない。いかにリーダーシップを組織内で共有または分散させるかが重要視される傾向にある（ブラッドフォード & コーエン, 1998）。とりわけ，ハイフェッツ（2017）は，リーダーシップを権威と切り離すことを説いており，地位や役割，権威や権限を問わず，本人が選択さえすれば誰でも発揮することができるものという前提に立つとしている。図表 1 は伝統的なスポーツ界におけるリーダーシップに対する見解と，共有・分散志向のリーダーシップ（Shared leadership, Distributed leadership など）を参考に対比させたものである（Pearce, 2004; Spillance, 2005）。

　従来，スポーツの現場でマジョリティとなっていたリーダーシップの見方は支配型リーダーシップ（Heroic Paradigm）であろう。このことは，大学スポーツに打ち込む選手たちに対してリーダーシップに関する講義などを行う際に顕著に現れる。ほとんどの学生がこれまでの経験からリーダーシップを，上位の者が下

図表 7-1 リーダーシップに関する役割のイメージ

	メンバーの役割に対する典型的イメージ	
	リーダー	フォロワー
支配型 リーダーシップ	特定の権威をもつ者だけが，権威を後ろ盾に，示した目標の達成のためにメンバーをコントロールし従わせる。	特定の権威者の示す目標の達成に向け，方針や方法に従順に従う（時に反発する）。
共有・分散型 リーダーシップ	共有された望ましい未来を実現するために必要な変化や創造を促すべく，人を束ねて前へ進める役割を果たす。	共有された望ましい未来に賛同し自ら積極的に関与しようとする（時に代案をもって反発する）。

筆者が作成

位の者を従わせるための指示・命令と混同している。これは学生本人の資質によるものではなく，これまでのスポーツ経験を含むキャリアのなかで育まれたものと考えてよいだろう。言い換えれば，前述の極端な中央集権，上意下達，権威勾配，パワーの集中という現実がそうさせるのである。そして，それはわが国のスポーツの現状の一端を示すものであり，改善できれば今後ますます飛躍するための発展の余地を示しているともいえよう。今後のわが国のスポーツの発展のため，スポーツ組織においてリーダーシップ開発を進めるためには，上記の誤解を解く必要がある。

　スポーツ組織も他の組織同様，変化の速い時代にあり，外部・内部環境の変化へのすばやい適応が要求される。すばやい適応を可能にするリーダーシップを発揮するためには，共有・分散型のリーダーシップが必要である。

　ただし，支配型のリーダーシップがひとつのリーダーシップの見方として大方を占める現実はあるものの，一方では，スポーツ現場でリーダーシップの共有が進んでいることも現実である。Fransen（2015）は，スポーツチームのソーシャルネットワークを分析し，スポーツチームにおいてもリーダーシップが共有されていることと，公式の権威を付与されたリーダーとインフォーマルなリーダーがリ

ーダーシップを共有しているという科学的根拠を示している。また，近年国際的にも研究が増加している Sport for Development and Peace (SDP)の文脈でもShared-leadership の有用性が示されている（Kang, 2019）。わが国のスポーツ界においても，例えば帝京大学ラグビー部など，リーダーシップの共有・分散に取り組んだ事例は多数存在しているが，その効果について科学的根拠を示しながら紹介された事例は散見される程度であるため，今後の研究の蓄積が待たれるところである。

第2節　なぜ共有・分散型のリーダーシップなのか？

　リーダーシップの共有・分散を説く研究者に共通する問題意識のひとつとして，変化に対するすばやい適応を挙げることができる。現実に，現代組織は，テクノロジーの進化やグローバル化を背景に不確実性と複雑性の高度化に直面しており，それは今後も加速していくことが予測される。そのため，不確実性と複雑性の高度化に伴う変化へのすばやい適応が必要とされる。そして，変化に対するすばやい適応が求められるのは，スポーツ組織も例外ではない。スポーツそのものが高度化し，複雑化していること，それにともなう相互依存の増加，激しい生存競争がその理由である。

　さらに，スポーツチームにおけるリーダーシップを考える際には，特に試合中などに求められる即興的リーダーシップについても考慮しなければならない。スポーツにおける試合では，多くの偶発的な出来事（対戦相手の好不調，怪我，イレギュラー，退場，感情コントロールの欠如，ミス，誤審）が勝負を左右する。つまり，スポーツの試合は，その特性上，高不確実性を内在するのである。そのような高不確実性のなか不利な状況に陥る，ないし不利な状況に陥る危険を察知した状況においては，状況を変えたり新しい方法により適応するための即興的リーダーシップが要求されるのがスポーツチームである。そうした場合，やはり支配型リーダーシップでは変化に立ち遅れることが多くなるであろう。そこで，問題が起こった最前線でリーダーシップが発揮されることが必要になる。危険や機会をいち早く察知し，必要ならば最前線から適応を促し実現する機動力のあるリ

ーダーシップを可能にするのは共有・分散型のリーダーシップであろう。

第3節　適応のためのリーダーシップ

　ここまで，なぜ共有・分散型のリーダーシップが必要なのかについて示してきたが，その答えはスポーツ組織が常に適応を求められることにある。加速する変化のスピード，スポーツの高度化と複雑化を考えれば，リーダーシップを特定の権威者のものとせず，パワーを組織のメンバーに共有・分散するということは変化へのすばやい適応のための大前提といえよう。その適応を考えるうえでは，組織学習，知識創造，エンパワーメント，知的機動力，チーミングなどのいずれも適応に深くかかわる従来のリーダーシップ理論や概念に加え，産業組織で広がるレジリエンス・エンジニアリングの概念なども参考になるであろう。しかし，ここでは適応を促す適切な理論ということに加え，前述した Heroic Paradigm が根強く残るスポーツ界の現状を踏まえたうえで，権威をもたない者がリーダーシップを発揮する際に，身に降りかかる危険の回避方法も包含するハイフェッツ（2017）のアダプティブ・リーダーシップを概観していきたい。

　ハイフェッツ（2017）は，アダプティブ・リーダーシップ（Adaptive Leadership）を，難題に取り組み，成功するように人々をまとめあげ動かしていくことであると定義している。これは押し寄せる外部環境の変化など組織の生き残りが脅かされる状況下で生き延び，さらに繁栄するため，価値観，習慣，帰属心，考え方など人々が大切に思っているものに大きな変化をもたらそうとし，時にはそれらの喪失と引き換えに将来の可能性を得ようとするものである。

　ハイフェッツの理論は現代の目まぐるしい外部環境の変化に適応するべく，生物の繁栄になぞらえてリーダーシップの実像を見事に描いており実践的示唆に富んでいる。そして，持続可能で抜本的な変革は，革命的というより段階的に起きるものであり，文化的DNAを，捨てるより大切に使い続ける場合のほうがはるかに多いとしている（ハイフェッツ, 2017）。スポーツチームにおいては，ドラスティックな大規模組織変革も必要ではあるが，それは企業においても 5 年や 10 年に一度のものである。普段のチームづくりを見据えた場合は，ゴリラがラ

146

イオンになるように全く種の異なるチームへの変貌を目指すよりも，幼虫がさなぎになり成虫へと成長していくような，種は変わらないが時間をかけて姿を大きく変容させながら，外部・内部環境の変化に適応するという，息の長い段階的な組織変革（漸進的組織変革）が適しているだろう。とりわけ，情報の流通が速く，ライバルチームより早く学習し，適応できるかどうかが勝負を大きく左右する環境下においては，いつでも適応のための学習ができる組織づくりを進める必要がある。

　ハイフェッツの理論の特徴はリーダーシップとはかくあるべきと説くばかりではなく，リーダーシップを発揮するプロセスにおいてどのような危険や罠が潜んでいるか，そして，それらをいかに回避するべきかなど，非常に実践的なことにある。まずハイフェッツは重要なことのひとつとして組織が直面する問題が適応的課題（適応を要する課題）なのか，技術的課題なのか診断することが重要であるとし，問題に直面した際には，その問題が適応を要する課題なのか技術的課題なのか診断することがまず初めに行うことだと明確に示している。そして，多くのリーダーシップの失敗は，この診断を誤り，適応を要する課題であるにもかかわらず技術的課題として扱っていることに原因がある。

　技術的課題とは，既に解決するための方法がわかっている場合や専門家に依頼することで解決が図れるように，既知の知識を使って解決できる課題を指している。そして，技術的課題の解決においては，その課題解決の主体者は専門家，つまり外部の協力者であることもあり得る。しかし，組織にとって最も重要な課題は，適応を要する課題であるとしている。これは技術的課題とは一線を画し，組織が今までに獲得してきた知識や方法論では解決できない，全く新しい解決策を生み出したり，学習の必要があるような課題である。そして課題解決の主体者は，組織にいる当事者たちである。決して外部の専門家が解決できるものではなく，内部者のコレクティブ・インテリジェンスが解決するとしている。この問題解決の答えを探し解決にあたるのは，当事者たちであるとするのは，シャイン（2011）のプロセス・コンサルテーションにも通ずるところである。適応を要する課題の解決には，組織内のメンバー，コミュニティの人々など課題を抱える当事者たち

（ステークホルダー）がこれまで大切に構築してきた価値観や信条など，その人にとって最も重要であるものを放棄させることを伴うこともある。そして，リーダーシップを発揮する人々が思い描く未来を実現することは，ある人に犠牲を強いる可能性も大きい。これまでと全く異なる新しい道へと歩み出す際には，おそらく誰かのこれまで得てきた権益や便益，誇りや喜び，はたまた仕事や経済的利益などを奪うことを伴うかもしれない。そうした重大な喪失を伴いながらも望ましい未来を実現するために人を束ねて前に進めようとする強い意志とスキルを要するのがリーダーシップであると説いている。

　これは，これまであまり細部まで語られることのなかった変革への抵抗がなぜ起こるのか，そして，誰が抵抗を示すのかといった変革を進めるうえで必須の検討事項を改めて考えさせてくれる重要な示唆である。具体的に抵抗や障壁をうまくかわすために必要なことを以下のようにまとめている。まず，重要なことは「犠牲を払うのは誰か？」という点を考えることである。加えて，1）バルコニーに立つ（現場を俯瞰できる高所から何が起きているのか客観視し全体像をつかむ），2）政治的に考える（支持基盤を強固に反対派とさえも近しくし犠牲を払う範を示す），3）対立を調和へ導く（ペースや熱を調整し対立するメンバー受容する），4）するべき人に仕事を返す（問題の当事者たちに責任と仕事を返す），5）攻撃を受けても平静を保つ（非難に耐え時期を待ち注目を集める）ことの繰り返しが，抵抗や障壁に伴う危険を避けながら物事を成し遂げるために留意し実行することだとしている。

　さらに，危険の回避と同時に適応課題に対し，①周囲の出来事やパターンの観察，②観察したことの解釈（実際に何が起こっているかについての複数の仮説を設定），③観察と解釈に基づく介入（特定した適応課題に取り組む）という 3 つの活動を反復するとしている。

　アダプティブ・リーダーシップ理論では，適応を要する課題の解決に当たるその時が，リーダーシップが要求される時であり，その適応を要する課題の解決を図ることができるのは，その問題の当事者本人たちだけであるとしている。スポーツ領域でこのアダプティブ・リーダーシップを応用しようという試みはまだま

だ散見される程度であるが，Heroic Paradigm が根強く残るスポーツ界において，リーダーシップと権威を切り離すべきであると説くハイフェッツの理論は，スポーツ界のリーダーシップにおけるパラダイムシフトを促すことにひと役買うのではないだろうか。

　では，リーダーシップと権威を切り離すというのはどういうことであろうか。まず，リーダーシップは一部の権威をもつ者だけのものではないという前提がある。これは，ハイフェッツだけでなく多くの研究者に共通する見解である。現代の変化に富み，高い不確実性と複雑性のなかで繁栄し，成功しようとするならば，小さな変化やひずみも察知し，いち早く適応することが必要である。つまり，このような前提を持つ組織では，当然，問題の最前線にいる者のリーダーシップが期待される。

　加えて，歴史を振り返ってもマーティン・ルーサー・キングの公民権運動のように，自分自身の権威の大きさを超えたところでリーダーシップを発揮し，社会を変えた事例は多い。企業やスポーツチームにおいても同様で，組織を適応や変革へ導く者はその組織で最も大きな権威をもつ者とは限らない。むしろ，通常は大きな権威をもつ者が示した方針に基づき経営がなされているわけで，適応や変革はその流れを変えようとするものである。当然，権威者は良かれと思って経営を行っているので，変革の種はより権威の小さな者のそばにあるのである。

　しかし，大きな権威をもたないものがリーダーシップを発揮する場合，公式・非公式的権威の境界を越えて仕事をすることになり，大きなリスクを伴うことになる（図表 7-2）。このことは，Heroic Paradigm が根強く残るスポーツ界においては，"監督"の下にあるスタッフや選手，若手，新人のリーダーシップの芽をつみかねない大きな問題である。そうした状況でも，立場や年齢にかかわらずリーダーシップの発揮が求められており，適応を果たすためのスキルに加え，危険をかわすスキルも示すハイフェッツの理論はスポーツ界の発展に大きな役割を果たすであろう。

図表 7-2 公式・非公式の権威

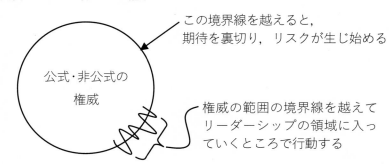

この境界線を越えると，
期待を裏切り，リスクが生じ始める

公式・非公式の
権威

権威の範囲の境界線を越えて
リーダーシップの領域に入っ
ていくところで行動する

出典：ロナルド・A・ハイフェッツ，マーティー・リンスキー (2017)，57 頁

第4節　大規模組織変革のフレームワーク

　ここまでスポーツチームを念頭に，適応に主眼を置いたリーダーシップを検討してきたが，競技団体なども視野に入れながら考えていきたい。近年，ガバナンスの欠如に原因があると思われる重大な事態が頻発しているが，そのような事態を抜本的に改革することをめざす場合には，大規模組織変革の理論が有用であろう。大規模組織変革を行うためのプロセスモデルに，コッター (1999) の「企業変革の八段階」，同じくコッター (2015) の「8つのアクセラレータ」がある（図表3，4）。この2つの変革モデルの基本的なコンセプトは共通するが，企業変革の八段階では，変革の契機は組織が危機感に駆り立てられることにあるのに対し，8つのアクセラレータは，この先に待っている大きな機会を手にするために変革に取り組むというポジティブな動機による，プロアクティブな変革といったニュアンスが強い。これは，時代が移り変わり，変化が激しくなるなかで，複雑適応系の組織づくりを志向することの現れと考えられ，その結果として，機会損失なく，積極的にチャンスをつかむための学習を促すことが，より強調されていると考えられる。その点では，大規模組織変革だけでなく，適応にも似た漸進的組織変革もカバーすることのできる理論に再構築されているとも考えられるであろう。

また，企業変革の八段階を理論化した時点では，変革を担う変革推進者は，トップ，もしくはミドル・マネジメントを中心とした変革推進チームとされていた。一方で，8つのアクセラレータを示した時点では，大組織を想定し通常の業務を滞りなく，つつがなく進行させる階層組織と，その裏で有機的に機能するネットワーク組織があるという前提に立ち，変革を進めるのがネットワーク組織の大きな役割であると位置づけている。さらに変革推進チームが手本となり，他のメンバーに範を示すというものから，変革を担う志願者を増やすとしており，特定のメンバーによるコア・チームで変革を主導しマネジメントするという方法から，コア・グループをつくったあと大勢が参加し変革の一翼を担わせ，変革のうねりを起こすような方法を志向している。その点で，トップダウンの変革ではなく，組織の各層のメンバーが主体となった変革が可能であることを示しているともいえる。

　そして，企業変革の八段階では各段階が1つずつ順番に進められることが肝要とされ直線的なプロセスが想定されている。8つのアクセラレータでは，基本的なステップとして，まず最初のステップである組織全体に危機感を高めるところ

図表 7-3　企業変革の八段階

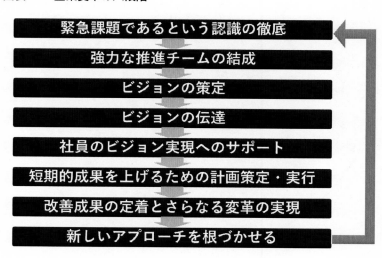

出典：ジョン・P・コッター（1999），167頁を筆者が簡略化

に始まり，8番目の変革を体質化するところまで順番があり，最後に，また新た
な機会を得るべく現状への危機感を高める作業に戻る。この基本的なプロセスは
企業変革の八段階のプロセスと変わりはないが，異なる点は，8つのアクセラレ
ータが同時並行で動きながらプロセスが進行していくように，組織の各所が機能
し続けるプロセスを示しているところにある。いわば，8つの惑星が自転をしな
がら大きな機会を中心にして公転するという絵に近く，各惑星（アクセレレータ）
は常に動き続けるのである。この仕組みが変革を担うネットワーク組織を機能さ
せるという点は，企業変革の八段階と異なる点である。

　このコッターのモデルのわかりやすい点は，8つのステップが明確に分けられ

図表 7-4　8つのアクセラレータ

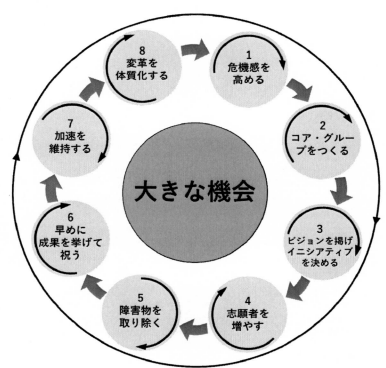

出典：ジョン・P・コッター（2015），41頁

152

ており，1から8まで順を追って進めていくと言う手順が明示されている点にある。これは現場で応用する際に非常に役立つ。何から手をつけ，次に何をすればよいのか明確になるのである。

　8つのアクセラレータを見ていくと，1）危機感を高める，2）コア・グループを作る，3）ビジョンを掲げ，イニシアチブを決める，4）志願者を増やす，5）障害物を取り除く，6）早めに成果を上げて祝う，7）加速を維持する，8）変革を体質化する，この8つが変革を加速させるアクセラレータとされている。現場で変革を推進する人たちは，この8つのアクセラレータを念頭に置き丁寧に順に進めることを基本とすることである。そして，組織は絶え間ない変革を迫られるものであるが，8つのアクセラレータをぐるぐる回しながら全体をスパイラルアップさせていくイメージを持つと良いだろう。

第5節　組織の学習を後押しするリーダーシップ

　ここまで，わが国のスポーツにおけるリーダーシップに関する基本的な前提を考慮しつつ，組織が外部環境に適応する，また，適応するために組織を変革するための理論について検討してきた。これらの理論の共通点に，組織をより良い方向へ導くための学習を後押しすることが根底にあることを挙げることができる。これらの理論ばかりでなく，組織の危機対応，またはそもそも危機に陥らないような臨機応変な対応を目指すレジリエンス・エンジニアリングにしても，やはり学習が鍵概念のひとつになっている。

　学習の重要性が多くの理論で共通して唱えられる理由は二つ考えられる。一つは，前述のような危機対応や環境変化への適応が不可避であること。もう一つは，組織の活動の主体者は一人の英雄ではなく大勢の組織成員（メンバー）であるという至極当然と思えるようなことが，より強く強調されるようになっていることだろう（その背景には，大勢の組織成員を活かすことが，危機や変化への適応に有利な発想だということがある。二つ目の理由については，リーダーシップ理論においても，一人の英雄の目線ではなく，組織のメンバーが主体となった視点で議論されることが多くなっていることも裏付けになるだろう。例えば，コーリー

ザーら（2018）のセキュアベース・リーダーシップの基本的なコンセプトは心理的安全を高めることで限界を超えるような挑戦へといざなうことであり，主体はやはり特定の英雄ではなくメンバーである。さらにエンパワーメントをより柔軟に深化させたともいえるホラクラシーやティール組織などの新しい組織の在り方を示す理論においても，主体者は最前線で働く一人ひとりである（Laloux, 2014; ロバートソン, 2016）。

　個人の集合体が組織となるが，そこには各人が相互に結びつきコミュニケーションを図りながら，共通の目的へ向かって貢献しようとする姿がある（バーナード, 1956）。そのコミュニケーションのなかで近年重要視されることのひとつに学習が挙げられる。そして，組織を行動的で適応力のある複雑適応系として捉える向きもあり，知識や情報が前時代とは全く異なるスピードで増え続けている現代において，組織は複雑適応系としてマネジメントされる必要がある（エドモンドソン, 2014）。

　エドモンドソン（2014）は，チーミングという概念を用い，組織の学習を促すリーダーシップの在り方を提唱している。まず，チーミングとは，新たなアイデアを生み，答えを探し，問題を解決するために人々を団結させる働き方である。つまり，集団的学習を後押しするべく人々を結び付けることである。集団的学習が進む時の個人の行動として次のようなものが挙げられている。1) 質問する，2) 情報を共有する，3) 支援を求める，4) 証明されていない行動を試みる，5) 失敗について話す，6) 意見を求める。つまり，これらの行動は，組織が学習をしているというサインであり，これらの行動が組織内のあちらこちらで，みられるよう支援することがリーダーシップの役割ということになり，学習が進むよう安定的というよりむしろ有機的に人々を結び付け機能させることがチーミングであるといえるだろう。エドモンドソンは科学的管理法の時代から続く伝統的な特定の権威による指示・命令とそれに従う者からなる組織を「実行するための組織」とし，チーミングが機能し学習が促される組織を「学習するための組織」として，その管理手法を対比させている。この対比はわが国の従来のスポーツ組織の管理手法と，これから目指すべきで，その芽生え期にあると思われる新しい管理手法

図表 7-5 実行するための組織づくり VS 学習するための組織づくり

管理手法	実行するための 組織づくり	学習するための 組織づくり
雇用	体制順応者，規則を守る人	問題解決者，試みを行う人
訓練	学習してから行動する	行動することから学習する
業績評価	「あなたは」適切に行ったか	「私たちは」学習したか
作業体制	専門知識を分類する	専門知識を統合する
従業員に与えられる事由裁量権	選択肢の中から選ぶ	試行錯誤を通して試みる
エンパワーメントの手法	特別な状況が生じてやむを得ない場合は，従業員は台本から離れることができる	台本はない。即興で行動せよ！
プロセスの目標	異なる意見を追い払う	異なる意見を使って分析し進歩する
休憩時間	天気について	仕事について
事業目標	今すぐ利益を出せ	利益はあとで出せ
うまくいくとき	前方の道がひらかれている	前方の道がひらかれていない

出典：エイミー・C・エドモンドソン（2014），45頁

の対比のようにも見え興味深い（図表7-5）。これからの組織づくりを思案するスポーツ組織には大いに役立つ知見であろう。

　実行するための組織づくりと学習するための組織づくりが対比されているが，実際の組織づくりにおいてはこの両方を同時に行う必要がある。つまり，安定した局面ではつつがなく物事を進めることができるよう配慮し実行しながら，もっと良くするためにはどのようにすればよいか模索し学習することも同時並行で行うのである。これは，コッター（2015）のデュアル組織にも通ずるところであり，つつがなく物事を進める階層組織と，変革を担うネットワーク組織が同時に

機能するという発想と共通するといってよいだろう。多くの人々に大量の知識が瞬時に届く現代において，組織のより速い学習は，そのまま競争力となる。学習が促される環境をいかにつくるのか，それがリーダーシップの大きな役割だと言ってよいだろう。

第6節　挑戦へと誘う心理的安心

　効果的な学習には，心理的安全が欠かせない。未だ解決策の見つからない重要課題に取り組む場合，メンバーによる学習が鍵を握るが，ここで必要な学習はメンバーの誰もが解決策を知らないなかで，各メンバーがアイデアや知識を持ちより，メンバーの誰しもが持っていない新しい"知"，つまり解決策を生み出す，そういった学習である。この場合，メンバーが知っている情報，アイデアを表出できないことは致命的である。先に述べたようなスポーツ界にはびこる"下"の者が"上"の者に対して意見を言いにくい，そうした雰囲気，空気はメンバーの自由なアイデアの表出を妨げる。それは選手の心理的安全が保障されていない状況が生み出すジレンマである。スポーツの指導者は，選手がものを言わない，意見を言えといっても意見を言わない，周りを見るばかりで発言をしない，そうしたチームの状況を嘆いている。しかし，それは心理的安全が保障されていないチームの現状を表しているのであり，意見が出ない，その原因を選手に帰属させることは誤りである。まず意見を求める前に心理的安全を確保する，そうした努力をするべきである。

　Popper & Mayseless（2003）は，リーダーがメンバーにセキュアベースを実感させることができれば，安全が保障されないことに起因する不安感によりスイッチの入る受動的で攻撃的なモード（passive-aggressive mode）から，主体的で探索的な行動に移行するとしている。つまり，心理的に安全・安心であると感じられるような状況や関係性を構築することができれば，その組織のメンバーは，よりアクティブで主体的かつ挑戦的な行動をとることができるということである。コーリーザーら（2018）は，セキュアベースを「守られているという感覚と安心感を与え，思いやりを示すと同時に，ものごとに挑み，冒険し，リスクをとり，挑

156

戦を求める意欲とエネルギーの源となる人物，場所，あるいは目標や目的」と定義し，そのセキュアベースをうまく活用し挑戦を促すセキュアベース・リーダーシップを提唱している（図表6）。

　また，Amazon の創業者ベゾスはインタビューで，Amazon で最も重要な言葉は，「イエス（いいよ）」だと答えている（レーン，2018）。これは，学習や挑戦を促し，失敗を受容または奨励する Amazon の文化が現れた言葉である。「仮に，社員が斬新なアイデアを思いついたとしよう。その社員は上司やその上司，そのまた上司を説得する必要がある。それも一人でもノーと言えば，アイデアがつぶされかねない」と伝統的な企業の上下関係と対比させる形で述べている（レーン，2018）。実際には誰かがノーと言った場合も，ほかの管理職にもう一度話ができるよう「イエスへの複数の経路」が何百も用意されている。従業員は多くの挑戦が可能になり，失敗が称えられることで安心して挑戦できるという環境を作り出している。巨大なプラットフォーマーとなった今も，次々と新しいサービスを世に送り出し続ける Amazon の挑戦を促す場の一端が見えるが，ここで重要なことは心理的安全をわかりやすく示すことで挑戦が促され，結果としてよいサービスが創出され続けていることであろう。

　先述のセキュアベース・リーダーシップは，「フォロワーを思いやり，守られているという感覚と安心感を与えると同時に，ものごとに挑み，冒険し，リスク

図表 7-6　セキュアベース・リーダーシップ

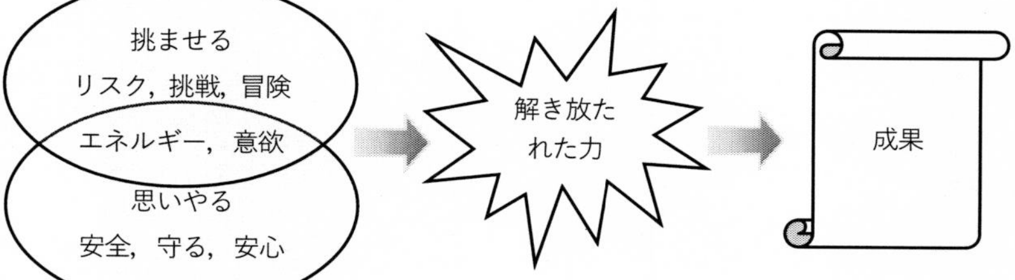

出典：ジョージ・コーリーザー，スーザン・ゴールズワージー，ダンカン・クーム（2018），40 頁

をとり，挑戦を求める意欲とエネルギーを持たせる。そうすることで，信頼を獲得し影響力を築く方法」と定義されている（コーリーザー, 2018）。まず，メンバーに安全・安心であるということを示し，メンバーの力を最大限に引き出そうとするこのアプローチは，複雑化と高度化が進むスポーツ界において，各組織が求められている新しい発想で挑戦することを促すうえで非常に重要な考え方になるだろう。

第7節　組織の目的

　スポーツ組織において，わかりやすく人々を魅了する目的を持つ組織はどれほどあるだろうか。バーナード（1956）は組織が成立する要件を，共通の目的があること，伝達があること，メンバーに目的への貢献意欲があることとしている。ここでいう目的とは，目標とは明確に区別され，組織の存在意義につながる，社会において何のために存在しようとするのかを示すものである。バーナードの示した3つの要件のうち，ひとつでも欠けていれば，組織として成立していないということになるが，どれほどの組織が自らの目的を共有することができているのだろうか。

　この組織の目的について，米国経営学会は，聖職者 Cardinal Vinsent Nichols へのインタビューを契機に，今後10年，20年の重要な研究テーマの一つとしている（Hollensbe et al., 2014）。これは企業（組織）の信頼の失墜を背景に，ビジネスは信頼を生み出すものとしてよりも，信頼を消費させるものとして見られる現状に一石を投じようとするものであった。近年のわが国のスポーツ界においても，一部の中央競技団体やスポーツチームが由々しき事態を露呈した。そうした出来事を教訓に，信頼回復のためにも，一度，組織設立の目的に立ち返る必要があるだろう。

　この節では，善い目的を持った組織が社会においてどのような存在になりえるのか，そして，どのように目的の再構築を検討すればよいのかを示し，スポーツ界でリーダーシップを発揮する人々の後押しをしたい。そのはじめに，あなたの組織の核心に迫る問いを図表7にまとめた。これらの質問はいずれも組織の目的

図表 7-7　核心を突く問い

問い	視点
組織（事業）の目的，存在意義は何か？	アイデンティティとゴールの共有
どのようにして，そしてなぜその組織（事業）が始められたのか？	創業の哲学，理念
誰が何を成し遂げるために設立したのか？	設立時の価値，使命，ビジョン
目的・存在意義は，組織内のすべてのステークホルダー，事業の背景やコンテクストとどのように関連しているか？	職務とガバナンス
組織（事業）は社会とどうかかわり，目的を社会と共有しているか？	組織の規範と論理性

出典：Elaine C. Hollensbe, Charles Wookey, Loughlin Hickey, Gerard George,
　　　Vincent Nichols（2014），Academy of Management Journal, 57 巻 5 号, 1229
　　　頁からスポーツに応用できるよう修正し作成

を考えるとともに存在意義がどこにあるのか，考える契機となる質問である。目的だけでなく存在意義まで問われることで，自らの組織だけでなく社会とのつながりを考えざるを得ない重要な問いとなる。そして，組織と社会をつなぐ目的は，共通善（Common good）を含む目的となる。これは，野中・荻野（2014）の説くフロネシス・リーダーシップの重要な能力のひとつとして，善い目的をつくる能力を挙げているが，そこでも人類全体の幸福などに根差した共通善が挙げられており，同様の視点で語られていると考えてよいだろう。こうした魅力ある善い目的は，人々を惹きつけ，結束させ，長い期間目的の達成へ向かわせる原動力となるだろう。つまり善い目的自体が，目的達成の助けとなるのである。さらには，自らの組織の外に目を向け，社会全体へと広がる視野を持ち貢献しようとする組織は，広く社会の支援を受けることにつながるだろう。スポーツにかかわる人たちも，人々に健康や，楽しみを届けることができる。そうした単純なことであっ

ても，人類にとって大切な価値の追求に貢献することができることは，スポーツに携わる面白さといえよう。

　そして，スポーツ庁が発表した第2期スポーツ基本計画ではインテグリティが強調されている。スポーツ組織の健全性，高潔性，誠実性を示し，ガバナンスの再構築を考える際には，一度，組織の目的，存在意義は何なのか立ち返ることも必要であろう。役員や理事の構成の見直しなども一つの方法であるが，それはハイフェッツ流にいえば技術的課題の解決であり，むしろ，本質的な組織の見直しを図り，善い目的の再設定，再構築を進めることこそ，まさにリーダーシップの発揮が求められる適応を要する重要課題といえよう。

　また，多くの組織が経験する課題は，設立当時は目的が明確で，多くのメンバーで共有される可能性が高いが，その後，時が経ちメンバーの入れ替わりがあるなかで，いかに長く広く保つのかということである。この点については，今後議論を重ねていく余地があろう。筆者らの研究グループでは，この目的を再構築し，メンバーで広く共有することを促すフレームワークを試験的に運用し，その効果検証に着手している。組織の目的を再構築する場合には，「いったい誰に何を（どのような価値を）届けるために存在するのか」が一目瞭然になるよう示すことである（Shoji & Ono, 2019）。今後，多くの研究者や，スポーツ現場の実務家，指導者などの研究への関与が待たれるところである。

第8節　スポーツ組織のリーダーシップ

　本章では，スポーツの現場に応用可能なリーダーシップ理論を紹介し，その理論の概要と現場への応用方法の提案を行った。スポーツの事例は用いず，主に経営学領域で発展した理論をそのまま紹介した。スポーツの特殊性は確かにあるが，そこで働くのは人であり，組織の成り立ちもまた企業組織と同様である。

　変化が激しく，膨大な情報が日々もたらされる現代においては，素早い適応と学習がその組織の命運を分ける。本章で紹介したいずれの理論も速い変化に対応するための適応的学習を見据えた理論だと言えるだろう。適応的学習を素早く進め，競争力を高める，ないし社会とつながる善い目的を掲げる組織へと変わるた

めに何をすべきか議論を重ねることは現代の組織にとって重要である。加えて，心理的安全を確保し挑戦を促すことも競争力を高めるためには欠かせない。これらを実践していくためには，Heroic Paradigm が未だ残る組織ではそれを早く捨て去り，組織が生き生きと学習し，激しい変化に素早く適応することを後押しするリーダーシップが必要である。

参考文献

Barnard, CI.（1938），*The Functions of the Executives*, Harvard College.（山本安次郎訳『新訳　経営者の役割』ダイヤモンド社，ダイヤモンド社, 1956 年）

Bradford, DL. & Cohen, AR.（1998），*Power Up: Transforming Organizations Through Shared Leadership*, Wiley.（髙嶋成豪，髙嶋薫『Power Up 責任共有のリーダーシップ』税務経理協会，2010 年）

Edmondson, AC.（2012），*Teaming: How Organizations Learn, Innovate, And Compete In The Knowledge Economy*, Jossey-Bass.（野津智子訳『チームが機能するとはどういうことか　「学習力」と「実行力」を高める実践アプローチ』英治出版, 2014 年）

Fransen, K., Puyenbroeck, SV., Loughead, TM., Vanbeselaere, N., Cuyper, B., Broek, GV. & Boen, F.（2015），"Who takes the lead? Social network analysis as a pioneering tool to investigate shared leadership within sports teams," *Social Networks*, Vol. 43, pp.28-38.

Heifetz, RA. & Linsky, M.（2002），*Leadership on the Line*, Harvard Business School Press.（『［新訳］最前線のリーダーシップ—何が生死を分けるのか』英治出版株式会社. Kindle 版, 2017 年）

Heifetz, RA., Linsky, M. & Grashow, A.（2009），*The Practice of Adaptive Leadership*, Harvard Business Press.

Hollensbe, EC., Wookey, C., Hickey, L., George, G. & Nichols, V.（2014），Organizations with Purpose, *Academy of Management Journal*, Vol. 57, No. 5, pp.1227-1234.

Kang, S. & Svensson, PG.（2019），"*Shared leadership in sport for development and peace: A conceptual framework of antecedents and outcomes,*" Sport Management Review, Vol. 22, No. 4. pp.464-476.

笠野英弘（2012）「スポーツ実施者からみた新たなスポーツ組織論とその分析視座」『体育学研究』第 57 巻第 1 号，83-101 頁

Kohlrieser, G., Goldsworthy, S. & Coombe, D.（2012），*Care to Dare: Unleashing Astonishing Potential Through Secure Base Leadership*, Jossey-Bass.（東方雅美訳

『セキュアベース・リーダーシップ〈思いやり〉と〈挑戦〉で限界を超えさせる』プレジデント社, 2018年）

Kotter, JP.（1999）, *On What Leaders Really Do*, Harvard Business School Press.（黒田由貴子監訳『リーダーシップ論　今何をすべきか』ダイヤモンド社, 1999年）

Kotter, JP.（2014）, *Accelerate*, Harvard Business Review Press.（村井章子訳『実行する組織　大組織がベンチャーのスピードで動く』ダイヤモンド社, 2015年）

Laloux, F.（2014）, *Reinventing Organizations: A Guide to Creating Organizations Inspired by the Next Stage in Human Consciousness*, Lightning Source Inc.

Lane, R.（2018）Bezos unbound, Forbes.（町田敦夫訳『私が"小売り"と"クラウド"の次に支配するもの』Forbes Japan, 2018年）

野中郁次郎・荻野進介（2014）『史上最大の決断　「ノルマンディー上陸作戦」を成功に導いた賢慮のリーダーシップ」ダイヤモンド社

大野貴司・徳山性友（2015）「わが国スポーツ組織の組織的特性に関する一考察—そのガバナンス体制の構築に向けた予備的検討—」『岐阜経済大学論集』第49巻第1号, 21-40頁

Pearce, C.（2004）, "The future of leadership: Combining vertical and shared leadership to transform knowledge work," *Academy of Management Executive*, 2004, Vol. 18, No. 1, pp.47-57.

Popper, M. & Mayseless, O.（2003）, Back to basics: applying a parenting perspective to transformational leadership, *The Leadership Quarterly* Vol. 14, pp.41-65

Robertson, BJ.（2015）, *Holacracy: The New Management System for a Rapidly Changing World*, Henry Holt & Co.（滝下哉代訳『ホラクラシー　役職をなくし生産性を上げるまったく新しい組織マネジメント』PHP）

Schein, EH.（1998）, *Process Consultation Revisited: Building the Helping Relationship*, FT Press.（稲葉元吉, 尾川丈一訳『プロセス・コンサルテーション　援助関係を築くこと』白桃書房, 2012年）

Shoji, N. & Ono, Y.（2019）Key Factors and New Framework for Structuring Effective Relationship Promoting Initial Steps of Organizational Transformation of Rugby Team, *26th TAFISA World Congress, Tokyo 2019 proceedings*（印刷中）.

Spillane, JP.,（2005）, "Distributed Leadership," *The Educational Forum*, vol. 69, No. 2, pp.143-150.

（庄司　直人）

162

第8章　スポーツ産業のイノベーション
〜脱分化と身体性の視点から

第1節　はじめに〜スポーツ産業のイノベーションを把握する視点

　産業やビジネスの本質は，それが営利目的か否かにかかわらず，自然的素材に手を加えて，なんらかのベネフィットを創造するところにある。例えば，海に泳ぐ魚（自然的素材）はそのままではベネフィットをもたらさないが，採取され，運ばれ，調理され，しかるべき場所でアレンジされて提供され，ベネフィットを獲得することができる。こうした付加価値の創造は，スポーツ産業・ビジネスにもあてはまる。走る，飛ぶ，泳ぐ，蹴る，殴る等のもろもろの身体活動は，ルールが制定され，鍛錬され，道具・器具が開発され，競技を行う場所が整備される等，多様な付加価値が創造されることでスポーツとなり，それが産業やビジネスとなってベネフィット（身体の鍛錬，健康，娯楽，興奮や熱狂等）が生み出される。スポーツ産業のイノベーションは，他の財のそれと同様，身体活動という素材の調達に始まり，付加価値の創造のプロセスの中で行われる。そして，付加価値の創造プロセスは，戦略や計画にもとづき，多くの経営資源を適切に調達・配分できる組織活動の中で行われる。

　スポーツ産業におけるイノベーションは，シュンペーター（Shumpeter,J.A.）による以下の分類に相応するもので，サプライチェーン（および支援組織）の枠組みとして整理することができる。

①新しい財貨の生産（新しいスポーツプロダクトの生産）

②新しい生産方法の導入（スポーツプロダクトの生産方法）

③新しい販路の開拓（海外市場や高齢者市場の開拓等）

④原料あるいは半製品の新しい供給源の開拓（スポーツ用品の新素材等）

⑤新しい組織の実現（Jリーグ組織の採用等）

　このようなイノベーションの分類は，イノベーションがサプライチェーンの中のいかなる領域で生じるか理解し，マネジメントが判断するのに有益であるが⑴，本章では，スポーツという特殊な財貨に関わるイノベーションを理解する

ために（シュンペーターの分類の①にあたる），スポーツ産業における「脱分化」と，スポーツの「身体性」という 2 つの視点から考察する。「スポーツ経営学」を経営学における独自の領域として措定するには，スポーツという財貨やスポーツ産業のイノベーションの特性を明らかにしておく必要があると思われる。

　まずは，「脱分化」という視点について説明する。

　現代はポスト・モダンの時代と言われるのだが，それ以前のモダン時代の特徴は，経済，家族，国家，学問，道徳，芸術等に関する領域が分化しており，それぞれの領域には固有の伝統や価値があり，法則性があることに求められる。そのため，各領域は互いに独立しており，交わることはない。しかし，ポスト・モダンを特徴づけるのは「脱分化」（dedifferentiation）であり，各領域間の境界は曖昧になり，互いに交雑する傾向を見せている。

　ポスト・モダン時代における脱分化は，産業・ビジネスにあっては，個人レベルの発想であれ，組織的な取組であれ，イノベーションとして顕在化し，新しい産業やビジネスを生み出す。分化したそれぞれの領域では，その領域を維持させる固有の慣性が働き，人々の思考，価値観，通念等を規定し，それらは「言説」（discourse）として存在している。ある領域の存立を規定する言説には，それを構成する多様な要素がある。脱分化とは，社会現象を理解し，記述する概念という意味にとどまらず，分化した個々の領域の言説を解体し，領域間の境界を曖昧化し，多様な要素を解放，分節，接合して新しい領域を生み出す知的かつ実践的な行為でもある。シュンペータがイノベーションを「新結合」と表現したことは言い得て妙である。脱分化という概念は，イノベーションという現象の理解に不可欠であり，イノベーション戦略構築のための有効な視座にもなりうる。

　脱分化とイノベーションの関係については，デュルケム（Durkheim,E.）の次のような指摘が示唆に富んでいる。

　「各専門的機能の活動では，正常的には，個人がここに狭く閉じ籠ることではなく，個人が隣接的諸機能と絶えず接触を保ち，それらの諸欲求やそれらに起る諸変化等々に，気づくことが必要である」(2)。

　これは社会分業が正常に機能するための必要条件に関する記述であるが，隣接

164

領域への配慮や気づきは，分業の境界線をダイナミックに書き換える契機にもなる。

　また，デュルケムは次のような指摘もしている。

　「ある一科学について少しばかり正確な観念をもつためには，この科学を実践していることが，いわばこれを生活していることが，確かに必要である…中略…この現実の，そして実現されている科学の傍には，なお一部まだ未知のそして研究中の具体的な生きている別の科学がある。すなわち，獲得された諸結果の傍には，言葉では表現されえないほど曖昧な，しかしながら往々学者の全生涯を支配しているほど強力な，憧憬や習慣や本能や欲望や予感が存在している。これらの凡てもなお科学に属している。これは科学の最上のそして重要な部分でもある。」(3)。

　以上は，科学における分業や専門化について述べられたものであるが，産業やビジネスにもあてはまることである。人為的に，あるいは自然発生的に成立した分業状態は当初のままの姿を保つとは限らない。情動的で知的な衝動が産業上の発見や発明として発現し，新しい産業領域が認識，定義され，ある領域が深化するとともに，産業の分化の状態が書き換えられることもありうる。隣接領域への関心や「憧憬や習慣や本能や欲望や予感」は，産業領域における分化の境界を書き換え，産業の再定義，つまり産業イノベーションにもつながる。ここにみられるのは，産業を何らかの形で進歩させようという人間の意欲に関するものである。脱分化は，現状を変えようとする人間の知的努力によるイノベーションの結果といえる。脱分化は，社会哲学的あるいは認識論的な概念としてのみならず，イノベーションを起こし，新しい産業・ビジネスへと展開するための戦略的概念として位置づけられるし，スポーツの本質や存在を，経営実践としてのイノベーション戦略へ転換するための基本的視角となりうる。

　次に，「身体性」という視点について述べる。

　近代を特徴づける啓蒙主義の思想は，認識を行う精神活動を主役として，物質に過ぎない身体は精神に従属するものとされた。しかし，20世紀に入るとフッサール（Husserl,E.）やメルロ・ポンティ（Merleau-Ponty,M.）らによって身体論

が展開され，精神と身体とは相互作用，あるいは一体のものと考えられるように
なった。経営学の領域でもマイケル・ポランニ（Polanyi,M.）が知識のあり方の
タイプとしての暗黙知の存在を指摘し，これが野中郁次郎らによって知識創造
経営論へと展開された。暗黙知は，マニュアルのように形式化できない知識であ
り，職人の技や技能，直観のような，言葉による説明では表現・伝授しがたい，い
わゆる体で覚えるといったタイプの知識である。

　人間の「身体」そのものが産業の主要な要素になることもポスト・モダン時代
の特徴といえる。重厚長大産業から軽薄短小・ソフト産業への転換がなされて久
しいが，現代の特徴は，人間の「身体」が新産業・ビジネスの対象になっている
ことである。身体活動を主要な要素とするスポーツ産業は，ポスト・モダン時代
に象徴的な産業たりうる。

　また，身体，あるいはスポーツをめぐる多様な言説がさまざまな産業やビジネ
スの契機になっており，イノベーションが生起するメカニズムを考える上で格
好な題材になりうる。例えば，「見られる身体」「計測される身体」「鍛える身体」
等という具合に多様に語られ，そうした語りや形容詞に応じて，スポーツ観戦ビ
ジネスやフィットネス産業等が生起する。本章では，スポーツ産業のイノベーシ
ョンについて，素材的技術的な側面からではなく，スポーツの本質をめぐる「語
り」や「言説」の側面に注目して考察する。

第2節　脱分化とスポーツ産業のイノベーション

　フーコー（Foucault,M.）は，『言葉と物』の中で次のようなベーコン（Bacon,F.）
の言葉を『ノーブヌ・オルガヌム』から引用している。「人間精神は，本来，物の
中にある以上の秩序と類似を想定しがちである」(4) 。精神の働きによって，あ
る事柄に対して多様な意味が付与される。メタファー等の言語的作用によって，
事柄の意味はいくらでも産出され，多様化する。これらはコトバや概念として表
現される。逆に，まずコトバや概念があり，モノやコトが生み出され，それらの社
会的な配置・役割・機能が決まる場合もある。こうした言語作用は詩的創造にも
似ている (5)。ありふれた現象・概念の中から新しい現象・概念を括り出し，あ

るいは，ある現象・概念と別次元の現象・概念とを結びつける知的営みがイノベーションの背後で行われている。

　そして，素の自然的行為や事柄がビジネス言説に包摂されると，対価性のあるサービス，利益や付加価値を生み出す仕組みとしてのビジネスに変換される。スポーツという身体活動の意味内容に注目することで，イノベーションが生起する機構を部分的にでも解明できる。

　例えば，八木匡は「スポーツが本質的に内包しているにもかかわらず，これまで重視されてきたとは言えないのが，スポーツと芸術との融合であろう」と指摘する (6)。スポーツには何らかの「本質」が存在しているという前提のもとに，その「本質」のひとつがスポーツの芸術性であって，スポーツから芸術性を分節し，可視化することで，フィギュアスケートのような芸術性の高いスポーツ領域が生み出されるし，さらにビジネスの言説と接合することで，身体活動を活かした華麗なエンターティンメント産業が生み出される。

　ちなみに，ストリートダンスが 2024 年のパリ・オリンピックの正式種目に採用されることが決定している。スポーツの祭典であるオリンピックの正式種目であるなら，まさにダンスはスポーツである。そして，ダンスを芸術性の高いスポーツ領域に属するとみなせば，ダンサーは当然スポーツマンということになるが，自分のことをスポーツマンではなく，アーティストであるとみなしているダンサーが多いという。

　この例には，芸術性はスポーツの本質（の一部）とみなす（定義する，規定する）遂行的な言説実践 (7) が見て取れる。このような遂行的で社会構築的な言説実践を支えるのが商業的な実践である。IOC（国際オリンピック委員会）がどのようなスポーツをオリンピック種目に採択するかは，どれだけスポンサー収入や放映権収入に結びつくかに依存するという。スポーツとは何かという本質を問うまでもなく，ある身体活動が利益を生み出し，なおかつ「楽しいもの」(8) であるなら，それがスポーツとなる。商業主義を背景とした遂行的な言説実践は，後出のeスポーツにもあてはまるかもしれない。そこではeスポーツはスポーツと言えるかという本質的な問いは不要となる。

さて，概念や現象を括りだして結び付けるという，詩人的ともいえる知的行為がイノベーションの源泉といえるのだが，スポーツについてはそうした傾向が顕著にあらわれるようだ。

　日本政策投資銀行は，スポーツ産業に関する種々のレポートを発表しているが，その中でスポーツ産業の性質について次のような指摘をしている。

「他産業と比較すると，スポーツ産業は川下の最終消費者に近い産業」にあり，「従ってスポーツ産業は，スポーツ産業内の川上から川下までの各活動で事業規模の拡大を探るよりは，スポーツ産業の川下の活動部分で他産業と連携して新しい市場を創出していくことで，波及効果をより大きくする」ので，「例えば飲食料品，医療・福祉などとの連携により大きな効果が期待できる」(9)。

　最終消費者に接している川下産業においては，最終消費者の（潜在的）ニーズを反映して新規の商品・サービスが生み出される。最終消費者の（潜在的）ニーズは主観的・観念的かつ多様であって（消費財市場をセグメントする基軸は，産業財市場のそれをはるかに上回るバリエーションがあることを想起されたい），最終消費者に近い，つまり市民生活との接点が大きい産業ほど，かれらの主観，期待，ニーズが色濃く投影され，生活感覚に相応する産業，ビジネスが生起しやすい。最終消費者に接している川下の産業・ビジネスは観念性が高く，一方で，川上産業と川下産業の間では技術的および素材的連関が強い。そして，ある川下産業と別の川下産業のプロダクトは，技術的・素材的連関というより，観念的連関性が構築される可能性が高く，分節–接合という言説実践が容易に行われる。

　ある言説に属する要素の固定性が弱く，浮遊性が高いほど，このような現象は起きやすい。例えば，体育・教育言説に属していた「スポーツ」や 公共政策の言説に属していた「福祉」が浮遊化し，産業・ビジネスの言説にからめとられ，「スポーツ×福祉」という組合せが発想され，新しい産業として生起することになる。他には，「旅行×スポーツ」「食×スポーツ」「IT 技術×スポーツ」「スポーツ×マネジメント」「イベント×スポーツ」「合宿×スポーツ」等の組合せがすでに産業として生起している (10)。

　スポーツの中核的な要素であり，素材としての身体活動は，そのまま人間社会

におけるあらゆる活動や領域（見る，する，移動する，旅行，飲食，IT技術等）と直接間接に関連するので，スポーツ×〇〇という形で新しいスポーツ産業・ビジネスが生み出される。例えば，スポーツツーリズムやスポーツホスピタリティは，接合によって生み出された比較的新しいスポーツビジネスである。

　スポーツは身体活動を主要な要素とし，多様な「語り」がまとわりつくし，川下産業における観念的連関性として多様な産業と接合しやすい。とりわけ観光産業とスポーツはその性質上きわめて接合しやすく，スポーツツーリズムという産業分野を生み出している。

　ツーリズムの言説は，あらゆるものを「まなざし」(11)の対象として可視化し，商品化する力動性や包摂力を有する。自然や街並み，産業や文化活動などの人々の営み，あるいは動機や心情さえも可視化され，「まなざし」の対象となる。あらゆるモノ，コト，コトバ（表象）が動員され，観光資源が無限に成型される。そして，ツーリズムの言説は歴史・文化・身体をも包摂するから，スポーツ×ツーリズム×文化という接合の形式も容易に成り立つ。このような接合の形式は認識論・解釈論の次元に留まるものではなく，地域資源や観光資源の構築のための実践的な視座を提供する。

　また，昨今は，ホスピタリティ（おもてなし，接待，心地よさ）がビジネスのキーワードになることが多いし，スポーツをツールとしたホスピタリティビジネスも生まれている。

　例えば，「見るスポーツ」では，プロ野球やサッカースタジアムに，VIPエリアのようなラグジュアリーな空間を設けて，試合前後の選手との交流や飲食等の接待をパッケージにして，取引先，富裕層顧客，優良社員の褒章等のホスピタリティ商品を開発している。ラグビーのような激しいスポーツは，試合と試合とのインターバルが数日設けられるので，その空いた時間に国内ツアーを組み込んだ，観戦とのパッケージ商品を開発している旅行会社もある。

　「するスポーツ」に関わるホスピタリティとしては，プロゴルフトーナメントにおける「プロアマ・トーナメント」がある（わが国では，フジサンケイグループ主催によるトーナメントが嚆矢である）。これは，トーナメント本戦が始まる

169

前日に，スポンサー企業が取引先を招待して，プロと一緒にプレーする機会を設けるというもので，翌日から試合が始まるという同じゴルフ場で，プロ 1 人につき招待客 3 人が組をつくってプレーする。スポンサー企業にとっては重要なクライアントや取引先企業の幹部を接待するよい機会になっている。野球やサッカーといったスポーツではこうした取り組みは難しいが，高齢になっても楽しむことができ，競技相手とのコミュニケーションがとりやすいゴルフというスポーツの特性を生かしたホスピタリティといえる。

　このように消費者・生活者の観念的連関性に応答するかのように，他領域に属するビジネスとの接合によって，新しいスポーツビジネスが生まれている。

　ところで，川下に位置するスポーツプロダクトの供給側としては，需要側である消費者・生活者のニーズを把握する必要があるのは言うまでもないのだが，スポーツに固有ともいえる性質によって，ニーズの把握が困難になる場合がある。逆に，そのようなニーズの発掘に成功すれば，大きなプロダクトイノベーションを生み出すことができる。

　以下の事例は，W. チャン・キムとレネ・モボルニュ（Chan K,W.& Mauborgne,R.）が『ブルー・オーシャン戦略』の中で取り上げたもので，スポーツ固有の言説がニーズの把握を困難にすることがあることを示している。

　米国のキャロウェイゴルフは，従来の顧客（ゴルフ経験者）と異なる層に着目して新たな需要を開拓した。そのきっかけは，スポーツ愛好家やカントリークラブの多い地域の住人でありながら，ゴルフをしない人たちにその理由を尋ねたことにある。ゴルフが敬遠される理由は，ゴルフクラブのスィートスポット（ボールを最も効果的に打てる点や面）にボールを当てるのが初心者にはとても難しく，修得にはあまりに時間がかかるからだという (12)。

　この気づきをもとにキャロウェイは，ヘッドの大きなビックバーサ（Big Bertha）というクラブを開発してボールをスィートスポットに当てやすくした。1991 年に販売されたビックバーサは初心者をゴルフに引き付けただけではなく，従来のゴルフ経験者・愛好家の心をとらえ，他を圧倒する人気商品となった。道具に自分を合わせるのか，自分に合うように道具を改良するのか，スポーツにお

ける身体と道具との関係は相互的で，時として非対称的であるが，ここでは後者の路線をとったことになる。

「ただし面白いことに，経験者は未経験者と違って，ゴルフの難しさを暗黙のうちに受け入れていた。満足していたわけではないが，『ゴルフとはそういうものだ』と難しさを当然視していたのである。そして，ゴルフクラブのメーカーに不満をぶつけたりせずに，何とか自分の力で上達しようとしていた。」(13)

W．チャン・キムとレネ・モボルニュは，市場（顧客）を細分化し，顧客の嗜好に合わせた製品・サービスを提供するというマーケティング戦略の定石，すなわち顧客間の相違を見出す市場セグメント戦略ではなく，むしろ顧客間（初心者と経験者）に共通点（たやすくボールをとらえ，遠くへ飛ばしたいという潜在ニーズ）を見出すことで，新たな需要を掘り起こした点にこのケースの特徴を見出している。しかし，この事例からは若干異なる観点からのインプリケーションが見いだせる。

本章の視点から言えることは，スポーツ産業（ここではスポーツ用品産業）については，ある種のスポーツ言説（歴史的に形成・蓄積されたスポーツに関する常識や通念）が存在することで，イノベーションの機会が減少する場合があるということである。ゴルフの経験者は「ゴルフとはそういうものだ」と難しさを当然視していた。

この点で，アドルノ（Adorno,T.）による，スポーツにまつわる文化批判が有益な視座を提供する。

「もちろん，このヴェブレンの分析には補足が必要である。なぜならスポーツには，暴力を加えたいという熱望だけでなく，みずから服従し，そして苦しみたいという熱望が属しているからである。ただ，ヴェブレンの合理主義的心理学がスポーツのうちのマゾヒズム的契機を彼に見せようとしないだけである。…（中略）…近代スポーツは機械に奪われた機能の一部を肉体に取り戻そうと企てている，とは言えるかもしれない。しかしスポーツがそうするのは，機械の条件に合うように人間を一層容赦なく仕込むためである。近代スポーツは，肉体を機械に同化しようともくろんですらいる」(14)。

アドルノのスポーツ批判に従うならば，スポーツはマゾヒズム的契機をはらみ，スポーツに従事する者は過度にストイックになりがちである。このようなスポーツの本質的契機のあらわれとして，道具・機械の条件（ここではゴルフクラブの物理的条件）に適応するようにプレイヤー（ゴルファー）の身体を改良することになる。そこでは，ゴルフの難しさを当然視し，メーカーに不満をぶつけようとしないユーザーの態度が形成されるし，メーカーはニーズの存在すら把握できなくなる。キャロウェイの事例をにわかに一般化することはできないが，スポーツに従事する消費者に近い川下産業では，スポーツの言説によってイノベーションが阻害される場合もありうるということだ。

第3節　スポーツの身体性からみたイノベーション

スポーツには固有の身体性がある。もとより，スポーツは身体活動を加工したものである。美しく躍動する身体，鍛錬される身体，見られる身体，育成され売買される身体 (15)，計測される身体，評価される身体，フィジカルとマインドが統合される身体等，スポーツの身体性は多種多様である。これら多種多様な身体性の延長線上に，さまざまなスポーツビジネスが生まれる。「するスポーツ」や「見るスポーツ」にまつわるフィットネス産業やプロスポーツビジネス，スポーツを楽しみ，鍛錬するためのスポーツ用品ビジネス，身体能力を計測する機器ビジネス，マインドスポーツである e スポーツ等，スポーツにまつわる身体性の拡大は，それに応じたスポーツ産業やビジネスを生み出し，個々の領域内部でイノベーションがなされる。

スポーツの身体性とビジネスイノベーションの関係についての顕著な例は e スポーツ（エレクトロニックスポーツ）であろう。

スポーツの語源は，ラテン語の deportare で，人間にとって必要不可欠で真面目な事柄から一時的に離れる，という意味である。そこから，遊び戯れる，娯楽を意味するようになった。また，スポーツは，フィジカルな物理的身体とマインド面での精神的身体との両方を包含する概念である。明治期に日本にスポーツが輸入された際に，当時の国家的な要請，すなわち軍事力強化のための国民の身

体鍛錬の必要性から，スポーツのフィジカルな側面が強調された。欧州でスポーツというと，フィジカルなスポーツの他に，チェスのような机上の娯楽もマインドスポーツとして認識されている。スポーツを身体性の面から考えると，身体活動には精神活動も含まれるから，ゲームの類の競技もスポーツとして認識されるのは当然のことと言える。

　eスポーツは果たしてスポーツかという議論の帰趨をよそに，スポーツイベントとしての規模を拡大させている(16)。第18回アジア競技大会では，eスポーツがデモンストレーション競技として採用されているし，Jリーグが開催した「明治安田生命eJ.LEAGUE」など，従来のスポーツとのコラボレーションが生まれている。ゲームの娯楽性，スポーツの身体性を考えれば，そこにビジネスチャンスがあれば，スポーツイベントとして言説的な接合が行われるのは当然ともいえる。eスポーツは果たしてスポーツかという本質論的問題よりも，それらしくあり，ビジネスにもなるから，スポーツとみなして差支えないという「語り」「定義づけ」「命名」等の言説実践（通念化）が背景にあると思われる。

　次に，身体性と関わるものとしてスタジアム・アリーナを取り上げる。スタジアム・アリーナは，選手や観客の身体とあいまって，あたかも祝祭の場のようにスペクトラムを形作り，一体感や熱狂という身体感覚を生み出す場となる。スタジアム・アリーナは物理的な施設，建築物であるが，以下に示すように，建築物は経済システムの中で存在を認められていたに過ぎず，具体的な経営実践の中でも不動産業でない限りはバックオフィス的な施設管理の対象であった。しかし，ファシリティマネジメントという新しい経営領域の中で，建築物は企業経営の中で積極的戦略的な位置づけを獲得するようになっている。さらに，スタジアム・アリーナのような建築物については，一体感や熱狂を産出する場として身体性を帯びるようになると，スポーツ産業の新たなイノベーション領域として認識されるようになった。以下，やや詳しく述べる。

　経済システムを，資本運動の観点から考えてみる。資本運動（資本のまなざし）においては，自然環境や生産関係のような具象的なものが捨象されてしまう（資本の物神性）。資本運動の完成形態である「利子生み資本」の運動においては，具

象的なものの捨象が最高度に達する。利子生み資本の運動を担う金融のまなざし
は，たとえば融資の場面では，建築物を担保物件として把握し，どれだけの貨
幣価値に相当するかという点から評価し，建築物に付着する具象的な事柄，人
間的な事柄は捨象されてしまう。

　このような建築物へのまなざしの特徴は，会計システムにも顕著にあらわれ
ている。会計システムは，生産・流通・消費・廃棄という経済活動における価値
のフローを一義的に貨幣価値で表現する。会計システムにおいては，建築物も貨
幣価値の集積物と扱われ，生産においてはこの価値が減少し，生産物に流れ込
む。年度末には，生産物に流れ込んだ価値，すなわち減価分がフローとして認識
されるし，残りはストックとして貸借対照表に表記される。一定の償却期間の経
過後は，たとえ建築物が目の前に現存していても，それは「無いモノ」とされる。

　建築物はストックとして貸借対照表に記載されるが，一覧性・集計・比較可能
性を目的として，一義的に貨幣価値で評価される。不動産（建築物）の経済価値
（価格という抽象物）は，立地や歴史的・文化的特性のような多様な具象性を捨
象する地平で認識される。会計システムの進化は資本主義の発展にとって大きな
貢献をしたことは間違いないが，建築物の現存性が見過ごされる契機となって
いる。

　こうした経済・会計システムにおける物象化のプロセスに対して，マルク・ギ
ョーム（Marc Guillume）は，精神分析用語としての「退行」というタームをあて
はめている。「退行」は，「複雑性という視点からみてより劣位の水準に表現形
式と行動様式を移行させること」を意味する (17)。

　さらに，経済システム（およびそれと関連する法システム）における「時制」
の性質も建築物へのまなざしの特徴をあらわしている。我妻栄は，近代法におけ
る債権の地位に関する論考の中で，次のような指摘をしている。

　「人類が物権のみを以てその財産関係となし，経済取引の客体として居った
時代には，人類は，いわば，過去と現在のみに生活したのである。しかし，債権
が認められ，将来の給付の約束が，現在の給付の対価たる価値を有するように
なると，人類はその経済関係のうちに，過去と現在の財貨の他に，更に将来の

174

ものを加えることが出来るようになる。」(18)

　経済や法システムの中で，建築物は財産権など物権の対象物という規定を与えられる。そこでは建築物は過去と現在時制においてのみ存在する。このことは，会計システムにおいて建築物の評価が過去の価格である取得原価を基準に評価されることと符号する。債権の登場によって，人類は経済活動に将来（未来）という時制を組み入れることになった。経済の「成長」や「発展」とは未来時制に属するものであるから，数量的成長を優先する経済システムにおいては，過去・現在時制を体現するものでしかない建築物は脇役に追いやられてしまう

　しかし昨今，施設のような建築物を「社会的共通資本」と規定し，スクラップ・アンド・ビルドを改め，たとえ私有財産であっても地域社会の共通財産として維持・管理することが提唱されている（例えば，遊休物件をリノベーションして，交流の場として地域活性化に結びつけている商店街がある）。社会的共通資本とは，宇沢弘文によれば，１つの国ないし特定の地域が，ゆたかな経済生活を営み，すぐれた文化を展開し，人間的に魅力ある社会を持続的，安定的に維持することを可能にするような自然資本や社会的装置（社会的インフラ，制度資本を含む）をいう(19)。

　これまでの経済・会計システムにおいては，建築物に付着する具象的な事柄や人間的な事柄は捨象され，その現存性が脇に追いやられていた。しかし，現実の経済活動や地域社会において，建築物が果たす社会的な機能（人々が交流し，景観を形成し，文化的活動の拠点となり，歴史的アーカイブの場としての多様な役割）は，社会的共通資本の思想的淵源であるリベラリズムの実現に資するものである。リベラリズムとは宇沢弘文によれば，「文化的活動が活発に行われながら，すべての市民の人間的尊厳が保たれ，その魂の自立が保たれ，市民的権利が最大限保証されているような社会が持続的（sustainable）に維持されている」状態(20)，つまり，ジョン・スチュアート・ミル（Mill,J.S.）が『経済学原理』で示した，「定常状態」（stationary state）をめざす理念である。リベラリズムの理念を体現する社会的共通資本として建築物を位置づける実践は，資本制経済に内在する物神的な傾向を緩和あるいは転回する行為となる。

企業経営に目を転じると，ファシリティマネジメントが新たな経営分野として登場している。それは人々の働く「場」を経営資源としてとらえ，活性化し，いかに経営に貢献させるかということを基本にしている。ファシリティマネジメントは経営戦略の中の機能戦略のひとつとして位置づけされ，経営目的・目標の達成をファシリティの面から支援することが企図されている (21)。邦訳をあてると「施設管理」となってしまい，建物設備のメンテナンス業務等を思い浮かべるのだが，ファシリティマネジメントはそれにとどまらない戦略的な意味を持つ。とりわけ環境への配慮や人的資源の有効活用，創造性を生み出す場としてのワークプレイスの位置づけ，環境問題への配慮を加味するなど，持続可能性や人的資源の開発にまつわる新しい意味が建築物（施設）に戦略的に付与されるようになっている。こうしたファシリティマネジメントの基本的な考え方が，定常状態やリベラリズムの理念と通底するものである。

　スポーツの分野においては，スタジアム・アリーナという施設が，体育言説から分節された存在として認識されるようになっている。自治体における「指定管理者制度」の導入は体育施設のビジネス言説への接合を促進している。スポーツがビジネス言説化するとともに，スタジアム・アリーナの戦略的運用が「支えるスポーツ」としてビジネスモデル化され，スポーツ産業・ビジネスの重要な領域として語られるようになっている。

　日本政策投資銀行は，スタジアム・アリーナという物理的な施設に「一体感」や「アイデンティティ」という意味を付与している。「物理的な都市機能としての施設の集約だけではコミュニティとしての一体感を醸成することは難しく，そこには世代を超えて多くの地域住民が交流できる空間を創出することが求められている。このような交流空間の創出には，多くの人々が価値観や感動を共有でき，地域に対するアイデンティティを感じられるようなコンテンツが必要」であり，そのコンテンツとしてスポーツの有する感動や一体感の醸成という機能が重要であるという (22)。モノとしての施設がこのような機能を発揮するには，運営主体が自治体であれ，民間組織であれ，スタジアム・アリーナの運営においては，マーケティングやブランディングに持続的に努めることが必要になる。そ

うした持続的な努力が伴ってこそ，スタジアム・アリーナは単なる施設を超えて，戦略的ツールや社会的共通資本になる。

　また，ヴェブレン（Veblen,T.）が『有閑階級の理論』で指摘した，スポーツの競争的で略奪的な衝動については，歴史を下るに従い，文明一般の傾向と同じく「洗練化」されている。アンドリュー・ブレイク（Andrew Blake）は，スポーツの「洗練化」について，スポーツは，人びとに「その攻撃的な対抗心や感情を吐露するのにふさわしい舞台を提供」するし，「公的な暴力に対する抑制や規律化」する機能を提供していると指摘している (23)。人間社会の進歩のメルクマールを暴力の有効な管理に求めるとすれば，スポーツ施設はその有効なツールとなりえる。スタジアム・アリーナは，暴力的な衝動性を，都市の中の限定された場で発散させるという，社会的機能を持つことになる。コンサートや祭りもそのような機能を持っており，当然ながら，それらはいずれもある特定の場所でなされるのである。

　ちなみに，「観客の熱狂を生み出したり，来場者を楽しませたりするスタジアム・アリーナの効用を最大化するための機能については，華美なものとして避けるのではなく，必要なスペックととらえて施設内容を検討することが望ましい」という，政府機関のガイドブックの表現には，控えめながらも，熱狂を生み出すとともに暴力的な衝動性を制御する装置としてのスタジアム・アリーナの存在意義が示唆されている (24)。

　以上のように，経済や会計システムの中で抽象的な存在でしかなかった建築物が，ファシリティマネジメントという新たな経営領域の中で戦略的な位置づけを与えられ，スタジアム・アリーナについては，一体感や熱狂という身体感覚を生み出す場として，つまりは身体性に関わるものとして，スポーツ産業の新たなイノベーション領域となっている。

　さらに，スタジアム・アリーナをめぐるイノベーションは，脱分化の視点から以下のように解釈することができる。

　スタジアム・アリーナのようなスポーツ施設を，都市に置かれたモノとしてとらえた場合，山本哲士による次の指摘は興味深い。

「商品がモノの実際をこえて，モノを取りまく雰囲気，イマジネーションを駆り立て，モノの背後に何かあるようなあり方」「モノとはそもそもからして，モノが置かれる場の光景を変える空間的力を持っている。モノの存在とはモノ自体ではなく，モノを取りまく『場の存在／場の表現』をいうのだ。モノは商品をはみだす，関係存在を文化的に持ちえている。」(25)

　つまり，モノとその置かれた場との境界との輪郭がなくなり，周囲の場と溶け合う事態であり，モノと周囲の場・空間・環境という分化が消失する。こうしたモノ＝施設と周囲の環境とが脱分化することは，モノである施設がある特定の雰囲気をまとうことを意味する。ここには社会哲学的・存在論的な解釈にとどまらず，戦略的なインプリケーションが含まれている。

　モノと環境の区別を脱分化する戦略を考える上で，笹生心太によるボウリング場産業の分析が参考になる。笹生は，ボウリング場産業における種々のイノベーションをブルー・オーシャン戦略の視点（新商品が市場の境界線を新たに引き直すこと）から分析し，「ボウリング場産業は，名目上は健全な"スポーツ"の方向性を志向したものの，実際にはセックスアピールや射幸性といった要素も併せ持つ"風俗"的スポーツとして普及していった」と指摘している。ボウリング場がスポーツという活動領域の境界線を引き直したと言え，ブルー・オーシャン戦略の特徴のひとつを示しており，"風俗"と"スポーツ"の顔を使い分けながら幅広い顧客を開拓していったこと，こうしたイメージの揺らぎに立脚した経営戦略こそが，長く続くボウリング場産業の隆盛の根底にあったとしている(26)。

　ボウリング場産業のイノベーションの特徴は，モノとしてのボウリング場にセックスアピールや射幸的雰囲気をまとわせることで，スポーツと風俗との境界を脱分化し，新たな顧客層を開拓することに成功したことにある。ボウリング場というスポーツ施設に新たな意味が付与され，ボウリング場産業の発展につながった。ここには「スポーツ」（健全性：昼のイメージ）と「風俗性」（射幸性：夜のイメージ）という，異なる言説に属する要素を接合したイノベーション戦略が見いだせる。

都市の中核的な施設としてスタジアム・アリーナを位置づける，日本政策投資銀行が提唱する「スマート・ベニュー構想」(27) は，多数の人々の「一体感」や「アイデンティティ」を醸成し，衝動性・攻撃性の発散回路を提供するものとして，スポーツ施設に意味を付与している点で，ボウリング場産業の事例と似た構造を持っている（もっともボウリング場産業における射幸性，風俗性のほうが顧客の誘因性・依存性は高いかもしれない）。スポーツの経験価値（「する」「観る」）以上の意味が物理的な施設に付与されることで，なくてはならない地域資源として存立することになる。ベーコンが指摘したように人間は事物に多様な意味づけを行う。それは施設のような物理的なモノに対しても同様で，意味づけの多様性はイノベーションの源泉となりうるし，施設は定常状態の構成要素として社会的共通資本になる。

脱分化のイノベーション戦略においては，モノ＝施設自体がはらむ空間的な力動性をいかに自覚的に作出できるかに成否がかかっている。「都市」は，計画性や治安が維持されながらも，日常性／非日常性，猥雑さ／清潔さ，隠蔽／暴露，健全さと不健全さ等，相反する多様な価値や事態が渾然一体となってこそ魅力を発揮する。スポーツに関わる人間精神の特徴，発露のあり方からスポーツという行為を再検討することで，新たなブランディングも可能になろう。

第4節　むすびにかえて～持続可能性とスポーツ産業のイノベーションの展望

以上，スポーツ産業をめぐる脱分化と身体性の観点から，スポーツ産業のイノベーションの特性や方向性について考察した。今後も，脱分化という力学が作用し，言説の解体や接合がすすむとともに，身体性も拡張的に定義され，多種多様なスポーツ産業やスポーツビジネスが生み出されると思われる。

さて，ここではむすびにかえて，スポーツ産業のイノベーションを促進する要因として，持続可能性言説との接合について指摘しておきたい。

もともと持続可能性という概念は，工業化による環境破壊と南北問題に伴う経済格差や貧困・人権等の問題を是正する過程で生まれた。それは経済面，社会面，

環境面等，人間社会のあらゆる課題を包含するものである。そして，国連は「持続可能な開発目標」（SDGｓ）の達成手段としてのスポーツに注目している。国連の「持続可能な開発のためのアジェンダ宣言 2030」の中で次のように示されている。

　「スポーツもまた，持続可能な開発における重要な鍵となるものである。我々は，スポーツが寛容性と尊厳を促進することによる，開発および平和への寄与，また，健康，教育，社会包摂的目標への貢献と同様，女性や若者，個人やコミュニティの能力強化に寄与することを認識する。」(28)

　国連は，SDGs の 17 項目それぞれの達成に向けた課題に取り組むための潜在的能力を備えた重要かつ強力なツールとして，スポーツがその役割を果たすことを期待している。

　国連のアジェンダから見て取れるのは，経済面，社会面，環境面等，人類社会の諸課題を包摂する持続可能性言説とスポーツが結び付くことで，スポーツの本質について，実に多様な「語り」がなされるようになっていることである。多種多様な社会課題を解決するツールとしてスポーツに期待をかけることは，スポーツを起点としたソーシャルイノベーションが生起する可能性を高めるだろう。また， SDGｓの諸目標の達成をビジネスチャンスととらえる企業も多いので，スポーツをツールとしたビジネスイノベーションが生じる可能性もある。

　スポーツを起点としたソーシャルイノベーションについては次のような事例がある。SDGｓの目標 1 は，「あらゆる場所で，あらゆる形態の貧困に終止符を打つ」であり，スポーツの役割として，「スポーツは，幸せや，経済への参加，生産性，レジリエンスへとつながりうる，移転可能な社会面，雇用面，生活面でのスキルを教えたり，実践したりする手段として用いることができる」と注釈されている。以下に取り上げる事例は，その具体的な方途を示している。

　「英国プレミアリーグの Cardiff City FC が興味深い試みを行っている。同クラブでは，"地域の子供達や若者に潜在能力をフルに発揮してもらうこと"をゴールに 2009 年に地域貢献活動を行うための基金を設立した。しかし，潜在能力を発揮してもらおうにも，地域は健康・教育・雇用格差等の課題を多く抱えていて実

現は容易ではなかった。これを受け，“健康増進”・“学習・就労機会拡大”・“犯罪&再犯予防”への貢献を通じて状況を改善することにフォーカスを絞ったうえで，クラブに何ができるのかの棚卸しを行った。その結果，クラブのコアコンピテンシーである“コーチング”・“教育”・“メンタリング”が活かせるとの結論に至り，それらの分野において積極的な地域貢献活動を行っている。例えば，学校へのスポーツ&健康教育を行う講師の派遣，学校教員へのコーチング研修，ファンへの健康教育，失業者への教育訓練，犯罪多発地域でのスポーツ教育，受刑者への教育訓練等だ。これらは一見，スポーツ組織の行うものの範疇を超えた活動に見える。しかし，これらの活動を通じてコミュニティが心身共に健康な人々で溢れれば，サッカー人口もクラブのファン数も増えるほか，クラブ自身がコミュニティから一層支持される副次的効果が表れるであろうことは想像に難くない。Cardiff City FC は地方の中小スポーツ組織が取り得る一つの道を示していると言えるだろう。」(29)

　ここには地域の課題を認識し，それを解決するうえでスポーツの，正確にはスポーツ競技団体の有する強みが括りだされているのが見て取れる。中堅クラブチームといえども，プロのチームとして存続する過程でさまざまな知識や技能が組織学習の結果として獲得される。上記事例のスポーツ組織の有する能力・強みは，外見的にはプロのサッカー選手という人材群であるが，コーチング，メンタリング，教育等の多様な技術やノウハウ，経験が，練習や試合の勝敗を通じてチームに蓄積されているはずである。そのようなプロスポーツチームに固有ともいえる暗黙知は，正規に制度化された教育・矯正組織に勝るとも劣らない，コア・コンピタンスとなっている可能性がある。地域社会の諸課題という外部環境に直面して，「クラブに何ができるのかの棚卸し」(内部経営資源分析) を行い，コア・コンピタンスを見出し，地域に貢献する存在として組織の存続を図るという戦略的対応が示されている。

　この事例が示唆しているように，スポーツが SDGs という持続可能性言説と接合されることで，スポーツ産業のイノベーションがさらに加速される可能性がある。今後とも注目していきたい。

注.

(1) スポーツ産業のイノベーションについては，新たなスポーツプログラム
　　　がスポーツ消費　の中でいかに受容されていくのかという，スポーツ・
　　　イノベーションの普及プロセスに関する山下（1994）による研究がある。

(2) Durkheim（1893）,邦訳（下）, p.224.

(3) Durkheim（1893）,同上邦訳, p.209.

(4) Foucault（1966）,邦訳, p.77 より。

(5) イノベーションの背景には，詩人的ともいえる言語作用が働いている。
　　　事柄の連結や分離を含む，事柄への意味づけや意義づけにあふれた詩的
　　　な世界でもある。詩人的な言語作用を起点として，新しいビジネスや産
　　　業が生み出される。久富（2015）終章参照。

(6) 伊多波・横山・八木・伊吹編著（2011）p.5 より。

(7) ここでいう「遂行的」とは，オースティン（Austin,J.L.）の「発話行為論」
　　　における「遂行的発話（performative attarance）」を意味する。通常，言語
　　　の機能とは，なんらかの事態を描写することであると理解されている（例
　　　えば，「あの猫は白い」）。このような通常理解されている言語の使用にお
　　　いて，そこに表明されている陳述・描写は真偽を判定することが可能で
　　　ある。何か本質的な事態が言語の世界の外側にあって，言語はそれを描
　　　写するのである。しかし，オースティンは，言語には事態の描写のみな
　　　らず，なんらかの物事を生じさせる，行為を遂行する役割があると指摘
　　　した。もし，適切な条件のもとに発話されれば，なんらかの物事が生じ，
　　　あるいは行為が遂行されることになる。例えば，「私は，この船を『エリ
　　　ザベス女王号』と命名する」という発話は，「進水式」という適切な状況
　　　で発せられた場合，発話することがそのままで，命名という行為を遂行
　　　することになる。それは単に何事かを言うだけのことではないのである。
　　　そこには真偽の判定にそぐわない，世界に何事かを現実に構築するとい
　　　う言語の能動的な役割が見いだされる。

(8) Behringer,W.（2012）,邦訳, p.562.

(9) 日本政策投資銀行地域企画部（2015）　p.23 より。

(10) 日本政策投資銀行（2015）第 3 章参照。

(11) Urry（1990）,邦訳, p.2 参照。

(12) 小澤（2018）によれば，ゴルフクラブは，野球のバットやテニスラケッ
　　　ト等と異なり，重心がシャフトの延長線上になく，ボールに当て，ボー
　　　ルを狙ったところに正確に飛ばすのが構造的に難しい。

(13)　　Chan & Mauborgne（2015），邦訳,p.166.

(14)　　Adorno（1955），邦訳 pp.110-111.

(15)　　プロサッカービジネスにおいては，高額な移籍金で選手がやり取りされている。

(16)　　事業収益の面から e スポーツを見ると，スポンサー収入，放映権収入，広告料収入，物販収入は従来のスポーツ興行と変わるところはないが，パブリッシャー・フィーが e スポーツ興行に特徴的である。e スポーツ興行を行う際には，特定のゲームを用いるため，興行主はゲームを販売するパブリッシャーから許諾を受ける必要があるが，パブリッシャーとしては，自社のゲームを興行に用いてもらうことで，市場における認知が高まる効果が期待できる。その見返りとして，パブリッシャーから e スポーツ興行主に支払われる対価がパブリッシャー・フィーである。一般のスポンサー企業がスポンサー権を取得するために支払うスポンサー料と異なるのは，当該ゲームがなければ興行自体が成立しないことである。

(17)　　Guillaume,M.（1975），邦訳, p.50.

(18)　　我妻（1986）p.4 より。

(19)　　宇沢（2015）p.45 参照。

(20)　　宇沢，同上, p.8 より。

(21)　　FM 推進連絡協議会（2003）pp.2-3 参照。

(22)　　日本政策投資銀行（2013）p.2 参照。

(23)　　Blake（1966）p.61 より。

(24)　　スポーツ庁・経済産業省（2017）P.9 より。

(25)　　山本哲士（1999）pp.65-66 より。

(26)　　笹生心太（2009）参照。

(27)　　杉元宣文（2019）参照。

(28)　　SDGs の 17 項目の目標それぞれに対してのスポーツが果たす役割については，国際連合広報センターのホームページを参照のこと。

(29)　　デロイトトーマツ「スポーツビジネス"ポスト 2020" 東京オリンピック・パラリンピック後のスポーツ組織の生存戦略」より。

参考文献

Adorno,T.W.（1955）,*Prismen-Kulturkritik und Gesellschaft.*（テオドール・W・アドルノ著，渡辺祐邦・三原弟平訳『プリズメン』筑摩書房，1996 年）

Austin,J.L.（1962）,*How to Do Things with Words*, Oxford Univ.Press.（Ｊ.Ｌ.オースティン著，坂本百大訳『言語と行為』大修館書店，1978 年）

Behringer,W.（2012）,*Kulturgeshichte des Sports,Vom antiken Olympia bis ins*

21,Jahrhundert, Verlag C.H.Beck,Munchen.

Blake,A.（1996）,*The Body Language:The Meaning of Modern Sports*,Lawrence & Wishart.（アンドリュー・ブレイク著，橋本純一訳『ボディ・ランゲージ ― 現代スポーツ文化論』日本エディタースクール出版部，2001年）

Chan Kim,W. & Mauborgne,Renee,（2015）,*Blue Ocean Strategy*:Expanded Edition.（W・チャン・キム＆レネ・モボルニュ著，入山章栄監訳・有賀裕子訳『ブルーオーシャン戦略　競争のない世界を創造する』ダイアモンド社，2015年）

Durkheim,E.（1893）,*De la division du travail social*, Alcan.（E.デュルケム著・井伊玄太郎訳『社会分業論』講談社学術文庫）

FM推進連絡協議会（2003）『総解説ファシリティマネジメント』日本経済新聞社

Foucault,M.（1966）,*Les mots et les choses. une archeology des sciences humanines*, Gallimard.（ミシェル・フーコー著，渡辺一民・佐々木明訳『言葉と物‐人文科学の考古学』新潮社，１９７４年）

Guillaume,M.（1975）,*Le Capital et son Double*, Univ.de France.（マルク・ギョーム著，斉藤日出治訳『資本とその分身　社会的コードの経済学』1987年，法政大学出版局）

久富健治（2015）『現代資本と中小企業の存立-CSR，経営品質，ソーシャル・イノベーション-』同友館

伊多波良雄・横山勝彦・八木匡・伊吹勇亮編著（2011）『スポーツの経済と政策』晃洋書房

日本政策投資銀行地域企画部（2015）『2020年を契機とした国内産業の発展可能性および企業によるスポーツ支援～スポーツを通じた国内経済・地域活性化～』2015年5月

小澤康祐（2018）『ゴルフスィング物理学』実業之日本社

笹生心太（2009）「ボウリング場産業のブルー・オーシャン戦略に関する研究」スポーツ産業学会『スポーツ産業学研究』,Vol.19,No.1（2009）,pp.55-65

スマート・ベニュー研究会・株式会社日本政策投資銀行地域企画部（2013）『スポーツを核とした街づくりを担う「スマート・ベニューⓇ」～地域の交流空間としての多機能複合型施設～』2013年8月

スポーツ庁・経済産業省（2017）『スタジアム・アリーナ改革ガイドブック』平成29年6月

杉元宣文（2019）「スタジアム・アリーナを活かしたまちづくりへのアプローチ」（間野義之編著『東京大学大学院特別講義　スポーツビジネスイノベーション』日経BP,2019年，第7章）

Urry,John（1990）,*THE TOURIST GAZE Leisure and Travel in Contemporary Societies*, Sage.（ジョン・アーリ著，加太宏邦訳『観光のまなざし　現代社会におけるレジャーと旅行』法政大学出版局，1995年）

宇沢弘文（2015）『宇沢弘文の経済学　社会的共通資本の論理』日本経済新聞社

山下秋二（1994）『スポーツ・イノベーションの普及過程：スポーツの産業化に伴う個人と組織の革新行動』不昧堂出版

山本哲士（1999）『文化資本論　超企業・超制度革命に向けて』新曜社

我妻栄（1986）『近代法における債権の優越的地位』SE 版，有斐閣

参考 URL
国際連合広報センター
　　http://www.unic.or.jp/news_press/features_backgrounders/18389/
　　（最終アクセス 2019 年 9 月 1 日）

　　　　　　　　　　　　　　　　　　　　（久富　健治）

第9章　スポーツ産業におけるマーケティングの深化

　現在，グローバル市場においてスポーツ産業は成長産業として大きく伸びている。しかし，日本国内のスポーツ産業の規模は，諸外国と比べその規模は小さく伸び悩んでいる現状である。2017年における市場規模は約5.5兆円規模にとどまっている。⑴ そこで政府は，スポーツ産業の活性化に向けて2025年までにスポーツ産業市場規模を15.2兆円に拡大する目標を掲げた。

　その市場規模拡大の内訳には，施設使用料の増加，国内試合のチケット販売数の増加や，スポーツ関連団体の運営組織増加などが根幹としての政策に組み込まれている。その政策において，重要な鍵となるのが2020年に開催される東京オリンピックである。

　その東京オリンピックをめどに，政府が掲げるスポーツ産業の活性化だけではなく，スポーツに隣接する様々な間接市場も活性化されると予想される。例えば，競技自身に注目が集まることによってスポーツギアやスポーツウェアなどの需要は高まり，スポーツ関連メーカーにとって大きな転機になることは違いない。その商品開発におけるマーケティングミックスの方法も，よりコミュニケーションが重要視される4P戦略から4C戦略への変化も着目しないといけないだろう。そのマーケティングにおけるマーケティングミックスの概念において，スポーツ商品の新開発に取り入れたい新たなアプローチの提言も行う。

　本章では，スポーツ産業におけるマーケティング戦略について着目し，その中でもさらに商品開発と販売促進の有効な手法に焦点を当てていく。なお，ケーススタディとして実際に商品化した企画や，行われた戦略を紹介していく所存である。

　またケーススタディとして，2020年に行われる東京オリンピックの新種目候補として注目されるスケートボードによって注目の集まるエクストリームスポーツの一つであるスノーボード産業に着目する。筆者の研究フィールドの中心であるスノースポーツ，スノー産業に焦点をあて，その商品開発におけるマーケティング戦略の深化について考察していく。

第1節　日本のスポーツ産業の規模

　2017 年のスポーツ用品国内市場規模（メーカー出荷金額ベース）は，前年比 102.3%の 1 兆 4685 億 1000 万円規模である。2020 年度の東京オリンピックに向けて，その様々なギアやウェアといったスポーツアイテム等の市場規模は拡大していく見通しである。その中で売上高首位にあたる市場は，　スポーツシューズ市場であり，2018 年度予測では 3043 億 9000 万円の市場規模とされている。次にゴルフ用品市場であり，その規模は 2643 億円の市場規模である，現在参加人口が爆発的に伸びているアウトドア用品市場の 2174 億 6000 万円とその売上高は続いていく。本章の考察対象となるスキー・スノーボード市場の占める割合は，調査を行いはじめた 2014 年度では 520 億 1000 万円規模でありスポーツマーケットとしては 9 番目の売上げであったが，年々下行し，2018 年度では 403 億 5000 万円の市場まで減少してしまったのである。これはスポーツ用品市場として，ビッグマーケットとは言えない規模といえるだろう。

　商品開発を通して行った研究開始当時，2012 年〜2013 年度のスキー・スノーボード市場は，消費税増税前の駆け込み購入が見込め，市場売上高は微量ではあるが拡大した。しかし 2013 年〜2014 年度の冬期シーズンでは増税後の反動による用品の買い控えや，急激な円安進行と生産・調達コストの上昇に伴うメーカーの上代価格（定価）の引き上げが，増税と相まって消費者に割高感を増幅させていることで消費を冷え込ませた。　(2) そして，2013 年〜2014 年度は冬期ソチオリンピックの影響や，国内アスリートの活躍においてまた売上高は微増した現状であった。それから現在にいたっては，いまだ市場規模は減収を続けている。

1-1　問題の所在

　現在スキー，スノーボード競技においては，国内若手アスリートの活躍は目まぐるしく，その海外での活躍は近年，類を見ないほど好成績を上げている。

　例えばスノーボードでは，2018 年に行われた平昌オリンピック，ハーフパイプで銀メダルをとった平野歩夢選手や，2015 年アメリカで行われた US オープン「男子スロープスタイル」で優勝を飾ったオリンピック選手でもある角野友基選

187

図表 9-1 スポーツ用品市場に関する調査結果 2018

	スポーツ用品	売上　（円）
1	スポーツシューズ	3043 億 9000 万
2	ゴルフ用品	2643 億
3	アウトドア用品	2174 億 6000 万
4	アスレチックウェア	1892 億 6000 万
5	釣り用品	1391 億 3000 万
6	野球・ソフトボール 用品	722 億 7000 万
7	サッカー・フットサル用品	625 億 6000 万
8	テニス用品	563 億 1000 万
9	サイクルスポーツ用品	448 億 2000 万
10	スキー・スノーボード用品	403 億 5000 万
11	フィットネス用品	167 億 9000 万
12	バドミントン用品	165 億 4000 万
13	武道用品	116 億
14	卓球用品	139 億 4000 万
15	バレーボール用品	104 億 5000 万

出所 株式会社矢野経済研究所スポーツ用品市場に関する調査結果（2018）

手をはじめ，同じくスロープスタイルでの活躍が華々しい平岡卓選手，平竹内智香選手，大江光選手，鬼塚雅選手である。

　またスキーでは髙梨沙羅選手，清水礼留飛選手などの若手選手の多くが，海外で行われた大会で好成績を残し，競技としての発展性や，日本人選手の活躍は過去最大の注目と広がりを見せていると言えるだろう。

　しかし，スキー・スノーボード産業はそのような競技の盛り上がりと，アイコンとなる若手アスリート選手達の台頭とは無縁の市場縮小傾向が見られる。メデ

ィアからの注目においても非常に好条件な市場状況にも関わらず，過去15年間において2005年度をピークに下降し続け，2011年度から微量に下がりつつも，2014年度微増した傾向を見せるが，2019年現在，減少傾向に歯止めはきかない。国内外共に，日本人選手の活躍が目まぐるしく競技として注目の集まるスキー・スノーボード産業において，なぜスノーウェアやスノーギア等のアイテムの消費が鈍化し，産業が発展する好条件下にありながら，市場規模が以前のように拡大していかないのか。その大きな要因の一つとして，以前までの最大購買ユーザーであった大学生等の若年層ユーザーの消費離れが深刻化している事が挙げられる。現在の最大購買ユーザーは，30代のミドル層であり，学生時代にスノースポーツに触れた経験によって，未だに市場に残り購買を続けているという事象が，本研究を通じてわかった。

　今後，以前の最大購買ユーザーであった若年層を再び取り込む事ができないのであるならば，スキー・スノーボード用品市場は，これ以上の発展は難しいと言えるだろう。　スキー・スノーボード用品は，板，バインディング，ブーツといったスポーツギアの他に，ウェア，ゴーグル，グローブが必要な主要アイテムとなる。

　そこで，今回の実験に対して市場調査から企画発案，開発，そして販売まで全てのマーケティング行動に関わらせて頂ける協力企業（スノー産業）を募った所，大阪に本社を置く，株式会社DUKE（以下DUKE社）に協力して頂けることになった。

　DUKE社は，日本のスノーゴーグル市場で3位のメーカーである。そのDUKE社と「若年層が買いたくなるゴーグル」をコンセプトに商品開発を行い，市場投入によって，実験を試みた。

　そして本研究では，スキー・スノーボード用品の購買向上に実用化できるマーケティングエッセンスの抽出を目的として，スノーゴーグルをモデルケースの一つとしてその重要な訴求点ついて考察していく。どういった要素が若年層の購買意欲をかき立てるのかを検証する。

図表 9-2 スキー・スノーボード用品売上げ推移

2005 年	720 億 1200 万円
2006 年	674 億 5500 万円
2007 年	605 億 5700 万円
2008 年	586 億 7000 万円
2009 年	547 億 7700 万円
2010 年	526 億 5000 万円
2011 年	515 億 6500 万円
2012 年	519 億 8000 万円
2013 年	517 億円
2014 年	520 億 1000 万円
2015 年	497 億 7000 万円
2016 年	426 億 2000 万円
2017 年	392 億 2000 万円
2018 年	403 億 5000 万円

出所 株式会社矢野経済研究所スポーツ用品市場 に関する調査結果（2018）

第2節　本研究の分析枠組み

2-1　マーケティング・ブレンド

　本研究では様々な市場調査のアプローチや関係者へのインタビュー調査, そしてその調査結果を同研究チーム，また共同制作を行う DUKE 社の開発チームや営業チームなど様々な人員が多く関わる。チーム全体が最後まで全員を介して集まる事の無い人も存在する。

　したがって今回のプロジェクトにおける重要な販売訴求点の認識や調査データの分析結果を，プロジェクト全体で共通認識としてシェアする事が重要となった。

　そこで本章では，有馬（2006）(3) によるマーケティング・ブレンド理論を用

いたプロジェクト遂行の一元化を目指す。マーケティング・ブレンドとはマーケティング戦略における重要な統合的アプローチであるマーケティング・ミックスの概念おいて，マーケティングにおける様々な戦略要素を「混ぜる」事を重要視するのではなく，何が戦略において重要であるか戦略に関わる者達が，共通で理解し，有益な資源や労力をどこに「配分」していくかという事を重要視した戦略的思考である。

　マーケティング・ブレンド概念について有馬（2006）は，自身の本の中でマーケティング研究は，財の特異性と同時にマーケティング担当者の管理の重要性を指摘した新たな領域として研究が進展することになったと主張する。つまり，マーケティングはその担当者の管理能力が重要であるということである。マーケティング戦略に関わる者達の各所における専門性の高さから，自身の見解や自身の経験による暗黙の判断などによって戦略の一部分を担っている場合が多く，一貫した意識共有のプロジェクト統括が難しい場合が多い。つまり各所で把握しているレベルや認識が異なりながら最後までマーケティングが遂行される事が多いからである。

　そこで有馬（2006）は，マーケティングの市場概念は「主体の目的達成のための行為が連鎖する場」であると定めた。今回の市場調査から行った商品開発の事例でも同様，この一連のマーケティング行為が連鎖する過程において，暗黙的に行為が連鎖するのではなく，全ての行程が可視化されることが重要であると考える。そして有馬（2006）は，自身の理論においてKotler（2000）(4) における「マーケティング環境とは，企業の外的要因で企業に関連を持つ可能性のある諸力と諸制度の総体である」という概念からマーケティング・ブレンドの理論化を導いている。つまり外部環境だけの戦略構築ではなく内部環境をも考慮し，統合的な環境の類型化が重要であるとしたのである。従って，有馬（2006）におけるこれらのマーケティング・ブレンドに関する定義付けや関連付けに対して，批判的に分析するなら有馬（2006）の市場の概念は，石井（2003）における競争の場の概念と何が異なるのか (5)，またKotler（2000）の用いた概念は，マーケティングとはそもそも外的要因における諸力が関わってくることが自明であり，改まって

分けて考える必要性が存在するのか，この二つの点において新規性はないと考えられる。

　しかし，今回のような専門性の高い開発チームと専門性が皆無である学生チームという様々な人的要素が混じり合う商品開発にとって，予め用語や販売における重要な訴求点を共通化し，チーム全体でシェアをしていく事は重要な課題といえた。そこで今回の開発において，限られた時間，限られた予算という制約の中で商品の訴求点をどこに持って行くのか，また重要な購入したくなる訴求ポイントのブレンド比率をどのようにしていくのか，その重要度を 100％とした時に，購買を高める為には，どのポイントに重点を置くのか，可視化したうえで共通認識を持っていこうという試みがなされたのである。

　各行程の確認事項として，随時マーケティング・ブレンドをカスタマイズしながら用いた。つまり，マーケティング戦略とは環境の外部要因を重視されがちであるが，マーケティングに関わる内部環境こそ重視し，全社的なマーケティング戦略が重要ではないかと考えたわけである。

第3節　調査の概要

3-1　アンケート調査期間と対象

　本論では限定されたセグメントに対し行った消費者アンケート調査による考察と関係者に対する非構造式インタビュー調査の結果から，そのリザルトをマーケティング・ブレンドの視点から考察を行い，実際に大学生チームが企業と商品開発を行った上，2015 年～2016 冬期シーズンに市場投入を行った。

　最初に，コンセプトとして挙げたターゲットである若年層ということで，大学生のサンプルを中心に男女合わせて 300 サンプルを集めた。（男性:150 人，女性:150 人）

【アンケート調査場所と期間】

奈良市帝塚山駅周辺

奈良市学園南前駅周辺

（2015 年 5 月 1 日～5 月 31 日）

【インタビュー調査の対象者】

　国内スノーゴーグルメーカーである株式会社 DUKE 牧野孝宣副社長，特販事業部小池学課長，営業企画推進課デザイナー臼田彩子デザイナーである。またインタビュー調査時間は，毎回 1 時間程度で行い小池氏，臼田氏に対してはインタビュー調査の他に，調査及び実際に販売を行っている催事に訪れた際などに，適時必要な情報を頂いた。

【商品開発期間】

　2015 年 4 月から 2015 年 10 月である。商品開発の共同制作ブランドとして同会社の国内スノーゴーグルブランド SPOON とのコラボーレションとし。男女兼用商品とする。

【販売期間】

　2015 年 11 月 20 日～2020 年 11 月 20 日

3-2　調査アンケートの作成

　アンケート調査表を作成する準備段階として，DUKE 社との打ち合わせの中で，スノーゴーグルを購入する際に消費者が何を目的として，購入しているのかをプロジェクトチーム全員で共通確認を行う必要性があった。そのディスカッションの中から大きく 3 つわけた訴求点で開発を行っていこうという指針が生まれた。

　最初にスノーゴーグルの購入目的の一つ目に挙げられたのが，良好な視界の確保である。晴天時の雪の照り返しや吹雪等の悪天候時に視界を良好に保つ為のアイテムとしてゴーグルを購入しているというケースである。つまりこれはレンズの質やレンズ表面や裏面への特殊プラスティック加工技術が影響する為に，プロジェクトチーム全員で「機能性」という言葉で統一する事にした。

　次に挙げられたのがスノーウェアとの相性を考えた購入や，ニット帽子の上からヘアバンドの代用として使用する着用法，首からぶら下げるといったファッションアイテムの一つとしての購入されるケースである。こういった目的の場合は，機能面よりも配色やパターン柄が重要視される事が同社へのヒアリングから明

らかになった。よってこの購入における訴求点を「デザイン性」と共通認識し定め
たのである。

　最後に，購入目的として挙げられる重要な点として，スノーゴーグルはスノー
スポーツを楽しむ為に必要不可欠なアイテムであるという認識を持つ消費者が
多いという点である。スノースポーツをはじめる際に，一つはゴーグルを持って
おこうという消費者心理が働くと同社は語る。スノーウェア，板関係，グローブ
そしてゴーグルをセットで購入するライトユーザーや，こだわりを持って一つ一
つのギアの買い換えを行っていくヘビーユーザーがスノー用品市場に併存する。
そこで重要になるのは価格設定である。購入不可欠なアイテムとして認識してい
るユーザーは，最初に低価格帯のゴーグルを購入し，次の買い換え時には機能性
の高い価格帯が上昇したゴーグルへの買い変えを行っていくのである。よって消
費者が商品価格の知覚によって購入を決めるという事を重視し，「価格帯の関与
度」という訴求点も共通認識としてプロジェクト全体でシェアしていく事を定め
た。デザイン性や機能性が高まると，価格帯が上昇する為，どのような訴求点の
ブレンド具合で，機能性，デザイン性を押さえていくのか，また逆に価格帯を低
価格に設定せず，限界まで機能性やデザイン性を上げてブレンドしていくと方法
論も考え得るからである。

　次に DUKE 社における過去三年間に発売したゴーグル全種類における売上げ
個数データ（主軸である DSG シリーズ全種と SSP シリーズ全種）からその 3 年
分の売れ筋上位 5 型，計 15 型　（社外秘の為，具体的な個体識別番号や，個数の
表記は控える。）を，マーケティング・ブレンドによって全て数値化を行った。一
つ一つの個体における機能性，デザイン性，そして購買における価格帯の関与度
の 3 つの訴求点の組み合わせの最大を 100 と定めた時，各商品はどのような配合
によって，訴求点の要素が形成されているか数値化を行ったのである。同社への
各商品についてインタビュー調査を行い，その製品使用を把握した上で，プロジ
ェクトに関わる一人一人が上記の 15 型について，なぜ販売数上位になったのか，
それぞれ担当者が分析した配分値を型ごとにラベリングし，その各数値の平均値
の測定を行なった。※**図表 9-3 を**参照。

194

この測定結果を基に，ターゲットに対するアンケート項目における大きな尺度としたのである。下記のマーケティング・ブレンドによって数値化した DUKE 社における売れ筋商品の重要な訴求点の傾向を見ると，価格帯の関与度が一番大きく，次に機能面へのこだわり，最後にデザイン性への重要度と続いていくのである。なぜ，価格帯の関与度が一番高くなったのか，それは DUKE 社の展開するSPOON ブランドの消費者の多くは，若年層からファミリー層までの年間滑走数2〜3 日のライトユーザー層であり，最も売れるモデルは機能性を最低限そなえた低価格かつシンプルデザインモデルが多いからである。

　ハイエンドモデルが持つ平面レンズや遮光レンズ，また球面加工や強いリーボ加工（鏡面）といった高機能性よりも，いかに手頃な価格帯であるか，次に所有しているスノーウェアの配色にとって合わせやすいかの観点より購買されている可能性が高いという事がわかった。　(6)

　つまり DUKE 社のメインターゲットとなる層に販売するには，1.価格の関与度，2.デザイン性，3.機能面の順番に，訴求点をブレンドして行く事が重要である。

図表 9-3 DUKE 社売れ筋ゴーグル 15 型の訴求点ブレンド傾向

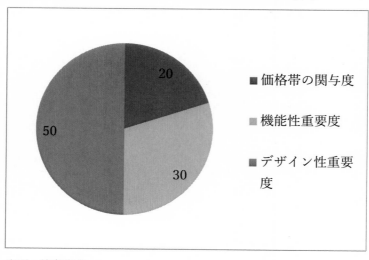

出所　筆者作成

3-3 調査アンケートの実施

　しかし，本研究におけるターゲット層は従来の最大購買層であった若年層，また大学生に設定しており，はたしてこの考察結果と同様の傾向値は現れるのだろうか。株式会社 DUKE 副社長牧野氏に行ったインタビュー調査から，ファッションやトレンドに高感度である一定の層には，今年の流行色や流行柄などが購買に影響し，またスノースポーツを体験して2シーズン目以降の消費者にとっては，ギアの買い換え障壁が格段に下がるという事がわかった。(7) 以上の結果を加味し，アンケートの調査項目を以下のように設定した。なお質問項目の中に，3つの訴求点が測定できる項目を作成し，ブレンド比率を分析する参考指針とした。

【アンケート項目】

①スキー・スノーボードをした事はありますか？（Yes or No）

目的:スノー用品産業の現状把握1

②スノーギア（板，ゴーグル等）は買いますか or

レンタルで済ませますか？（非経験者も含む）

目的:スノー用品産業の現状把握2

③スノーゴーグルを買う場合，レンズカラーや機能は気にしますか？（Yes or No）

目的:「デザイン性」，「機能性」への意識調査

④スノーゴーグルを購入するならいくらまで出せますか？

（1。3000円まで　2。　3000円〜7000円まで　3。　7000円〜10000円　4。10000円以上）

目的:ターゲットにおける「価格帯の関与」調査

⑤自分が買いたい型を順番に選択してください。目的:機能面，デザイン面の傾向値の検出

　そして，最後の5項目では実際に自分が欲しいと思える型を順番に5つ選んでもらった。シンプルローエンドモデル5型と，総柄ハイエンドモデル5型を混在させながら，「デザイン性」，「機能面」の傾向値を抽出した。アンケート対象者に選んでもらう10型の全ては，事前にプロジェクトチーム全体でマーケティング・ブレンドを行い，以下のように個体全ての訴求点を数値化している。

※アンケート対象者にはこの情報は表示していない。

写真 1　①シンプルローエンドモデル型一例:DSG-015-1

図表 9-4　DSG-015-1 の購買訴求点の構成要素

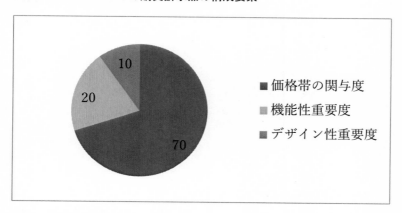

出所　筆者作成

3-4　調査アンケートの結果

　18 歳〜22 歳における男女合計 300 人に行ったスノー用品（ゴーグル）に関する調査の結果は以下である。テストをかねた市場実験の為，生産ロット数を 300 個と限定した点や近年のスノー用品市場の縮小影響から男女ユニセックスで使用できる兼用デザインが主流になってきているという点から，今回の製品開発では，男女区別をしない一パターンのみの製品開発とした。

写真2 ②総柄ハイエンドモデル型一例:SSP-580 1s

図表 9-5 SSP-580 1s の購買訴求点の構成要素

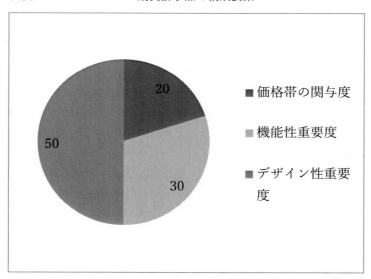

出所 筆者作成

　質問①〜③のスノー用品産業の現状把握の項目であるが，　スノースポーツの経験者は，非経験者と比べて約半分であり，ギアの購入も半分以下あったが，もし購入する際にいたっては機能性やデザイン性を気にすると答えた被験者は，他の項目と比べるとわずかに上昇を見せた。

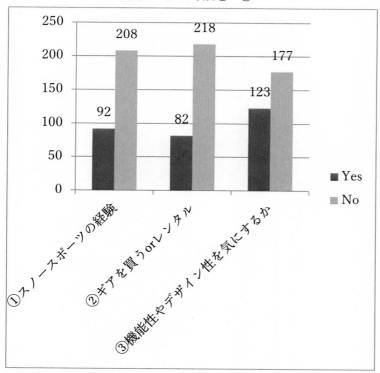

図表 9-6　スノー用品開発アンケート項目①〜③

①スノースポーツの経験：Yes 92, No 208
②ギアを買うorレンタル：Yes 82, No 218
③機能性やデザイン性を気にするか：Yes 123, No 177

出所　筆者作成

　次に質問項目④の価格の関与度調査では，最も興味深い結果が表れた。DUKE
社の近年3年分の売上げデータをまとめた結果からは，販売価格3000円までの
低価格帯が売れ筋商品の集中する価格帯であったのに対し，18歳〜22歳をター
ゲットにした場合は次の価格帯である3000円〜7000円といった機能性とデザイ
ン性が向上する中価格帯にシフトした。

　最後に質問項目⑤の被験者達が選んだ購入したいTOP5の型にラベリングさ
れている各数値の平均を取ったものが以下のグラフである。5型それぞれの訴
求点の配分値を平均すると，価格帯への重要度が20，レンズ等の機能性を30，

図表 9-7　スノー用品開発アンケート項目④

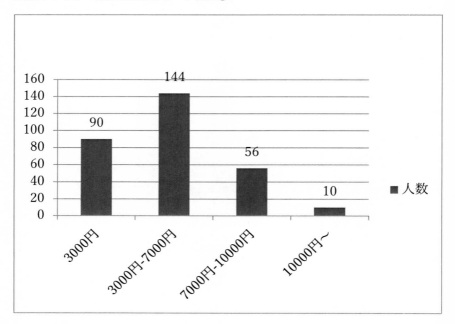

出所　筆者作成

　デザイン性が 50 となった。DUKE 社の売れ筋データからでは，レンズの曇り
止め加工やリーボ加工（鏡面仕上げ）といった機能性への訴求点や，ゴーグル
の色やパターン柄といったデザイン性への訴求要素はあまり重要では無い結果
が出たが，若年層には購買における判断基準として重要な訴求点となる結果と
なった。

　以上のアンケート結果から，その重要な購買に影響する 3 つの訴求点を分析し
た。

第 4 節　マーケティング・ブレンドにおける製品開発

4-1　訴求点

　今回のコンセプトである若年層への購買を訴求するモデル「大学生が買いたく

なるゴーグル」の商品開発にいたって, 以上のアンケート結果を参考にした上で, 同社との再度討議を行った。

図表 9-8　スノー用品開発アンケート項目⑤

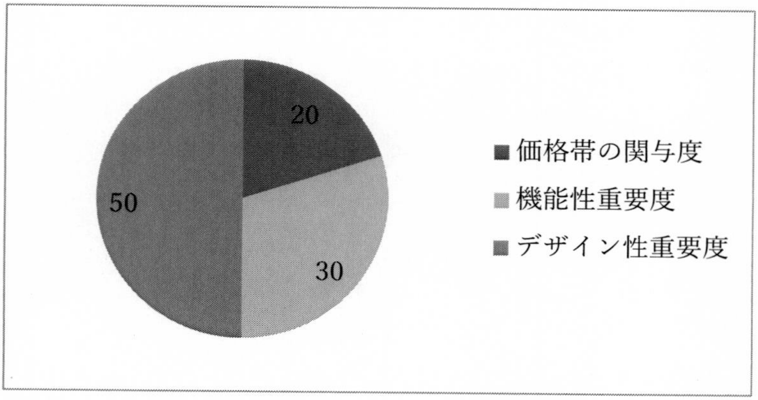

凡例:
- 価格帯の関与度
- 機能性重要度
- デザイン性重要度

（円グラフ内の数値: 20, 30, 50）

出所　筆者作成

　そこから以下の訴求点の組み合わせから開発を行っていくという指針が決定されたのである。

①価格帯は低価格で訴求するのではなく, 機能面やデザイン面に予算を配分できる中価格帯とし, 初心者モデルからの買い換え需要を狙う。

②中価格帯でも機能性を販売価格限界まで高める。

③デザイン性において, シンプルカラーのみで構成するのではなく, トレンドに敏感な層への訴求を試みる為, 今季のトレンドカラーの取り入れと, 総柄パターンの導入, そしてデザイン性だけに特化するのではなく, スノーウェアとのマッチングも考慮するカラーとする。

4-2　開発結果

　そのアンケートデータ結果を受け, DUKE 社と協議の上, 以下の仕様で発注をかけ市場投入を試みた。デザイン性を強化し, 近年ファッショントレンドとして流

201

行柄であるカモフラージュパターンを基調とした。またファッショントレンドに敏感な若年層が購入するウェアに合わせやすいように 2015 年度流行色であった青単色のジャガードベルトとした。次に機能面では，メッシュ加工によって，水分を逃がす効果のある撥水メッシュベルトを使用し，よりレンズが曇りにくい使用とした。そして，スノーゴーグルの近年のトレンドである視認性の高い平面レンズのダブルレンズ仕様を起用し，価格の限界まで機能性を高め，買い換え需要品である事を意識した。価格帯は上代では 8100 円としたが，実際の販売価格である売り場での 2 割引を想定した 6480 円（税抜き）と予想価格を設定したのである。

第 5 節　結果考察

　今回の開発した商品の初回ロット数を 300 個と設定し，現在は市場では 2 シーズンをかけて完売している。そして，その販売場所を日本最大のスノー用品販売イベントである JSBC SNOWTOWN での販売とし，2015 年 11 月 20 日〜23 日，27 日〜29 日の 7 日間行われる京セラドームでの販売から，2016 年 1 月 8 日〜10 日に開催される福岡ドームまで埼玉，名古屋，広島，前橋，岡山と継続販売されていく行程とした。同イベントの関係者へのインタビュー調査から，その参加する消費者属性は，スノー用品を販売するプロショップ等と比較すると，若年層および大学生が多く，今回の市場テストの場所として最適な売り場であるといえるだろう。この一連の販売行程を経て，売れ残った場合は，シーズン終了まで同会場での継続販売となる。その 2015 年〜2016 年度のスノーシーズン全終了後に，300 個全て売り切れた為，商品としてのスペックやポテンシャルは高いものであったといえるだろう。

　また今回は JSBC SNOWTOWN での限定販売であった為，入場者属性が必然的に若年層に偏っていたということもある。次の実験としては，ロット数の増大や販売チャネルを排他的にするのではなく，様々な年齢層の集まるスポーツ専門店など，実験的にチャネルを増やす必要性がある。

第6節　結言

　本章では，競技への注目と反比例し，市場拡大に悩むスノー用品市場において，従来の主たる購買層であった若年齢層への商品訴求をいかにしていくのか，

写真3　品番:SBP-671 TZK-CHIC 実機とパッケージ

[仕様]

品番:SBP-671 TZK-CHIC　価格:8100 円（上代）

LENS:ダブルレンズ，平面レンズ使用

FRAME:マットグリーンカモプリント，

　　　　撥水メッシュ生地，鏡面加工一回

BELT:40mm　ジャガード加工

ADJUSTER:ダブル使用

特別仕様:ヘルメットジョイント対応

　また「若年層が購入したくなる」というコンセプトの基，協力企業における主力製品の訴求点の分析と，ターゲットに対するアンケート調査との結果を照らし合

わせた。その分析結果を，プロジェクトに関わる学生達が共通認識のもとに，考察や開発を行う為，マーケティング・ブレンドによって数値化した購買に影響する訴求点をいかにバランスよくブレンドしながら売れる製品を作るのかを試みたのである。

　ここからは，商品開発そして市場投入テストだけで終わる事なく，開発した「若年層が買いたくなるゴーグル」が若年齢層に対して訴求力のある購買商品になる可能性はあるのか，またマクロにみて，若年層だけではなく他の層の反応はどうだったのか，これらの結果を時間かけて精査しなければならない。そして今回のマーケティング・ブレンドを使用した販売に影響する訴求点のブレンドパターンについて細かく検証していかなくてはならないだろう。また今回抽出した若年層購買に影響する訴求点のブレンド値はスノーゴーグルだけではなくスノーウェアや様々なスノーアイテムにもカスタマイズ可能であるかなどの様々な観点から，継続した調査を行っていく必要性がある。

　最後に，本研究がスキー・スノーボード産業の活性化に対して，実践的に活用できるマーケティング戦略研究の一端としてなり得るように，その裾野を広げていきたい所存である。

謝辞

　本研究における全てのマーケティング研究は株式会社 DUKE の全面協力によって実現したものであり，牧野副社長および DUKE 社の社員の皆様には多大な感謝を申し上げます。

引用・参考文献

（1）　株式会社矢野経済研究所スポーツ用品市場に関する調査結果（2015）
　　　　〈https://www.yano.co.jp/press/press.php/001384〉
（2）　株式会社矢野経済研究所スポーツ用品市場に関する調査結果（2005〜2014）
　　　　〈http://www.yano.co.jp/press/index.php〉
（3）　有馬賢治（2006）『マーケティング・ブレンド―戦略手段管理の新視覚―』白桃書房

（4）　Kotler,　P.（2001）,　*A Framework for Marketing Management*,　Prentice Hall.

　　（恩蔵直人・月谷真紀訳『フィリップ・コトラー;コトラーのマーケティング・マネジメント』ピアソン・エデュケーション，2003 年）

（5）　石井淳蔵（2003）「競争の場を作り出す競争」『国民経済雑誌』第 188 巻第 4 号，1-16 頁

（6）,（7）　以下のレポートのデータと関係者におけるインタビュー調査から，その購買に影響する潜在因子の抽出を行った。

　　日本スノーボード産業振興会，2011〜

　　2014 スノービジネス総括レポート,

　　Snowboard Industrial Federation of Japan（2012）,　（2014）

（穐原　寿識）

第10章 スポーツ観戦者のアイデンティティ：社会的アイデンティティと拡張自己

第1節　スポーツ観戦者のアイデンティティ

　あなたは，「あなたはどのような人ですか」と質問された時，または「自分はどのような人なのか」と考える時に，自分をどのように捉えるだろうか。人によっては，内気な性格，人見知りしない性格であるなどの自己の性格に意識が向く人もいるだろう。一方で，日本人，学生，出身の都道府県，卒業した学校などをイメージされた人もいるだろう。後者のように，日本人などの分類は社会的カテゴリー（social category）と呼ばれ，それらは，性別，国籍，人種など多種多様である。人は自己を特定の社会的カテゴリーに心理的に分類すること（もしくは，所属すること）によって，自分とはどのような存在なのかを決定することがある。このような特定の社会的カテゴリーに自己を心理的に分類することで，自己を特徴づけることを同一化（identification）という。

　スポーツファンを対象にした研究では，この社会的カテゴリーにスポーツのファンであることも含まれると考えられている。人が特定のスポーツチームのファンである場合，そのチームは重要な社会的カテゴリーとなることがある。ファンは特定のチームに自己を心理的に分類（所属）することにより，自分とは何かを決定していることが考えらえる。単純化すると，ファンはスポーツチームに心理的に所属することで，チームの一員であるかのように自己を認識しているとも言えよう。このように，ファンが，自分自身を特定のチームを社会的カテゴリーとして認識し，分類することで自己を決定づける心理的な結びつきの度合いをチームアイデンティフィケーション（team identification）という（Wann & James, 2019）。

　チームアイデンティフィケーションに注目した研究の先駆者と考えられているワンとブランスコンビエ（Wann & Branscombie, 1993）は，チームアイデンティフィケーションを次のように定義している。チームアイデンティフィケーションとは，個人が自分自身を特定のスポーツチームのファンであると知覚し，チームに関与し，チームの成績などに関心をもち，そしてチームが自分自身をどれだ

け表現できうるものかと考える程度である。

　チームアイデンティフィケーションは，観戦型スポーツを対象にしたマーケティング・消費者行動研究の領域において，注目されてきた概念である。スポーツマーケティングを研究する専門家にとって，ファンがみせる消費行動は非常に特異なものである。例えば，スタジアムに行くと，熱狂的なファンは声をあげて応援し，手をたたき，時には応援歌を熱唱する。応援しているチームが大敗した時には，大声でヤジを飛ばすこともある。しかし，チームが最下位に甘んじていても，チームを見捨てずにチケット代を払い，時間を使ってスタジアムに足を運ぶのも，またファンなのである。一般製品・サービスのマーケティングでは，消費者が他の製品・サービスに乗り換えるブランド・スイッチングが起こることも珍しくはない。しかし，阪神タイガースのファンが，あるタイミングで突然に読売ジャイアンツのファンになることは考えにくい（Harada & Matsuoka, 1999 を参照のこと）。一般製品・サービスを購入する消費者と比較してみると，スポーツファンが，試合観戦時にみせる行動や一貫した強いチームへ態度は非常に特異なものであると言えよう。

　また，チームアイデンティフィケーションが注目された別な理由としては，チームアイデンティフィケーションが高い人（ファン）ほど，チームに対して好意的な態度が形成され，継続的に一貫した消費行動をとるからである（Wann & James, 2019）。先行研究では，チームアイデンティフィケーションが高まれば，試合やイベントなどのチケットの購入（Wann, Bayens & Driver, 2004），個人が所属する大学チームのアパレルやグッズの購入（Kwon, Trail & James, 2007），スタジアムやアリーナへの来場回数が高まることが報告されている。また，スポーツグッズの衝動買いを予測できることも示唆されている（Kwon & Armstrong, 2002）。

　加えて，チームアイデンティフィケーションが高いファンほど，認知的・情動的反応の歪みが起こることも報告されている。応援しているチームが負けた試合の理由を，ファンがどのように捉えているかを調べた研究（Wann & Dolan, 1994）では，チームアイデンティフィケーションが高いファンほど，審判のレフェリングに敗因を求める傾向が強いことが示唆された。しかし，客観的に審判の判定を

調べると両チームに与えた反則数には差がないことも報告されている。いかにファンが応援しているチームに偏って状況を判断しているかが理解できよう。また，松岡ら（Matsuoka et al., 2003）は，チームアイデンティフィケーションが高いファンほど，試合観戦に対する満足度が高いことを実証した。これらの研究から，チームアイデンティフィケーションとスポーツファンの認知的・情動的反応の間には何らかの関係があると想定することは理があると考えられよう。

　近年の研究では，チームアイデンティフィケーションが高まることで，個人の幸福度までも高まることが示唆されはじめている。井上ら（Inoue et al., 2015, 2017）は，チームアイデンティフィケーションと個人の幸福度（正確には，生活満足度）との関係を調べた。2015 年に発表された論文では，スポーツファンが天災を経験した時に，チームアイデンティフィケーションが個人の幸福度を向上させる可能性があることを示唆した。2017 年に発表された論文では，複数の国からデータを収集し，スタジアムやアリーナにてスポーツを観戦する経験が，個人の幸福度を向上させることを明らかにした。スポーツを観戦すること，またはスポーツチームのファンとして応援することと個人の幸福度の関係については，注目を集めている研究テーマであり，今後の活発な研究が待たれるところである。

第 2 節　　社会的アイデンティティ理論とチームアイデンティフィケーション

　これまで，チームアイデンティフィケーションについて概要を説明してきた。ここからは，理論的な説明に踏み込んでいきたい。フィンクらによれば，チームアイデンティフィケーションの土台は，タジフェルとターナーによって提唱された社会的アイデンティティ理論（social identity theory）である（Fink et al., 2009）。社会的アイデンティティとは，社会的カテゴリーの一成員として認知される自己の側面である（宮澤, 2018）。ファンクら（Funk, Alexandris & McDonald, 2016）によれば，社会的アイデンティティとは，個人の自己に関する主観的知覚であり，社会的アイデンティティがスポーツマーケティングにおいて果たす役割を理解する上で重要なことは，様々な社会的文脈において，どのように個人の自己に関する主観的知覚が他者に伝達され，認知されうるのかを理解することである。

社会的アイデンティティは，自己を形成する概念の一つであるが，それは他者との関係の中で形成されるものでもある。アイデンティフィケーションは，ある社会的カテゴリー内にて共有された特徴にもとづいて，自己をそのカテゴリーの一員として心理的に捉えることである。このことは，社会的アイデンティティの形成には必然的に他者を必要とすることを意味する。つまり，スポーツチームに対するアイデンティフィケーション（チームアイデンティフィケーション）も，必然的に他者（同じチームを応援するファン）を必要とする。

　社会的アイデンティフィケーションは，自己を特定の社会的カテゴリーに属する成員として心理的に捉えることである。特定のカテゴリーに所属するということは，必然的に当該のカテゴリー内外を区別することでもある。例えば，著者は日本国籍を有しているので日本人である。日常生活では日本人であることを意識することはほとんどないが，著者が海外に留学していた時は日本人であることを強く認識する時が頻繁にあった。これは，著者が国外に在住している間は，日本人という社会的カテゴリーを顕著に知覚し，自己を心理的に所属させていたと考えることができる。より重要な点は，著者が認知レベルで日本人という社会的カテゴリーに自己を所属させている時，それは同時に他の国籍のカテゴリーとは異なる存在であることも認識している。つまり，アイデンティフィケーションとは，社会的カテゴリーの共通した特徴（similarities）を参照することで自己をそのカテゴリーの一成員として捉えるのと同時に，他のカテゴリーを自己が所属するカテゴリーにはない特徴を異質であるもの（differences）として強調し，認識するのである（Jenkins, 2006）。

　どのように人のアイデンティフィケーションは起こるだろうか。先行研究（Stets & Burke, 2000）によれば，アイデンティフィケーションは三段階のプロセスを経ることが提示されている（図表 10-1 を参照のこと）。まず，第一段階は分類である。人は，自己と関係がある社会的カテゴリー，または社会集団を選び自己を分類させる（categorization）。次の第二段階は同一視である（identification）。特定の社会カテゴリーに自己を分類した後，状況に応じて最も適したカテゴリーに自己を重ね合わせる。第三段階は比較である（comparison）。自己が心理的に所属して

いるカテゴリーとは異なるカテゴリーとの比較をすることで, 自己のカテゴリーの優勢を確認する。以上が, 簡単ではあるが, アイデンティフィケーションのプロセスである。

図表 10-1　アイデンティフィケーションのプロセス

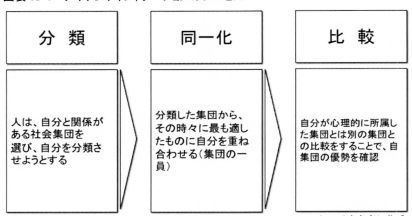

| 分　類 | 同一化 | 比　較 |

人は, 自分と関係がある社会集団を選び, 自分を分類させようとする

分類した集団から、その時々に最も適したものに自分を重ね合わせる（集団の一員）

自分が心理的に所属した集団とは別の集団との比較をすることで、自集団の優勢を確認

Stets & Burke（2000）を参考に作成

　これまで述べてきたことをまとめてみよう。スポーツマーケティング研究において, 多くの研究者がチームアイデンティフィケーションに注目してきた。チームアイデンティフィケーションは, 個人が自己をどのように定義するのかを説明する理論である社会的アイデンティティ理論をスポーツの文脈に援用したものである。社会的アイデンティティ理論の前提として, 個人が特定の社会的カテゴリーにおける（共有された）特徴が, 自己を表現・定義することができると考えた時, そのカテゴリーに心理的に所属（同一視）しようとする。この時, 個人の自己アイデンティティは, 特定の社会的カテゴリーのアイデンティティに統合される。チームアイデンティフィケーションが社会的アイデンティティ理論に依拠した概念であることを鑑みると, スポーツファンが特定のチームについて自己を定義することができると判断した時, そのチームに所属している, つまり心理的にはチームの一部となっていると言えるだろう。

ここで様々な疑問点が浮かんでくる。チームアイデンティフィケーションは，スポーツファンが，チーム内で共有された特徴が自己を表現・定義すると判断された時のみに起こる心理的現象である。つまり，チームアイデンティフィケーションは，特定の文脈，特定のタイミングでしか起こらない（Stets & Burke, 2000 を参照のこと）。しかし，スポーツファンは，心理的な所属を通じてのみでしか（スポーツに関する）自己概念を形成しないと考えることができるのだろうか。プレンティス（Prentice, 2006）の主張によれば，社会的アイデンティティ理論は，カテゴリー内や集団内の個人性（individuality），つまり，カテゴリーに自己を分類し，同一化した個人がどのように個人として認知し，行動しているのかについては注意を払ってこなかったと指摘している。チームアイデンティフィケーションを援用した先行研究が，これまでスポーツファンの理解について大きな貢献を果たしたことは確かである。しかし，チームアイデンティフィケーションもまた個人性に注意を払わない概念であることも，我々は懸念すべきであろう。これから，ファンの個人性を説明できる概念として，マーケティング・消費者行動研究の分野で提唱された拡張自己（extended self）に注目したい。

第3節　拡張自己

　社会的アイデンティティ理論では，人が自己概念を形成するにあたって，個人は特定の社会的カテゴリーの共有された特徴が自己を定義しうると判断した時，そのカテゴリーと自己を同一であるとみなすようになる（アイデンティフィケーション）。一方で，マーケティング・消費者行動研究の一分野ではアイデンティフィケーションとは異なった視点で議論・研究が行われてきた。消費者はある特定のニーズを満たすための機能を提供する製品・サービスを購入する。例えば，通学・通勤のために自転車やバイクを購入するのは，通学・通勤するために必要な製品だからであろう。または，通学・通勤にかかる時間をできる限り節約したいのかもしれない。このような機能的便益に加えて，消費者は，自己概念を表現・形成するためにも特定の製品・サービスを購入することもある（宮澤，2018）。消費者の自己概念の表現・形成に関わる便益を象徴的便益と呼ぶ。製品・サービ

スには，機能的便益だけではなく，象徴的便益も含まれているということを理解することが，拡張自己を理解するための最初の一歩であろう。

ベルク（Belk, 1988）によれば，拡張自己とは，知ってか知らずしてか，意図的に，または意図的でなく，人が自身の所有物を自己の一部であるかのようにみなすことであると定義される。ベルクの定義からも理解できるように，消費者は，ある対象物を認知的に自己の一部とする傾向があり，それらを自己の拡張と捉え，所有物は自己にとって体や心に次ぐような大切なものであると述べた。より興味深いのは，ベルクが消費者の自己に拡張されるものを物的所有物にだけ限定していないことである。一般的に所有物と言われると，車などの物的な物を想像しがちである。しかし，ベルクに代表される消費者行動研究の専門家は，物的所有物に加えて，消費者自身の身体（髪の毛，目，臓器など），特性以外にも，他者，場所，物理的な環境など，自己の周辺に存在しうる多様なものを，人は自己の一部として捉える傾向があると主張している（Belk, 1988; Mittal, 2006）。

また，ベルク（Belk, 1987）は，別の研究において，マーケティングの観点から自己の一部となりえる物を三種類に分類した。その三種類とは，コミュニティ物（community objects），市場物（market objects），そして私有物（personal objects）である。コミュニティ物とは，公的に所有されている景観，場所，記念碑や記念建造物などが含まれる。例えば，スポーツチームなどはコミュニティで所有している物として考えられよう。市場物とは，市場という限定された場所において他者と共有している物ではあるが，個人の所有・使用も可能な物である。例えば，自動車，シャンプーのブランド，雑誌の特集などが含まれる。そして，私有物とは，衣服，住居，両親，自身の身体などである。

ミッタル（Mittal, 2006）は，拡張自己を構成する要素に関する研究を進め，自己がどのような要素（物）に拡張し，構成されるのかは，個々人によってその拡張・構成が異なることを主張した。彼の研究によれば，拡張自己となる要素は，個人の価値観・特性，身体のイメージ，成功・達成経験，主観的パーソナリティ，個人の社会的特性，所有物の役割である。これらの諸要素が自己に拡張することで，自己を形成・表現すると考えられている。

図表 10-2 は，六つの要素がどのように自己に拡張されているかを示したものである。図に出てくる A さんは仮の設定である。矢印に沿って，六つの要素が階層的に拡張していることがわかるだろう。最も中心にある要素（ここでは，成功・達成経験）が，その人にとって最も重要な要素である。つまり，成功・達成経験が，A さんの自己概念の中核になっている。次に，自己が主観的パーソナリティに拡張されている。六つの要素がどのような順で階層的に拡張していくかによって，自己概念の形成が決定される。そして，構成要素の順番は，個人が育った社会的文脈に大きく左右されると考えられる。

図表 10-2　Mittal が主張した A さんの拡張自己形成のイメージ

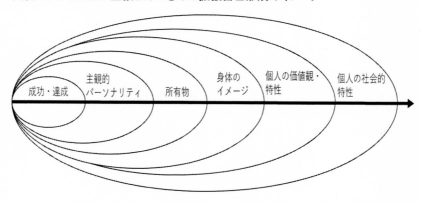

成功・達成　主観的パーソナリティ　所有物　身体のイメージ　個人の価値観・特性　個人の社会的特性

Mittal（2006）を引用し，著者が作成

　ミッタルが示したモデルは，スポーツ観戦消費の文脈において，スポーツ観戦のどのような要素（例えば，チームそのもの，選手，ホームタウンなど）が，ファン個人に拡張されているのかを理解するためのヒントが提示されているというのが著者の主張である。スポーツ観戦に関連するどのような要素が，ファンの自己を表現・形成しているのかを調べることは，今後の重要な研究課題であろう。ここまで，拡張自己とは何かに焦点を当てて説明をおこなってきた。人がどのように自己概念を形成していくのかという問いに対しては，多くの分野で積極的に研究が進められてきた。マーケティング・消費者行動研究の領域では，自己概念

の形成を説明する概念に拡張自己が提唱され，注目されてきた。消費者は，所有物を含む自己の周辺に存在する様々な物に自己を拡張させる傾向がある（Belk, 1987, 1988）。そして，拡張自己がどのように形成されるかは，消費者個人によって異なることも示唆されている（Mittal, 2006）。それでは，なぜ所有物といった物が，人の自己概念の形成に関わるのだろうか。ここで理解しなくてはならない点が，物には意味が込められているということである。

第4節　所有物とアイデンティティ

　拡張自己の形成を可能にするものの一つとして，物に込められた意味があげられる。有名な事例として，ハーレーダビッドソンやアップルコンピューターの製品とその消費者の関係があげられる。ハーレーダビッドソンは，アメリカのオートバイメーカーであるが，その顧客は狂信的であることで有名である。ハーレーダビッドソンには，無骨さ，自由な生き様などの男性的な意味が込められており，消費者もその男性性（masculinity）と関連する意味を消費している（Shouten & McAlexisander, 1995）。アップルコンピューターも同様である。アップルコンピューターは，過去に「他者と違うように考えよう（think differently）」のキャッチコピーを打ち出したこともある。このことからも推察できるように，創造的であるということ，他者と違うということが重要な意味として，アップルコンピューターの製品に込められている。ベルクと彼の共同研究者（Belk & Tumbat, 2005）は，アップル製品ユーザーを対象に質的調査を行い，ユーザーがアップル製品に込められた意味を独自に解釈し，自己概念を形成していることが示唆されたことを報告している。

　意味がどのように製品・サービスに付与されていくのだろうか。まず，注意しておくべきことは，物には元々何らかの意味は込められていないことである。物に意味を込めるのは，人間であり，その意味を解釈するのもまた人間である。物（製品・サービス）に意味が込められるのは，生産（production），マーケティング（marketing），個人的使用（personal use）のプロセスの中である（Belk, 1987）。生産とマーケティングのプロセスを経て付与される意味は，大多数の消費者に共

有されやすい。なぜなら，これらの段階で付与される意味は，プロモーション，価格，流通チャネルといった生産およびマーケティング活動によって生成され，市場に流されるからである。しかし，ある個人が製品を購入した後は，個人的使用のプロセスの中で意味が生成されることとなる。このプロセスを通して生成された意味は，非常に個人的なものとなる。前述のアップルコンピューターの場合，たとえ同じ型番のコンピューターを購入・使用していたとしても，そのコンピューターにどのような意味（または，思い出）を込めるのかはその人次第である。人によっては仕事で使う「相棒」のような意味を込めることもあれば，別な人はアップルコンピューターが持つクールなイメージを他者に表現してくれる「表現者」の意味を込めることもある。この生産とマーケティング活動によって生成された意味をどのように解釈し，その解釈にもとづいてどのように製品を使用していくのかによって，拡張自己がどのように形成されるのかが決定されていく（Mittal, 2006）。

　リチンズ（Richins, 1994）は，物に込められた意味についてより詳細に研究をおこなった。彼女によれば，人が物に価値があると判断するのは，物に意味が込められているからであると主張した。物の意味とは，物の価値の源泉であり，それは所有者のアイデンティティの源泉でもある。リチンズの物と意味に関する主張は非常に興味深い知見を与えてくれる。物とは，文化のカテゴリーを形成し，視覚化する社会的コミュニケーションシステムの一部である。それ故，物に込められた意味は，特定の文化の中で形成され，そこに存在する人々のコミュニケーションを促進する役割をもつ。例えば，アメリカ国内において，ハーレーダビッドソンのバイクは独特の男性性を示すものである。これは，生産とマーケティング活動に加え，ハーレーダビッドソンのバイクの所有者が他者にバイクに込められた男性性の意味を伝える消費行動をとるからである。バイクに込められた男性性の意味は，ハーレーダビッドソンそのものの価値となり，所有者のアイデンティティの形成にもつながる。つまり，物の価値は，その物に込められた意味によって支えられていると言っても過言ではない。

　物に込められる意味は，公的意味（public meanings）と私的意味（private

215

meanings）に分類される（Richins, 1994）。公的意味とは，他者，つまり特定の社会の中に存在する人々によって，付与される主観的意味のことである。公的意味は，特定の社会に存在する人々によってある程度の同意が得られている意味でもある。人は，特定の社会の中で共有された行為（shared activities）に参加することで公的意味を学習していく。つまり，公的意味はそこに存在する人々の間でおこなわれる社会交流の中で形成され，強化される。ハーレーダビッドソンの男性性の意味が理解・解釈することができるのは，少なくともアメリカの社会の中で共通した男性性の意味を人々が学習したからに他ならない。

　反対に，私的意味とは，特定の人に向けて物に込められている主観的意味の総体のことである。物には公的意味が込められているのが通常ではあるが，所有者がその物をどのように購入し，使用をしてきたのかが重要である。リチンズは，私的意味を理解する事例として，ダイアモンドのイヤリングをあげている。ダイアモンドは，それ自体が高級であり，高潔なイメージを連想させる。これがダイアモンドの公的意味である。しかし，そのダイアモンドのイヤリングがどのように所有されたのかは人によって異なり，そのことが重要であるというのがリチンズの指摘である。ダイアモンドのイヤリングは，大切な婚約者からプレゼントされたものなのかもしれないし，または亡くなった母の形見なのかもしれない。公的意味と私的意味が，消費を通して所有物に込められ，その意味こそが所有者のアイデンティティの源泉なのである。

　物に意味が込められ，それが公的意味と私的意味に分けられることまでは説明をした。次に述べたいことは，物に込められた意味の解釈は世代によって異なるのだろうかという点についてである。チクセントミハイとロクベルグ-ハルトン（Csikszentmihalyi & Rochberg-Halton, 1981）は興味深い研究をおこなっている。彼らは，意味の解釈が人生のライフサイクルの中で変化するという仮説をたてた。この仮説を検証するため，彼らは人が家の中で飾り，使用する物に注目をした。世代の特性を調べるため，対象者を思春期世代，両親世代，祖父母世代に分けた。それぞれの世代の対象者に，自己にとって特別な所有物を回答してもらった。図表 10-3 は，各世代において，少なくとも一回は回答された物をリストにしたも

のである。この結果を受け，チクセントミハイとロクベルグーハルトンは，次のように解釈をしている。思春期世代では，ステレオ，楽器，スポーツウェア・シューズなどの何かを行うための物が上位を占めている。これは，思春期世代にとって，物に込められた意味とつながるには，何らかの身体的動作，または身体的操作を必要とすることが考えられる。対照的に，祖父母世代を対象とした結果では，写真，家具，書籍などが上位を占めた。祖父母世代の対象者は，家族や友人などの他者とのつながりを重要視していることが推察される。両親世代は，思春期世代と祖父母世代の両方の特性が反映される結果となったが，祖父母世代に寄りの結果とはなっている。チクセントミハイとロクベルグーハルトンの研究結果から，物には意味が込められているが，その意味の解釈，またはその重要性は世代によって異なることが明らかとなった。

図表 10-3 自己に拡張される物の世代間比較

思春期世代 (n=79)	%	両親世代 (n=150)	%	祖父母世代 (n=86)	%
ステレオ	45.6	家具	38.1	写真	37.2
テレビ	36.7	絵画	36.7	家具	33.7
家具	32.9	彫刻品	26.7	本	25.6
楽器	31.6	本	24.0	テレビ	23.3
寝具	29.1	楽器	22.7	絵画	22.1
ペット	24.1	写真	22.0	食器類	22.1
雑貨	20.3	植物	19.3	彫刻品	17.4
スポーツ用品	17.7	ステレオ	18.0	家電製品	15.1
コレクション類	17.7	家電製品	17.3	雑貨	15.1
本	15.2	雑貨	16.7	植物	12.8

註）対象者が自己にとって重要な所有物を複数回答にて答えたもの

第5節　拡張自己形成のプロセス

　拡張自己はどのように形成されるのだろうか。ここでは，二つの研究を紹介したい。一つ目は，拡張自己を提唱したベルク（1988）の研究である。二つ目は，マクラッケン（McCracken, 1986）によって発表された研究である。マクラッケンは，他のマーケティング・消費者行動研究分野の研究者とは異なり，シカゴ大学の博士課程で文化人類学のトレーニングを受けた経験をもつ。そのため，文化人類学の考え方を消費者行動に援用した彼の研究は，我々に洞察力に富んだ知見を提示してくれる。実際，著者もマクラッケンが提示したモデルをスポーツファンに援用し研究をおこなった（Sumida, Wooliscroft & Sam, 2015）。

　ベルクは，所有物が自己に拡張されるまでのプロセスは三通り存在する可能性を主張した。一つ目のプロセスは，私的に使用するための物を完全にコントロールできるようになることである。自転車が思いのままに乗ることができるようになる，新しく購入したパソコンを不自由なく使えるようになるなどが例としてあげられる。物を思いのままに扱えることは，所有者がその物を使用するために学習したことが想像できる。学習の過程で，所有物には所有者の私的な意味が込められる。ベルクは，物のコントロールには，ペットとの関係なども含まれると指摘している。飼い主は，ペットに餌を与え，トイレなどの躾を教え，一緒に長い時間を過ごす。その中で，飼い主はどのようにペットと接すればいいのかを学習することになる。これは，物のコントロールの一種と考えられる。重要なのは，コントロールするために時間をかけて学習すると，その物は所有者にとって特別な存在となる（拡張自己）。そのため，ペットショップで販売されているペットは経済学では財の扱いとなり，極論すれば，購入時の価格で交換可能な財であると考えられる。しかし，飼い主が長く時間を過ごしたペットは，たとえ購入時以上の金額を提示されたとしても，交換されないと考えられる。それは，ペットに飼い主の私的意味が込められているからとも言えよう。

　二つ目は，物を創造することである。これは、抽象的な物により適用できるというのがベルクの指摘である。たとえば，芸術作品，映画などのポップカルチャーに関連する作品，研究者が執筆する論文などがあげられる。製作者（芸術家，

研究者など）は，物を創り出す際に，その作品にアイデンティティを込める。そのアイデンティティは，作品が存在する限りにおいて残り続ける。これは，日本人の表現でいうところの作品に魂を込めるというのがベルクの主張に近いように思われる。

　三つ目は，対象となる物を知ることである。物を知るようになることは，物と消費者の間に何らかの親密性がうまれることであるとベルクは主張する。例えば，住んでいる地域，なじみの本屋についてより知ることは，より好きだという感覚，つまり親密性の源となる。この親密性が自己の一部となりえる。

　ベルクが主張した拡張自己までのプロセスは，三通りに分けられる。対象となる物をコントロールすること，創造すること，そして知ることによって，物は自己の一部となる。次に，マクラッケンが提示したモデルを述べていくこととする。マクラッケン（1986）は，文化人類学のフレームワークを援用し，物に込められた意味がどのようにして消費者自身に伝わるのかを意味伝達モデル（meaning transfer model）を提唱し，説明を試みた（図表 10-4）。意味伝達モデルでは，意味は五段階のプロセスを経て消費者自身に伝えられる。五段階のプロセスは，貯蔵する段階（図表 10-4 では，四角で表されている）と移行する段階（図表 10-4 では，矢印で表されている）に分けられる。まず，意味は文化的に構成された世界（culturally constituted world）に存在する。そして，第二段階目としてそれらの意味は生産およびマーケティング活動を通して，製品・サービスに移行させられる。第三段階目は，生産およびマーケティング活動によって移行させられた意味は，製品・サービスに貯蔵される（意味が込められる）。第四段階目は，個人の消費の段階である。この段階では，購買前・購買後行動によって，製品・サービスの意味が私的に変換される（つまり，私的な思い出となる）。最後，五段階目は，私的に変換された意味が自己の中で貯蔵される。この最終的に自己の中に貯蔵された私的な意味が，その個人にとって重要であればあるほど，その製品は拡張され自己の一部となる。

　ベルクが提唱した拡張自己という概念は，自己概念の形成について新しい知見を提供してくれるものである。消費者は，物に込められた意味を主観的に解釈し，

消費行動を通して物に込められた意味と繋がろうとする。そのため，ミッタル（Mittal, 2006）が主張するように，拡張自己の視点から述べると，自己概念の形

図表 10-4 McCracken が提唱した意味伝達モデル

文化的に構成された世界

 生産・マーケティング活動により、
公的意味が製品・サービスに込められる

公的意味が込められた製品・サービス

 消費者が公的意味を解釈し、独自の消費に
よって、私的意味が製品・サービスに付与
される。

公的意味と私的意味が自己の一部となる

註）McCracken(1986)を参考に著者が作成

成の仕方は個人によって多様であると考えるのが自然であろう。社会的アイデンティティ理論から派生したチームアイデンティフィケーションも，自己概念形成を説明するための概念であった。チームアイデンティフィケーションは，個人が特定の社会的カテゴリーに心理的に所属するという考え方を前提とするため，ファンはチーム（社会的カテゴリー）の一員であるという考え方を取らざるを得ない。しかし，プレンティス（Prentice, 2006）が主張するように，社会的カテゴリー内における個人（プレンティスの主張によれば，このことを個人性という。）

に焦点を当てていく必要があろう。このカテゴリー内における個人性を明らかにするという点において，拡張自己の概念は，チームアイデンティフィケーションに注目した研究では明らかにすることができなかった点を補完できると考えられる。その理由は，ラディックら（Ladik, Carrillat & Tadajewski, 2015）の指摘からも理解できる。彼らが述べるように，拡張自己の重要性は，以下の二点があげられるだろう。一つ目は，消費行動における象徴的側面の重要性（symbolic importance）について考える方法を提示したことである。二つ目は，自己概念形成と消費の象徴的側面を解釈主義の手法によって理解することの重要性を説いたことである。スポーツファンに拡張自己の援用を試みることは，スポーツそのもの，またはスポーツチームを構成する要素の意味（象徴的側面）に注目し，ファンがどのようにスポーツ，もしくはチームと関連する意味を解釈し，繋がろうとしているのかを明らかにしようとすることと同意である。

第6節　拡張自己の学術的重要性

　これから，スポーツ消費者に拡張自己が援用できるのかどうかを説明していきたい。しかし，その前に本書は研究に関心がある大学生・大学院生をも対象にしているため，少し紙面を割いて拡張自己がマーケティング・消費者行動研究に与えた影響について述べておきたい。

　ベルク（1988）が拡張自己を提唱して以来，この概念はマーケティング，特に消費者行動研究分野において注目を集めてきた。その理由として，拡張自己という概念がそれまで以前に行われてきたマーケティング研究の科学哲学的土台とは別なものであったからである。ラディックら（Ladik et al., 2015）によれば，拡張自己が提唱された時のマーケティング研究の土台となっていた科学哲学的土台は，実証主義（positivism）であった。シェス（Sheth, 1988）によれば，実証主義の特徴としては，次の五つがあげられる。その五つとは，1）単一の真実であり，独立した要素で構成されている，2）研究者と研究対象となる現象は独立の関係である，3）時と場所に左右されない一般化された真実の追求が可能である，4）真実を構成する要素は原因と結果に分けることができる，5）個人の価値観に

縛られない客観的な知識を発見することが可能である。

　シェスの言及からも理解できるように，実証主義に基づくマーケティング研究では，マーケティングで起こる現象は，その原因と結果が客観的に説明することが可能であり，科学的に妥当であると認められている手法を通して提示された研究結果は一定の一般化可能性があると考えられていた。実証主義の考え方に従えば，消費者は，ある製品・サービスを購入する購買者として捉えられ，個人の購買行動に関する意思決定プロセスは客観的であり，そのプロセスを科学的手法によって明らかにすることが主な目的とされていた。正確に述べれば，実証主義に基づき消費者の購買行動の意思決定プロセスを明らかにすることを目的にする研究は購買者行動研究（buyer behavior）として呼ばれ，その対象は，個人が購買をするまでである。つまり，個人が製品を購入した後にどのような方法で，どのようなタイミングで購入した製品を使用しているかまでは研究対象にはしていなかった。しかし，ベルクは個人を単に購買するだけの存在として考えるのではなく，人間としての消費者として理解することが重要であると強調している。

　この人間としての消費者を理解するべきという考え方は1980年代後半には積極的に支持されている。ヒルシュマン（Hirschman, 1986）は，論理的な実証主義から産み出された知見に対しての一定の敬意を払いながらも，次のように主張する。マーケティングは，社会的に構成された諸活動であり，現象であるため，より人間的なアプローチが必要になる。ヒルシュマンによれば，社会的に構成されているということは，人の消費経験は個人的なものであり，その消費経験に対する評価は個人の価値観に大きく左右される。消費者自身が製品・サービスに込められた公的意味を独自に解釈し，自由な消費行動によって産み出される私的意味によって，拡張自己は形成される。ベルクが提唱した拡張自己という概念は，まさしくヒルシュマンの指摘する人間的なアプローチである。加えて，ベルクは幅広い分野で発表された文献のレビューを行い，マーケティング・消費者行動研究独自の概念として拡張自己を提唱している。人間的なアプローチの重要性を説き，分野独自の概念を提唱したことが，拡張自己が提唱されて以来，多くの研究者から支持されている理由なのであろう。

222

第7節　スポーツにおける拡張自己

　これまで，社会的アイデンティティ理論を援用した概念であるチームアイデン
ティフィケーションとマーケティング・消費者行動研究において積極的に援用さ
れてきた概念である拡張自己について説明をおこなってきた。ここからは，拡張
自己がスポーツ消費者にどこまで援用できると考えられるのかを先行研究を紹
介しつつ考えていきたい。拡張自己について考える際，考慮すべき点は，拡張自
己の形成は，物に込められた公的意味と私的意味が重要な役割を果たすことであ
る（Belk, 1988; McCracken, 1986; Richins, 1994）。つまり，スポーツファンの拡張
自己について考える際にも，スポーツに込められる意味について考える必要があ
ろう。

　スポーツに込められた意味に関して調べた研究として，最初にあげられるのは，
マクギニスとジェントリー（McGinnis & Gentry, 2009）によっておこなわれた弱
者の消費（underdog consumption）に関する研究である。正確を期すために述べて
おくと，彼らの研究は，スポーツのみを対象にした研究ではない。しかし，彼ら
の研究は，弱者というものを調べたことからスポーツに対して非常に有益な知見
を提供できると考えられる。

　彼らによると，弱者の消費は自己のアイデンティティに関連するものである。
弱者への選好は，優秀な人物・組織・ブランドへの拒否・抵抗を示すものであり，
強者へ挑戦するという行為に含まれている特性がよりその選好を強固なものに
する。近年，日本のスポーツシーンにおいても，ジャイアントキリングという言
葉が使われるようになってきた。力の劣る選手・チームが強者を打ち負かすとい
うシーンに何らかの感動を覚えるのは，下剋上やジャイアントキリングという言
葉に我々日本人も何らかの意味を見出すからであろう。

　マクギニスとジェントリーの研究においても，アメリカ人は弱者を単なる敗者
としては見なしていない。むしろ，弱者という存在の中に，強い意思を持ち，決
してあきらめることをせず，どんな困難に立ち向かい続けるパーソナリティを持
った人間という意味を見出しているインタビュー回答者もいた。これは，アメリ
カ人が弱者という存在に共有して解釈している公的意味の一つである。回答者の

中には，ニューヨーク・ヤンキースと比較して，カンザスシティ・ロイヤルズを弱者であると考えている。しかし，それはロイヤルズがチームの状況をコントロールすることが難しい環境の中にあり，そのことが挑戦することをより難しくしているとも考えている。そのような逆境に立ち向かうチームに共感する経験が，ファンの自己を形成していく。より正確言えば，チームの中にある弱者の公的意味を解釈し，その弱者であるチームに共感し，応援をする経験が私的意味となり、チームが自己の一部（チームが自己に拡大される）となる。

　マクギニスとジェントリーによって提示された結果，つまり人が弱者に自己のアイデンティティを見出すことは興味深い。その理由として，チームアイデンティフィケーションは，なぜ人が特定のスポーツチームに自己を心理的に所属し，その結果としての内集団びいきに関連した行動をとるようになるのかを説明する概念でもあった。チームアイデンティフィケーションの視点では，チームの勝利は重要な意味をもつものである。実際に，応援しているチームの勝利と自己概念の関係を示唆する研究は報告されており，同時にそのような研究は，ファンは敗北したチームと一定の心理的距離をとるようになることも報告している（Cialdini et al., 1976; Fisher & Wakefield, 1998）。弱者に込められた意味を自己に拡張させるという反応は，少なくとも，チームアイデンティフィケーションの視点からは説明が難しいように思われる。

　次に，紹介する研究（Bernache-Assollant, Bouchet, Auvergne & Lacassagne, 2011）は，フランスのプロサッカーリーグに所属するチームであるオリンピック・マルセイユのファンを対象にしたものである。具体的には，マルセイユのファンが，チームに込められた公的意味をどのように解釈し，その意味と繋がるためにどのような消費行動（応援行動）をとるのかを調べた。この研究が提示した結果で興味を惹かれる点は，マルセイユを応援しているファングループによって，マルセイユというチームに込められた公的意味の解釈が異なることである。そして，公的意味の解釈が異なると，その公的意味と繋がることで形成される私的意味の形成も異なることが示唆された。同じチームを応援していても，ファングループによって，チームに込められた公的意味の解釈が異なることはポルトガルのプロサ

ッカーファンを対象にした研究（Dionisio, Leal & Moutinho, 2008）でも報告されている。

　住田ら（Sumida et al., 2015）は，ファングループによってチームに込められた公的意味の解釈が異なることに注目し，マクラッケン（McCracken, 1986）の意味伝達モデルを援用しつつ，日本のプロサッカーリーグ（Jリーグ）のファンを対象に研究をおこなった。具体的には，ファンではあるが，ファングループなどには所属していない対象者とファングループに所属している対象者に同じ内容のインタビューと，その内容の比較分析をおこなった。その結果，両方の対象者も，チームが反映している地域性（locality）については，同じように解釈をしていることが示唆された。グループに属していない対象者は，チームを応援することで形成される人間関係から私的意味を見出しているのに対し，ファングループに所属している対象者は，試合そのものとスタジアムでの応援に関する行動に私的意味を見出していた。このことから，住田らはJリーグにおいて，何らかのグループに所属しているファンは，試合の勝ち負けをより大事にしていることからチームアイデンティフィケーションが強調されており，一方で，所属していないファンはチームを心理的に所有している感覚が強い可能性があると報告している。

　最後に，ベルギーのサッカーチームのファンを対象にした研究（Derbaix & Decrop, 2011）をあげておきたい。この研究は，チームカラーのグッズ，特にスカーフ（タオルマフラー）の消費行動に注目したものである。この研究の特筆すべき点は，ファンの消費行動をエスノグラフィーの手法を用いて調査することによって，チームアイデンティフィケーションによる自己概念形成と拡張自己による自己概念形成を個人レベルと集団レベルからの説明を試みたことである。この研究結果のまとめを図表10-5に示した。図表10-5の横は，チームカラーのグッズとスカーフの消費行動によって自己が形成されるのか，または表現されるのかを示している。縦は，自己が個人レベルにあるのか，集団レベルにあるのかを示している。

　それでは，この研究の結果を述べていきたい。彼らによると，個人レベルの自己は，チームへの献身によって形成される。神に仕える者たちが献身的になるよ

うに，ファンはチームカラーのグッズやスカーフを使用することで，神聖なチームを客体化（objectification）するように努める。次に，集団レベルの自己は，チームアイデンティフィケーションを通して形成される。チームカラーのグッズやスカーフは，内集団のシンボルとなり，他チームのファンとの違いを視覚化するものである。

図表 10-5 スポーツ消費のアイデンティティ形成

自己	創造	表現
個人レベル	献身性	単体化
集団レベル	アイデンティフィケーション	共同体化

註）Derbaix & Decrop（2011）より引用

　自己表現に関しては，個人レベルの自己は，単体化（singularization）を通して表現される。スポーツ観戦消費を形成する重要な要素の中に分類化（classification）が含まれる（Holt, 1995）。たとえ同じチームを応援するファングループの中にいたとしても，ファン個々人は，特別な存在であろうとする。あるファンが，チームカラーのグッズやスカーフを少しアレンジすることがあるのは，多くのファンがいる環境で，そのアレンジが自己という存在を周りにアピールし，一種の自信と誇りを与えるからである。これが単体化である。集団レベルの自己は，共同体化（communion）を通して表現される。スポーツファンは，下位文化集団（subculture）を形成しやすいことが報告されている（例えば，Bernache-Assollant, Bouchet et al., 2011）。そのため，スポーツファンは，下位文化集団が反映している彼ら自身の価値観・倫理観によって特徴づけられると考えられている。チームカラーのグッズやスカーフは，下位文化集団の優勢を表現するためにも使用されている。

第8節　まとめ

　本章は，スポーツファンのアイデンティティに関して説明をおこなってきた。これまでのスポーツファンを対象にした先行研究では，ファンのアイデンティティ形成の説明には社会的アイデンティティ理論を土台に提唱された概念であるチームアイデンティフィケーションが援用された。チームアイデンティフィケーションの援用は，スポーツファンと彼らがとる消費行動の特異性をある程度は明らかにした。しかし，社会的アイデンティティ理論は，人が特定のカテゴリーに心理的に所属する，つまりカテゴリーの一員と認識しているという考え方をとるために，カテゴリー内の個人性が見落とされやすい点があったことも指摘されている（Prentice, 2006）。カテゴリー内の個人性を理解するための視点として，本章は拡張自己の概念の援用を主張した。拡張自己は，マーケティング・消費者行動研究においては，積極的に研究されてきた。所有物が自己概念を形成するという考え方である。この概念を援用すれば，スポーツファンは，スポーツチームを自己の一部と捉えていると考えることができる。拡張自己は，社会的アイデンティティ理論と同様に，自己のアイデンティティ形成を説明する概念である。しかし，社会的アイデンティティ理論とは異なり，自己を軸にして所有物が一部となっていくという考え方をとるために，拡張自己の援用は，社会的アイデンティティ理論では理解することが難しかった個人性について一定の知見を与えてくれることが期待できる。本章の後半では，拡張自己と同様の考え方をした先行研究を紹介した。スポーツ観戦は，単なる娯楽の側面もあるが，一種の社会的価値を含む行動でもある。その行動の複雑さを理解するには，複数の理論と概念の援用が必要になる。今後は，拡張自己の概念を援用した研究が期待される。

参考文献

Belk, R.W.（1987）.,"Identity and the Relevance of Market, Personal, and Community Objects、" In J. Umiker-Sebeok（Ed.）, *Marketing and Semiotics*（pp. 151-164）. Berlin: Walter de Gruyter & Co.

Belk, R.W.（1988）.,"Possession and the Extended self," *Journal of Consumer Research,* 15（2）, pp.139-168.

Belk, R.W., & Tumbat, G.（2005）,"The Cult of Macintosh," *Consumption, Markets and Culture, 8*（3）,pp.205-217.

Bernache-Assollant, I., Bouchet, P., Auvergne, S., & Laxassagne, M.-F.(2011)," Identity Crossbreeding in Soccer Fan Groups: A Social Approach. The Case of Marseille（France）," *Journal of Sport and Social Issues, 35*（1）, pp.72-100.

Cialdini, R.B., Borden, R.J., Thorne, A., Walker, M.R., Freeman, S., & Sloan, L.R.（1976）., "Basking in Reflected Glory: Three（Football）Filed Studies.," *Journal of Personality and Social Psychology, 34*（3）, pp.366-375.

Csikszentmihalyi, M., & Rochberg-Halton, E.（1981）,*The Meaning of Things: Domestic Symbols and the Self*, Cambridge University Press.

Derbaix, C., & Decrop, A.（2011）,Colours and Scarves: An Ethnographic Account of Football Fans and their Paraphernalia," *Leisure Studies, 30*（3）, pp.271-291.

Dionisio, P., Leal, C., & Moutinho, L.（2008）, "Fandom Affiliation and Tribal Behavior: a Sports Marketing Application," *Qualitative Market Research: An International Journal, 11*（1）, pp.17-39.

Fink, J.S., Parker, H.M., Brett, M., & Higgins, J.（2009）,"Off-field Behavior of Athletes and Team Identification: Using Social Identity Theory and Balance Theory to Explain Fan Reactions," *Journal of Sport Management, 23*,pp.142-155.

Fisher, R.J., & Wakefiled, K.（1998）, "Factors Leading to Group Identification: A Field Study of Winners and Losers. *Psychology & Marketing, 15*（1）, pp.23-40.

Funk, D.C., Alexandris, K., & McDonald, H.（2016）, *Sport Consumer Behaviour: Marketing Strategies*, Oxon: Routledge.

Harada, M., & Matsuoka, H.（1999）, "The Influence of New Team Entry upon Brand Switching in the J-League," *Sport Marketing Quarterly, 8*（3）, pp.21-30.

Hirschman, E.C.（1986）, "Humanistic inquiry in Marketing Research: Philosophy, Method, and Criteria, " *Journal of Marketing Research, 23*（3）, pp.237-249.

Holt, D.B.（1995）," How Consumers Consume: A typology of Consumption Practices," Journal *of Consumer Research, 22*（1）, pp.1-16.

Inoue, Y., Funk.D.C., Wann, D.L., Yoshida, M., & Nakazawa, M.（2015）,"Team Identification and Postdisaster Social Well-Being: The Mediatiing Role of Social Support," *Group Dynamics Theory Research and Practice, 19*（1）,pp.31-44.

Inoue, Y., Sato, M., Filo, K., Du, J., & Funk, D.（2017）, "Sport Spectatorship and Life Satisfaction: A Multicountry Investigation," *Journal of Sport Management, 31*（4）,pp.419-432.

Jenkins, R.（2008）,*Social Identity*, Hoboken: Taylor & Francis.

228

Kwon, H.H., & Armstrong, K.L. （2002）, "Factors Influencing Impulse Buying of Sport Team Licensed Merchandise," *Sport Marketing Quarterly, 11* （3）, pp.151-163.

Kwon, H.H., Trail, G., & James, J.D. （2007）, "The Mediating Role of Perceived Value: Team Identification and Purchase Intention of Team-Licensed Apparel," *Journal of Sport Management, 21* （4）, pp.540-554.

Ladik, D., Carrillat, F., & Tadajewski, M. （2015）, "Belk's （1988） "Possessions and the Extended Self" Revisited," *Journal of Historical Research in Marketing, 7* （2）, pp.184-207.

Matsuoka, H., Chelladurai, P., & Harada, M. （2003）, " Direct and Interaction Effects of Team Identification and Satisfaction on Intention to Attend Games," *Sport Marketing Quarterly, 12* （4）, pp.244-253.

McCracken, G. （1986）, " Culture and Consumption: A Theoretical Account of the Structure and Movement of the Cultural Meaning of Consumer Goods," *Journal of Consumer Research, 13* （1）, pp.71-84.

McGinnis, L.P., & Gentry, J.W. （2009）, "Underdog Consumption: An Exploration into Meanings and Motives," *Journal of Business Research, 62* （2）, pp.191-199.

Mittal, B. （2006）, "I, Me, and Mine‐How Products Become Consumers' Extended Selves," *Journal of Consumer Behaviour, 5* （6）, pp.550-562.

宮澤薫（2018）,"消費するわたしたち？：消費者と社会的アイデンティティ," 山内一成・池内裕美編著「消費者心理学」（pp.179-194.）．東京：勁草書房．

Prentice, D. （2006）, " Acting like an Individual Versus Feeling like an Individual," In T. Postmes & J. Jetten （Eds.）, *Individuality and the Group* （pp. 37-55）. London: Sage Publication Ltd.

Richins, M.L. （1994）, " Valuing Things: The Public and Private Meanings of Possessions," *Journal of Consumer Research, 21* （3）, pp.504-521.

Sheth, J.N., Gardner, D.M., & Garrett, D.E. （1988）,*Marketing Theory: Evolution and Evaluation*, New York: Wiley.

Schouten, J., & McAlexander, J.H. （1995）, "Subcultures of Consumption: An Ethnography of the New Bikers, " *Journal of Consumer Research, 22*(1), pp.43-61.

Stets, J.E., & Burke, P.J. （2000）, "Identity Theory and Social Identity," *Social Psycology Quarterly, 63* （3）,pp.224-237.

Sumida, K., Wooliscroft, B., & Sam, M. （2015）, " Sport Fans and Psychological Ownership: The Team as Cultural Institution," *Asia Pacific Journal of Sport and Social Science, 4* （2）, pp.144-166.

Wann, D.L., & Brancombie, N.R. （1993）, " Sports Fans: Measuring Degree of

Identification with their Team, " *International Journal of Sport Psychology, 24* (1) , pp.1-17.

Wann, D.L., & Dolan, T.J. （1994）, " Attribution of Highly Identified Sports Spectators.," *Journal of Social psychology, 134* （6）, pp.783-792.

Wann, D.L., Baynes, C., & Driver, A.K., （2004）, " Likelihood of Attending a Sporting Event as a Function of Ticket Scarcity and Team Identification.," *Sport Marketing Quarterly, 13*, pp.209-215.

Wann, D.L., & James, J.D. （2019）, *Sport Fans : The Psychology and Social Impact of Fandom* （2nd Ed.）, NY: Routledge.

（住田　健）

第11章　スポーツマーケティング研究の現状と課題

第1節　スポーツマーケティング研究はどこまで進んだか

　近年，わが国において，スポーツマーケティングに関する研究が加速度的に展開されている。例えば，国立国会図書館 NDL-OPAC（https://www.ndl.go.jp/）で検索してみると，「スポーツ」と「マーケティング」の2つのワードをタイトルに含めた図書は，2017年以降だけで6冊にも上るし[1]，国立情報学研究所 CiNii Articles（https://ci.nii.ac.jp/）を用いて，同じ2つのワードで検索してみると，同じく2017年以降だけで42件もの論文がリストアップされる（最終アクセス 2019年12月13日）[2]。また，2016年には，日本マーケティング学会の内部に「スポーツマーケティング研究会」が設置されたし，原田・篠田（2018）によれば，2017年度には70校以上の大学で，「スポーツマーケティング」が講義科目として開講されている。まさに，「スポーツマーケティングは，今日，急速に成長しつつある学問分野のひとつである」（薄井（2018），85頁）。

　では，スポーツマーケティング研究はどこまで進んだのだろうか。本章の目的は，スポーツマーケティングに関する代表的な研究をサーベイしながら，その現状と課題を明らかにすることである。

第2節　スポーツマーケティング研究誕生の背景

　Mullin, et al.（2014）によれば，「スポーツマーケティング」という言葉が最初に用いられたのは，アメリカの広告専門雑誌『アドバタイジング・エイジ』の1979年8月27日発行号においてである[3]。そこでは，スポーツのイメージや魅力を販促手段として利用した財・サービスのマーケティングを表す言葉として使われている。それ以降，スポーツマーケティングへの関心は大きく高まったが，とりわけ関心を高めた出来事としてよく知られているのは，1984年に開催されたロサンゼルスオリンピックである。

　ロス五輪が開催された当時のアメリカでは，戦後確立された経済の優位性が失われつつあり，時のレーガン政権によって景気浮揚を目指した大型減税が実施されていた。そのため，教育，福祉，スポーツ・レクリエーションなどの公共サービスに対する予算が大幅に削減され，ロス五輪に対しては一切の財政支援が拒否された。そこで，ロ

ス五輪の組織委員長であったピーター・ユベロス（Peter V. Ueberroth）と，国際オリンピック委員会（International Olympic Committee: IOC）の当時の会長であったフアン・アントニオ・サマランチ（Juan Antonio Samaranch），そして，アディダス2代目の最高責任者で当時のスポーツ界において圧倒的な影響力を誇っていたホルスト・ダスラー（Horst Dassler）は，オリンピックというスポーツをマーケティングすることに打って出た。「後年のスポーツイベントが範とする，(1) 独占放送権販売（放送権料）と (2) 公式スポンサー・サプライヤー制度，そして (3) 商品ライセンシングによるマーチャンダイジングといった，スポーツが生み出す『権利』を取引するスポーツビジネスの〈方程式〉をつくり」上げたのである（原田（2018a），23 頁）。「ユベロス・マジック」とも呼ばれるこの方程式は，図表 11-1 のように示すことができる。これにより，それまで赤字基調であったオリンピック事業が2億ドルを超える利益を上げた。財政支援を拒否され，自らの手で運営資金を確保しなければならなくなったスポーツが，その手法としてマーケティングを求め，大成功を収めたのである。

　スポーツがマーケティングを求めた事情は，わが国においても同様である。明治時代に輸入され，「体育」と翻訳された日本のスポーツは，古来の「武道」と混同されながら，「精神と肉体を鍛えるツール」として学校教育に導入されたばかりでなく，「いわゆる日本独自の家族主義的企業経営の安定的運営のため『社員の一体感』『忠誠心の涵養』」を促す役目を持つことになった（町田（2008），258 頁）。その装置が企業保有のスポーツチームであり，企業に経済的な基盤を支えられた日本のスポーツは，「金の心配をしないで」存続することができた。だが，1990 年代初頭にバブル経済が崩壊し，その後の長い景気低迷の中で企業がスポーツを保有する余力を失うと，スポーツは経済的な自立を図らなければならなくなり，そのためにマーケティングを求めるようになった。

　このようにスポーツがマーケティングを求めた一方で，マーケティングがスポーツを求めたという事情もある。Kotler & Levy（1969）を発端として，「マーケティング概念を拡張すべきか否か」という論争が引き起こされた結果，それまで寡占的製造企業の対市場活動として体系化されてきたマーケティング研究に変化が起こり，マーケティングの社会的責任に関するソーシャル・マーケティングと，営利たる企業のマーケ

図表 11-1　スポーツイベントの交換システム

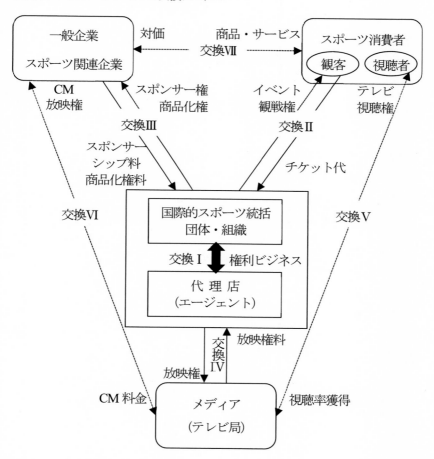

出典：中西（2017a），23 頁

ティングを非営利組織にも導入・適応していくという非営利組織マーケティング，そして，経済のソフト化・サービス化の進展に関連したサービス・マーケティングが検討され，研究の一分野として確立されることになった。こうして，例えば，スポーツ・スポンサーシップやスポーツ関連団体の対市場活動，スポーツイベントの販売促進活動などがマーケティングとして認識されるようになった。つまり，そのアイデンティ

ティを問われたマーケティングが，新しい対象領域の１つとしてスポーツを求め，概念拡張を果たしたのである。

スポーツとマーケティングとの間には，スポーツがマーケティングを求め，マーケティングがスポーツを求めるという「スポーツとマーケティングの幸せな出会い」がある（原田（2018a），21頁）。こうした出会いを背景に，スポーツマーケティング研究は誕生したということができる。

第3節　スポーツマーケティング研究の対象領域

「体育・スポーツの分野に，現代的な意味での経営という考え方を取り入れたわが国で最初の本」とされるのは，宇土（1970）である（山下（2006），1頁）。そこでは，「人々の運動の成立・維持に必要な直接的条件の整備に関する営み」（宇土（1982），13頁）である体育・スポーツ事業におけるPRや広告の手法が紹介されている。

そうした宇土の議論を高く評価しながら，体育・スポーツ経営学の中にマーケティングの思考や理論などを初めて取り入れたのが，山下（1985）である。宇土（1970）において，PRや広告が「基本的体育事業」ではなく「関連的体育事業」として位置づけられたことを指摘しながら，山下（1985）は，特定あるいは不特定の人々を所与の運動の場や機会に参加しやすくするために，個々の体育・スポーツ経営体によってこれまで模索されてきたいろいろな方策を，「基本的」と「関連的」に区別するのではなく，運動者満足の効率的達成という目的のもとに統合化し，1つの交換のシステムとして一貫性を保たせる必要があると主張する。そして，それがスポーツマーケティングであり，「改まってスポーツ・マーケティングを定義するならば，体育・スポーツ事業の需要創造から運動者満足の達成に至るまでのプロセスを問題にし，運動の場や機会を，円滑に，しかも最適な方法で運動者に供給するための一連の活動ということができる」としている（山下（1985），6頁）。

この定義で確認すべきは，スポーツマーケティングの主体が「運動の場や機会の供給者」に，そして，対象顧客が「運動者」に限定されていることである。つまり，スポーツマーケティングの対象領域が，体育・スポーツ施設やスポーツ教室など，スポーツを「する」ことにかかわるマーケティングに限られており，例えば，図表11-1で

示したような，スポーツを「見る」ことにかかわるマーケティングは対象領域とされていない。原田（2018a，26 頁）によれば，このような定義に至った背景には，「学校体育や公共体育・スポーツ施設の経営管理分析に主眼を置いた宇土学派の流れが存在する。すなわちスポーツを『する』ことに先験的な教育的価値を認めながら，学校や公共施設といったパブリックな土壌に育つ体育・スポーツを，プラン・ドゥー・シーの経営サイクルによって大きく育て，豊穣なスポーツ文化を育成しようとする考えである」(4)。

　こうした「するスポーツ」のマーケティングを強調した研究の対極にあるのが，「見るスポーツ」のマーケティングを基調とした研究である。例えば，間宮（1995）は，スポーツマーケティングの対象領域を「見るスポーツ」に特定するとし，その定義を，「権利所有者と購買者の間で相互理解を得ながら，スポーツをメディア・スポーツとして，媒体価値を高め，商品・サービス化を行なうことにより，市場創造を促進させる過程」とした（間宮（1995），19 頁）。ここでいう「権利所有者」は，図表 11-1 における「スポーツ統括団体・組織」と「代理店（エージェント）」であり，「購買者」は，「スポーツ消費者」「一般企業」「スポーツ関連企業」「メディア（テレビ局）」である。したがって，「メディア・スポーツ」とは，単にマスメディアによって取り上げられ報道されるスポーツというだけでなく，スポーツ自体がメディアとして機能することを意味しており，それによって市場創造を促進させる過程の全てがスポーツマーケティングであるということになる。

　この点を，スポーツマーケティングの構造として論じたのが，海老塚（2001（改訂版 2004））である。それによれば，「スポーツの主体者であるスポーツ団体（国際連盟，各国協会，プロリーグ，チームなど）が具体的な権利なり，イメージなりを『売る』という行為」の創造を促進させるスポーツマーケティングには，「スポーツを売る」マーケティングと「スポーツで売る」マーケティングの 2 つがある（海老塚（2004），26 頁）。前者が，スポーツの権利ビジネスの活性化を目的としたスポーツそれ自体のマーケティングであるのに対し，後者は，『アドバタイジング・エイジ』において用いられた「スポーツマーケティング」と同じく，スポーツが持つさまざまなポテンシャルを活用したマーケティングである。つまり，スポーツと直接的な関係を持たない財・サ

ービスであっても，スポーツ・スポンサーシップなどそれがスポーツを活用する限り，スポーツマーケティングの対象領域となる。

　「スポーツを売る」マーケティングと「スポーツで売る」マーケティングのそれぞれを，スポーツ社会学の知見により，「マーケティング of スポーツ（スポーツのマーケティング）」と「マーケティング through スポーツ（スポーツを利用したマーケティング）」と捉えた広瀬（2002）は，それら2つのバランスをとりながら最大の効果と利益を目指すことがスポーツマーケティングの基本であるとする。そして，「スポーツマーケティングとは競技団体，スポーツに関する企業，及び他の企業や組織がグローバルな視野に立ち，スポーツファンとの相互理解を経ながら，スポーツに関する深い理解に基づき公正な競争を通して行うスポーツ市場創造のための総合的活動である」と定義している（広瀬（2002），51頁）。

　以上の間宮（1995），海老塚（2001（改訂版2004）），広瀬（2002）は，いずれも大手広告代理店において「見るスポーツ」のマーケティングを手掛けてきた経験に基づいた研究であり，スポーツビジネスの現場感覚を反映している (5)。

　このように，わが国スポーツマーケティング研究においては，体育・スポーツ経営学の研究者による「するスポーツ」のマーケティングを強調した研究と，広告イベントないしはメディア関係者による「見るスポーツ」のマーケティングを基調とした研究が，相互独立した研究分野であるという性格を前提にして展開されてきた。これに対し，スポーツマーケティング研究の先進国である欧米では，マーケティングやマネジメントの専門家によって研究が行われてきたということもあり，スポーツマーケティングを複数の角度・視点から包括的に捉えようとする研究が多く見られる。例えば，そこにおいてしばしば引用される Mullin, et al.（1993（4th ed., 2014, p.13））は，「スポーツマーケティングは，交換過程を通じてスポーツ消費者のニーズとウォンツを満たすためにデザインされた全ての活動であり，スポーツ消費者に向けたスポーツプロダクトおよびサービスのマーケティングと，スポーツパートナーシップやスポーツプロモーションによるその他消費財と産業財ないしはサービスのマーケティングという2点を中心に発展している」と述べ，「of」と「through」はもちろん，「するスポーツ」と「見るスポーツ」のいずれをもスポーツマーケティング研究の対象領域としている。

同様の議論は，Brooks（1994），Shilbury, et al.（1998），Milne & McDonald（1999）においても見られる。また，Shank（1999）は，スポーツ用品を製造・販売する企業もスポーツマーケティングの主体であると捉えているし，Pitts & Stotlar（2002）は，さらにスポーツアパレルやスポーツツーリズムなどをスポーツマーケティング研究の対象領域に含めている。

　こうした包括的な研究を参考にしながら，図表 11-2 のように，スポーツマーケティング研究の概念枠組みを提示したのが，首藤（2004）である。また，原田（2018a）も，スポーツマーケティング研究の対象領域を図表 11-3 のように示している。

　首藤（2004）と原田（2018a）に共通するのは，「今やスポーツビジネスは，オリンピックやワールドカップのようなメガ・スポーツイベントの領域から，各国のプロスポーツリーグやスポーツ選手のマネジメントとマーケティング，そしてスポーツ施設経営やスポーツ用品の企画・販売にまで，広い裾野を持つ〈産業〉として認知されるようになり，スポーツビジネス現象を扱うマーケティング科学の必要性が増した」という認識である（原田（2018a），25 頁）。それゆえ原田（2018a，30 頁）は，「スポーツマーケティングを，『するスポーツ』と『見るスポーツ』で生起するスポーツ消費者のニーズと欲求を満たすために行われるすべての活動と定義し，その中に『スポーツ用品やスポーツサービスの価値を高めるマーケティング』と，『スポーツを利用して製品やサービスの広告価値を高めるマーケティング』を含むと考えた」。

　スポーツマーケティング研究である以上，それはスポーツビジネス現象を扱わなければならない。そして，スポーツビジネス現象は，「するスポーツ」と「見るスポーツ」から「of」と「through」まで，多岐にわたっている。したがって，スポーツマーケティング研究の対象領域は，それら全てを網羅できる範囲まで拡張されているということができる。

図表 11-2 スポーツマーケティング研究の概念枠組み

〈スポーツ提供主体〉

スポーツ・サービスを提供する個人

（プロ・スポーツ・アスリート，プロ・スポーツ指導／管理者など）

〈対象顧客〉

スポーツを娯楽として購入する個人，スポーツ・サービスを提供する組織，スポーツを娯楽として提供するメディア，スポーツを健康・肉体の鍛錬として購入する個人，スポーツ製品を製造販売する組織，（スポンサーとしての一般企業）

〈考慮要因〉

マーケティングの方法によって，メディアおよびスポーツ用品製造業者，「スポーツ施設を管理，運営する組織」を顧客ではなく，チャネルとして考えることが必要

〈スポーツ提供主体〉

娯楽としてスポーツ・サービスを提供する組織

（プロ野球チーム，プロ・サッカー・チームなど，その他アマチュアのチームも含む）

〈対象顧客〉

スポーツを娯楽として購入する個人，スポーツを娯楽として提供するメディア，（スポンサーとしての一般企業）

〈考慮要因〉

上記の「スポーツ・サービスを提供する個人」と基本的には同様であるが，場合によっては「スポーツ・サービスを管理・運営する組織」をチャネルとして考えることが必要

自社がパッケージとして提供するスポーツ（ゲーム，イベント等）以外に，「スポーツを提供する個人」を製品として計画・管理することが必要

〈スポーツ提供主体〉

スポーツ・サービスを管理・運営する組織または団体

（プロ野球コミッショナー協会やJリーグ，日本サッカー協会などの管理・運営団体／協会）

〈対象顧客〉

スポーツを娯楽として購入する個人，スポーツを娯楽として提供するメディア，（スポンサーとしての一般企業）

〈考慮要因〉

「スポーツ・サービスを提供する組織」・「スポーツを提供する個人」・「娯楽として提供するスポーツ・パッケージ」を3次元で製品として計画・管理することが必要

〈スポーツ提供主体〉

スポーツ有形財を製造販売する組織

（Nike，MIZUNO などのスポーツ用品製造業者およびスポーツ・アパレル製造業者，スポーツ施設建設業者を含む）

〈対象顧客〉

スポーツを娯楽として購入する個人，スポーツを健康・肉体の鍛錬として購入する個人，スポーツ・サービスを提供する組織，スポーツ・サービスを管理・運営する組織

〈利用チャネル〉

スポーツ製品販売業者

〈考慮要因〉

「スポーツ・サービスを提供する個人」・「スポーツ・サービスを提供する組織」・「スポーツ・サービスを管理・運営する組織」をプロモーション要素およびチャネルとして捉えることも必要

> 〈スポーツ提供主体〉
>
> スポーツ施設を管理・運営する組織
>
> （東京ドームなどの施設の管理・運営会社およびフィットネス・クラブなど）
>
> 〈対象顧客〉
>
> スポーツを娯楽として購入する個人，スポーツを健康・肉体の鍛錬として購入する
> 個人，スポーツ・サービスを提供する組織，スポーツ・サービスを管理・運営する
> 組織，（スポンサーとしての一般企業）
>
> 〈考慮要因〉
>
> 「スポーツ・サービスを提供する組織」・「スポーツ・サービスを管理・運営する組
> 織」は顧客であると同時に，製品パッケージ要素の1つであるということを理解す
> ることが必要

出典：首藤（2004），72頁

第4節　スポーツマーケティング研究の現状

　上述したように，包括的なスポーツマーケティング研究には，スポーツ用品やアパ
レル，スポーツツーリズムなどをも対象領域に含めるか否かという点で違いが見られ
る。だが，スポーツマーケティングの内実を分析するに当たっては，マーケティング
一般についての研究で必ずといってよいほど用いられる図表11-4のような「マーケテ
ィング・マネジメント・プロセス」に基づいている点で，特別な差異が認められると
ころはない。したがって，以下では，そうしたスポーツマーケティング・マネジメン
ト・プロセスに沿いながら，スポーツマーケティング研究はどこまで進んだかについ
て検討したい。

(1)　スポーツ消費者

　Mullin, et al.（2014）や原田（2018a）のスポーツマーケティングの定義に見られたよ
うに，スポーツマーケティングの目的はスポーツ消費者のニーズとウォンツを満たす
ことにある。それゆえ，スポーツマーケティング・マネジメント・プロセスの出発点
には，スポーツ消費者の分析が位置づけられる。

図表 11-3　スポーツマーケティング研究の対象領域

	するスポーツ		見るスポーツ	
	公共セクター	民間セクター	公共セクター	民間セクター
スポーツのマーケティング	・ スポーツ推進戦略 ・ 公共スポーツ施設の集客戦略	・ 民間フィットネスクラブの会員獲得戦略 ・ スポーツ用品メーカーの新製品キャンペーン	・ 公共スタジアム・アリーナの経営 ・ プロスポーツチームへの出資	・ 民間スタジアム・アリーナの経営 ・ プロチームの経営
スポーツを利用したマーケティング	・ 公共広告（種々のキャンペーンや広報活動におけるスポーツ選手の活用）	・ フットサルやバスケの 3×3 を使った企業の PR やショッピングモールの販促活動	・ スポーツに親しむまちづくり ・ スポーツを触媒（キャタリスト）とした都市戦略	・ 実業団チームによる企業イメージの向上 ・ スポーツ・スポンサーシップ

出典：原田（2018a），30-31 頁

　スポーツ消費者は，「『楽しみや他のベネフィットを得ることを目的として運動やスポーツに参加したり，それに関する情報を得るために，時間，金，個人的エネルギーを投資する人々』と定義することができる。その中でも特に，スポーツ消費者研究は，『するスポーツ』としてスポーツに参加する人々と，『見るスポーツ』としてスポーツを観戦する人々といった 2 つの大きなカテゴリーから構成される」（原田（1997），151頁）。

　参加型スポーツ消費者の研究は，原田（1997）や吉田（2011）が指摘するように，

図表 11-4 スポーツマーケティング・マネジメント・プロセス

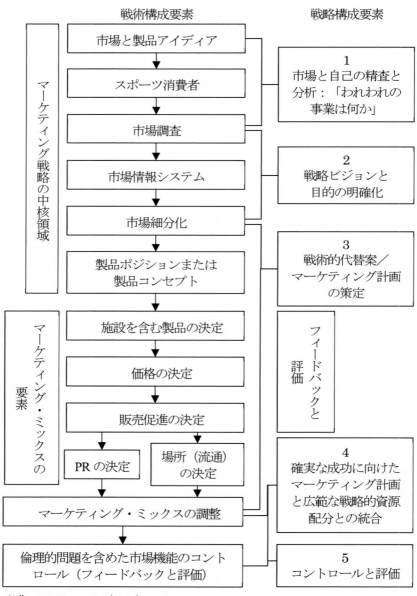

出典：Mullin, et al.（2014），p.33.

観戦型スポーツ消費者の研究に比べて数が少ない。それでも，スポーツ参加者のスポーツコミットメントとスポーツ関連消費との関係を分析し，そこからスポーツマーケティングへのインプリケーションを導き出そうとする研究（Casper, et al.（2007）；Fernandes, et al.（2013））がいくつか見られる。

　観戦型スポーツ消費者の研究は，観客動員数に影響を与える要因についての研究（Marcum & Greenstein（1985））や，Funk, et al.（2002）を初めとする観戦動機についての研究，観戦者のロイヤルティに関する研究（Harada & Matsuoka（1999）），コミットメントに関する研究（Matsuoka, et al.（2003）），エンゲージメントに関する研究（Yoshida, et al.（2014）），観戦者への準拠集団の影響に関する研究（Funk & James（2001））など多様であり，特に観戦動機については多数の研究が存在する。また，Wann & Branscombe（1990）は，成功している他者との関係を強める傾向を意味する BIRGing（basking in reflected glory）と失敗している他者から離れようとする傾向を意味する CORFing（cutting off reflected failure）の概念を援用して観戦者の行動を分析するというユニークな研究を行っている。それによれば，例えば，在籍する大学のスポーツチームが勝利すると，自分がその大学の一員であることを他者に分かる形で表現しようとするのに対して，惨敗すると，在籍していることに言及しなくなるという現象が見られることになる。

　この他，Funk, et al.（2016）は，スポーツ用品の消費者とスポーツイベントの消費者についても論じている。しかし，いずれにせよ，スポーツ消費者の分析は，スポーツマーケティング・マネジメント・プロセスの一部である限り，スポーツマーケティングへのインプリケーションを得ることを目的に行われる。そして，その多くは，消費者行動論のメイン・ストリームを形成してきた消費者情報処理アプローチに依拠している。

　だが，Hill & Robinson（1991）が指摘するように，参加型スポーツ消費は体験的消費であり，他の一般的な消費とは比較にならないほど熱狂してしまうことが多い。また，Trail, et al.（2003）が指摘するように，「ファン（fan）」という言葉は，熱狂的・狂信的を意味する"fanatic"の短縮形であり，観戦型スポーツ消費もまた熱狂的になりやすい。そして，そうした消費は，消費者情報処理アプローチによって分析することが難しい

ともいわれている。それゆえ，スポーツマーケティングへのインプリケーションを得るためには，快楽的消費や体験的消費に焦点を当てた新しいアプローチによって分析する必要があるという議論（原田（2006））も行われている。

(2)　市場調査と STP

　一般的なマーケティング・マネジメント・プロセスに従えば，まず市場調査を行い，それに続いて，セグメンテーション (S)，ターゲティング (T)，ポジショニング (P) を決定することになる。スポーツマーケティング・マネジメント・プロセスもこれに倣っており，代表的なテキストの多くが，市場調査と STP について論じている。だが，いずれも一般的なマーケティング論で論じられるそれと変わりなく，せいぜいスポーツビジネスをケースに市場調査と STP を説明しているというにすぎない。

(3)　製品政策

　スポーツマーケティングにおいて扱われる商品，すなわちスポーツプロダクトは，きわめて複雑な構造を有している。例えば，「するスポーツ」としてのテニスレッスンの場合，レッスンというサービスがなければ始まらないが，その他に，コートやロッカー，シャワールームなども完備されていなければテニスレッスンというプロダクトは成り立たない。「見るスポーツ」としてのプロ野球リーグ戦の場合，試合というサービスがなければ始まらないが，その他に，スタジアムや座席，売店なども完備されていなければプロ野球リーグ戦というプロダクトは成り立たない。つまり，スポーツプロダクトは，有形のモノから無形のサービスまでを含む多くのプロダクトの複合体という構造になっている。したがって，スポーツマーケティングにおけるプロダクト論は，その複雑な構造を明確にすることから始められることが多い。

　そのために用いられるのが，一般的なマーケティング論におけるプロダクト論でもしばしば用いられる「顧客価値ヒエラルキー」の枠組みである。この枠組みによれば，プロダクトの構造は，顧客の期待に基づいて設定される 5 つのレベルから成る。最も基本的なレベルは，「中核ベネフィット」であり，顧客が何を求めてその商品を買うのかというコアプロダクトに相当する。第 2 レベルは，「基本製品」であり，中核ベネフ

ィットを実在する形で示す。第3レベルの「期待製品」は，顧客がその商品を購入する際に期待するさまざまな属性や条件である。その期待をさらに上回るのが第4レベルの「膨張製品」であり，競合他社との製品差別化や，顧客満足および顧客ロイヤルティの維持・向上に不可欠な周辺的属性または条件である。そして，最後の第5レベルは，将来的に機能拡張などが期待できる「潜在製品」である。

　以上の顧客価値ヒエラルキーを，代表的なスポーツプロダクトを例に示したのが，図表11-5である。消費者が求めるのは，プロダクトそのものではなくベネフィットであり，スポーツプロダクトのベネフィットは，「情緒的かつ主観的な産物で，感じ方や評価は個々人によって大きく異なる」ことが理解される（原田（2018a），14頁）。また，中核ベネフィットあるいはコアプロダクトの中には，マーケティングによって実現することが単に難しいだけでなく，マーケティングが及ばないプロダクトもあることが分かる。例えば，レッスンの「達成（技術向上）」は，必ずしも意図した通りにはいかないし，試合の「競争（勝敗）」にマーケティングが及ぶことは許されない。それゆえ，それ以外のプロダクトのマーケティングに力が注がれることになる。

　そこで重要とされるのが，サービス・マーケティングの分野でよく知られているサービス・エンカウンターの概念である。例えば，中西（2017b）に示されるように，テニスレッスンの参加者がスポーツプロダクトの提供者と出会う「真実の瞬間」は，「駐車場に車を停める，クラブ施設全体を見渡す，フロントでテニスレッスンの手続きをする，ロッカールームへ移動し到着する，着替えてテニスコートへ移動する，インストラクターが来るのを待つ，インストラクターからテニスレッスンを受ける，レッスン終了後シャワー・サウナ室で汗を洗い流す，着替えてフロントへ移動し手続きを済ませる，駐車場へ移動し車を出す」など多岐にわたる(6)。そして，その時々で，サービス・クオリティが評価される。その評価は，一般に，5次元から成るサーブクォル（SERVQUAL），すなわち，物理的施設・設備，従業員の外見や容姿・服装，および他の物的な印象を意味する「触知性」，組織が約束したサービスを正確かつ確実に，そして首尾一貫して提供できる能力への信頼感を示す「信頼性」，従業員が顧客の要望や要求に応じて積極的かつ迅速に行動するかどうかの姿勢や構えを表す「反応性」，従業員の持つ知識・技能と顧客への礼儀正しさに関する評価である「確実性」，顧客の個人

図表 11-5　スポーツプロダクトの 5 次元モデル

参加型スポーツプロダクト：テニスレッスンの場合
〈中核ベネフィット〉
自由な活動，達成（技術向上），社交，充実感
〈基本製品〉
テニス［ネット型，シングルス・ダブルス，テニスラケット，コート，ネット・ネットポスト，ボール］
〈期待製品〉
優秀なインストラクター，親しみやすい参加者，使いやすいテニスコート，リラックスできるコートサイドベンチ，清潔なロッカー＆シャワールーム
〈膨張製品〉
快適なロビー，託児サービス，フロントスタッフのホスピタリティ
〈潜在製品〉
SNS を活用した技術クリニックや参加者間の交流促進，パーソナルレッスン
観戦型スポーツプロダクト：プロ野球リーグ戦の場合
〈中核ベネフィット〉
競争（勝敗），模倣，娯楽，解放感，興奮，感動
〈基本製品〉
野球［攻守交代型，9 人のチーム編成，ボール，バット，グラブ，ミット，グラウンド］
〈期待製品〉
便利なチケット販売システム，素晴らしいスタジアム，快適な座席，接戦，スター選手の活躍，監督の見事な采配，公正な審判，便利な駐車場
〈膨張製品〉
特別席，ラグジュアリーボックス（特別室），コートサイド席，電光掲示板の演出
〈潜在製品〉
ソーシャルメディアの活用，ICT サービスの提供，ツーリズムパッケージ

出典：中西（2017c），49 頁

的問題や気持ちを理解し，その問題を一緒に解決しようという姿勢や努力を指す「共感性」の5つを基準に行われるといわれている (7)。したがって，スポーツマーケターは，サービス・マーケティング特有の3つの付加的なマーケティング・ミックス，すなわち，接客要員やその他のバックヤード従業員，およびさまざまな顧客層の特性にかかわる「参加者（Participants）」，サービスを提供する施設空間・環境や雰囲気などの人の感性に影響を及ぼす可視的な要素を含む「物理的環境（Physical evidence）」，サービス提供の実際の手順や仕組み，サービス活動の流れ，および顧客の参加・協働の程度などを示す「サービス提供プロセス（Process of service）」によって顧客接点のそれぞれに対応し，期待を上回るサービスを提供することで，顧客満足を図らなければならないとされる。

　しかし，「見るスポーツ」の場合，そうしたサービスよりもコアプロダクトとしての試合の内容の方が顧客満足に強い影響を与えることが明らかにされている（Yoshida & James（2010））。それゆえ，スポーツを感動やエクスタシーといったある種の至高経験にまで高めていくことが必要であり，そのためには，「経験価値」を創造し提供するための卓越したマネジメントが重要になるとして，経験価値マーケティングについて検討している議論（原田（2018b））もある。

(4)　価格政策，販売促進政策，流通政策

　スポーツマーケティングにおける価格政策論，販売促進政策論，流通政策論も，スポーツマーケティング・マネジメント・プロセスの他のステップの研究と同じく，標準的なマーケティング論のテキストを読んでいるかのような錯覚に陥らせるほどまさに教科書通りに各ステップの基本的概念について説明し，それに基づいて議論を展開している。したがって，市場調査およびSTPについての議論と同様，基本的にはスポーツビジネスをケースに各政策を説明しているというにすぎない。だが，それぞれにいくつかの特徴が見られないわけではない。

　スポーツマーケティングにおける価格政策論に特徴的なテクニカルタームとして，「クラブハンバーガー・モデル」（Mullin, et al.（2014））を挙げることができる。ハンバーガーが，肉やチーズ，トマト，タマネギ，ピクルス，レタスなど，コストと需要

247

の強度，ひいては販売価格が異なる具材の組み合わせから成るように，例えば，プロスポーツクラブのチケットも，シーズンチケット，複数試合チケット，グループチケット，前売りチケット，当日チケットなど，販売価格の異なるチケットを揃え，安定した観客数と収益を確保しなければならないことが論じられている。その他，「情緒的かつ主観的な産物で，感じ方や評価は個々人によって大きく異なる」スポーツプロダクトの適正価格を消費者の評価に基づいて明らかにしようとする研究（中川他（1993））も見られる。

　スポーツマーケティングにおける販売促進政策論に特徴的なのは，やはり，スポンサーシップへの注目である。スポーツ・スポンサーシップとは何かを問う研究（McCarville & Copeland（1994））や，企業がスポンサーになるか否かを決定する基準についての研究（Mullin, et al.（2014）），スポンサードに当たっての留意点に関する研究（O'Reilly, et al.（2011）），スポーツ・スポンサーシップの効果についての研究（Cornwell, et al.（2000））など，多様な研究が多数展開されている。その他の特徴として，スポーツ専門番組や専門新聞など，他の業界に比べメディア環境に恵まれていることから，メディアとのリレーション活動に力点を置かなければならないという指摘が見られる。

　スポーツマーケティングにおける流通政策論に特徴的なのは，図表11-4 からも垣間見られるように，流通論というよりも場所論だということである。スポーツ用品やアパレルを研究対象領域に含めたテキストの場合，流通論も見られるが，スポーツマーケティング研究の主な対象領域は，「するスポーツ」と「見るスポーツ」であるため，その流通政策論の内実は，スポーツ施設やスタジアムの立地戦略や集客戦略といった場所論になっている。しかし，特に集客戦略の場合，内容がプロダクト論と重複しているし，テキストによっては販売促進政策論として議論されるなど，必ずしも整理されているとはいえない。一方，スポーツコンテンツのデジタル化により，改めてメディア・スポーツの流通を問う議論（吉田（2017））も行われている。

第5節　スポーツマーケティング研究の課題

　以上，スポーツマーケティング研究誕生の背景とスポーツマーケティング研究の対象領域を明らかにし，スポーツマーケティング・マネジメント・プロセスに沿いながら，スポーツマーケティング研究はどこまで進んだかについて考察してきた。その結果，明らかになったのは，第1に，スポーツマーケティング・マネジメント・プロセスのいずれのステップについての研究も，一般的なマーケティング論における基本的概念に基づいて展開されているということ，第2に，快楽的消費や体験的消費，経験価値マーケティングなど，より現代的なマーケティング理論に基づくまで分析の射程を広げているということである ⑻。

　しかしながら，あるいはそれゆえに，今，なぜスポーツマーケティング研究なのだろうか。マーケティング研究の基本的概念に基づき，マーケティング研究の現代的理論までに照らして論じているのであれば，スポーツマーケティングに関するいずれの現象も，既存のマーケティング研究によって，あるいはより拡張したとしても既存のサービス・マーケティング研究によって，説明可能なのではないだろうか。それにもかかわらず，例えば，「スポーツビジネスをケースにしたマーケティング論」にすぎない「スポーツマーケティング」が，今，なぜ70校以上の大学で独立した講義科目として開講されているのだろうか。

　こうした問題意識は，わが国スポーツマーケティングの研究者もまた抱いているものと思われる。例えば，近年刊行されたテキストでは，冒頭，「本書は，親学問であるマーケティングが，多用な応用領域の1つとしてスポーツを扱う『スポーツを対象としたマーケティング』ではなく，『スポーツマーケティング』という領域の独自性を意識しながら作成されました」と述べられている（仲澤（2017），i頁）。つまり，最初からスポーツマーケティング研究の独自性が問われているのである。

　これに対し，そのテキストでは，「そのためスポーツの文化，スポーツの公共性への配慮を強調した内容になっています」と続けている（仲澤（2017），i頁）。だが，それだけでスポーツマーケティング研究の独自性は確保されるのだろうか。そこで配慮を強調したスポーツの文化とスポーツの公共性は，例えば，スポーツ経営学やスポーツ社会学で論じられるそれらと何が違うのだろうか。この点が明らかにされなければ，

スポーツマーケティング研究のアイデンティティを逆に失わせてしまうことにもなり兼ねないのではないか。

　この課題に応えるためには，「スポーツマーケティングを研究するとは，何を研究することか」が問われなければならない。それは，スポーツマーケティング研究の可能性の中心を問うということである。そして，その可能性の中心は，親学問であるマーケティング研究をも問い直すはずのものであろうと思われる。

　では，「スポーツマーケティング研究がマーケティング研究に問いかけるもの」とは何か。これについて，筆者は既に学会報告を行っている（中西（2018））。だが，論文にするには至っていない。火急の課題としたい。

注

(1)　仲澤・吉田編著（2017），海老塚（2017），原田・藤本・松岡編著（2018），相原・林・半田・祐末（2018），川上（2019），日経クロストレンド編（2019）の6冊。

(2)　同じ条件で検索を行った中西（2014）も，山下（1985）以降，2014年5月14日までで218件に上る研究がリストアップされたことを確認しながら，「わが国におけるスポーツマーケティング研究は加速度的に普及し」たとしている（中西（2014），129頁）。

(3)　Kesler（1979）.

(4)　同じ流れを汲む研究として，原田（2018a）は，中西（2000（改訂版2006））を挙げている。その他，「するスポーツ」のマーケティングについては，松田（1996）を参照。

(5)　このように指摘する原田（2018a）は，同様の研究として，Carter & Rovell（2003）を挙げている。その他，「見るスポーツ」のマーケティングについては，上西編（2000）を参照。

(6)　「見るスポーツ」の「真実の瞬間」については，Brown, et al.（1993）を参照。

(7)　スポーツ・レクリエーション産業におけるサーブクォルを検討した議論に，Ko & Pastore（2005）がある。

(8)　この他，仲澤・吉田編著（2017）は，「関係性マーケティング」と「WOM（クチコミ）マーケティング」について，原田・藤本・松岡編著（2018）は，「ソーシャルメディアマーケティング」について，章を独立させて論じている。

参考文献

相原正道・林恒宏・半田裕・祐末ひとみ（2018）『スポーツマーケティング論』晃洋書房

Brooks, C. M.（1994）*Sports Marketing: Competitive Business Strategies for Sports*, Prentice Hall.（浪越信夫編訳『スポーツ・マーケティング―スポーツ・ビジネスの競争戦略―』文化書房博文社，1998年）

Brown, S. C., Sutton, W. A. & Duff, G.（1993）"The Event Pyramid: An Effective Management Strategy," *Sport Marketing Quarterly*, Vol.2, No.4, pp.29-35.

Carter, D. M. & Rovell, D.（2003）*On the Ball: What You Can Learn about Business from America's Sports Leaders*, Prentice Hall.（原田宗彦訳『アメリカ・スポーツビジネスに学ぶ経営戦略』大修館書店，2006年）

Casper, J. M., Gray, D. P. & Stellino, M. B.（2007）"A Sport Commitment Model Perspective on Adult Tennis Players' Participation Frequency and Purchase Intention," *Sport Management Review*, Vol.10, No.3, pp.253-278.

Cornwell, T. B., Relyea, G. E., Irwin, R. L. & Maignan, I.（2000）"Understanding Long-Term Effects of Sports Sponsorship: Role of Experience, Involvement, Enthusiasm and Clutter," *International Journal of Sports Marketing and Sponsorship*, Vol.2, No.2, pp.127-143.

海老塚修（2004）『スポーツマーケティングの世紀（改訂版）』電通

海老塚修（2017）『マーケティング視点のスポーツ戦略』創文企画

Fernandes, N. E., Correia, A.H., Abreu, A.M. & Biscaia, R.（2013）"Relationship between Sport Commitment and Sport Consumer Behavior," *Motricidade*, Vol.9, No.4, pp.2-11.

Funk, D. C., Alexandris. K. & McDonald, H.（2016）*Sport Consumer Behaviour: Marketing Strategies*, Routledge.

Funk, D. C. & James, J.（2001）"The Psychological Continuum Model: A Conceptual Framework for Understanding an Individual's Psychological Connection to Sport," *Sport Management Review*, Vol.4, No.2, pp.119-150.

Funk, D. C., Mahony, D. F. & Ridinger, L. L.（2002）"Characterizing Consumer Motivation as Individual Difference Factors: Augmenting the Sport Interest Inventory（SII）to Explain Level of Spectator Support," *Sport Marketing Quarterly*, Vol.11, No.1, pp.33-43.

原田理人・篠田大貴（2018）「スポーツ・マーケティング教育における動向と課題」『岐阜経済大学論集』第51巻第3号，1-19頁

原田宗彦（1997）「スポーツファンの消費行動―人はなぜスポーツ消費に熱中するのか―」杉本厚夫編『スポーツファンの社会学』世界思想社，第8章

原田宗彦（2006）「スポーツ組織の顧客」山下秋二・中西純司・畑攻・冨田幸博編『スポーツ経営学（改訂版）』大修館書店，第2章

251

原田宗彦（2018a）「スポーツマーケティングとは」原田宗彦・藤本淳也・松岡宏高編著『スポーツマーケティング（改訂版）』大修館書店，第1章

原田宗彦（2018b）「スポーツプロダクトとは」原田宗彦・藤本淳也・松岡宏高編著『スポーツマーケティング（改訂版）』大修館書店，第2章

原田宗彦・藤本淳也・松岡宏高編著（2018）『スポーツマーケティング（改訂版）』大修館書店

Harada, M. & Matsuoka, H.（1999）"The Influence of New Team Entry upon Brand Switching in the J-League," *Sport Marketing Quarterly*, Vol.8, No.3, pp.21-30.

Hill, R. P. & Robinson, H.（1991）"Fanatic Consumer Behavior: Athletics as a Consumption Experience," *Psychology and Marketing*, Vol.8, No.2, pp.79-99.

広瀬一郎（2002）『新スポーツマーケティング—制度変革に向けて—』創文企画

川上祐司（2019）『アメリカのスポーツ現場に学ぶマーケティング戦略』晃洋書房

Kesler, L.（1979）"Man Created Ads in Sport's Own Image," *Advertising Age*, 27 August, pp.5-10.

Ko, Y. J. & Pastore, D. L.（2005）"A Hierarchical Model of Service Quality for the Recreational Sport Industry," *Sport Marketing Quarterly*, Vol.14, No.2, pp.84-97.

Kotler, P. & Levy. S. J.（1969）"Broadening the Concept of Marketing," *Journal of Marketing*, Vol.33, No.1, pp.10-15.

町田光（2008）「日本のスポーツ経営の現状と取り組むべき優先課題—スポーツ経営における『ブランド』の重要性—」『立命館経営学』第47巻第4号，257-278頁

間宮聰夫（1995）『スポーツビジネスの戦略と知恵—「メダルなき勝利者たち」への提言—』ベースボール・マガジン社

Marcum, J. P. & Greenstein, T. N.（1985）"Factors Affecting Attendance of Major League Baseball: II. A Within-Season Analysis," *Sociology of Sport Journal*, Vol.2, No.4, pp.314-322.

松田義幸（1996）『スポーツ産業論』大修館書店

Matsuoka, H., Chelladurai, P. & Harada, M.（2003）"Direct and Interaction Effects of Team Identification and Satisfaction on Intention to Attend Games," *Sport Marketing Quarterly*, Vol.12, No.4, pp.244-253.

McCarville, R. E. & Copeland, R. P.（1994）"Understanding Sport Sponsorship through Exchange Theory," *Journal of Sport Management*, Vol.8, No.2, pp.102-114.

Milne, G. R. & McDonald, M. A.（1999）*Sport Marketing: Managing the Exchange Process*, Jones & Bartlett Publishers.（スポーツマネジメント研究会編訳『スポーツマーケティング—交換過程の経営—』道和書院，2000年）

Mullin, B. J., Hardy, S. & Sutton, W. A.（2014）*Sport Marketing*, 4th ed., Human Kinetics.

中川保敬・木原雄治・加藤健一・清水志津（1993）「スポーツイベントに関する研究―イベントへの影響要因分析―」『熊本大学教育学部紀要　自然科学』第42号，43-50頁

中西大輔（2018）「スポーツマーケティング研究その可能性の中心」『日本流通学会全国大会報告要旨集』第32号，24頁

中西純司（2006）「スポーツマーケティング戦略」山下秋二・中西純司・畑攻・冨田幸博編『スポーツ経営学（改訂版）』大修館書店，第8章第1節〜第3節

中西純司（2014）「スポーツマーケティングにおける『市場志向』概念の検討―民間スポーツ・フィットネスクラブ組織への適用―」『立命館産業社会論集』第50巻第1号，127-153頁

中西純司（2017a）「スポーツマーケティングの本質」仲澤眞・吉田政幸編著『よくわかるスポーツマーケティング』ミネルヴァ書房，第3章第3節

中西純司（2017b）「有形プロダクトと無形プロダクト」仲澤眞・吉田政幸編著『よくわかるスポーツマーケティング』ミネルヴァ書房，第6章第1節

中西純司（2017c）「スポーツプロダクトの構造」仲澤眞・吉田政幸編著『よくわかるスポーツマーケティング』ミネルヴァ書房，第6章第2節

仲澤眞（2017）「はじめに」仲澤眞・吉田政幸編著『よくわかるスポーツマーケティング』ミネルヴァ書房，i-ii頁

仲澤眞・吉田政幸編著（2017）『よくわかるスポーツマーケティング』ミネルヴァ書房

日経クロストレンド編（2019）『eスポーツマーケティング―若者市場をつかむ最強メディアを使いこなせ―』日経BP

O'Reilly, N., Heslop, L. & Nadeau, J.（2011）"The Sponsor-Global Event Relationship: a Business-to-Business Tourism Marketing Relationship?" *Journal of Sport and Tourism*, Vol.16, No.3, pp.231-257.

Pitts, B. G. & Stotlar, D. K.（2002）*Fundamentals of Sport Marketing*, 2nd ed., Fitness Information Technology.（首藤禎史・伊藤友章訳『スポート・マーケティングの基礎（第2版）』白桃書房，2006年）

Shank, M. D.（1999）*Sports Marketing: A Strategic Perspective*, Prentice Hall.

Shilbury, D., Quick, S. & Westerbeek, H.（1998）*Strategic Sport Marketing*, Allen & Unwin.

首藤禎史（2004）「わが国のスポーツ・マーケティングの概念枠組みを求めて」『大東文化大学経営論集』第7号，53-77頁

Trail, G. T., Fink, J. S. & Anderson, D. F.（2003）"Sport Spectator Consumption Behavior," *Sport Marketing Quarterly*, Vol.12, No.1, pp.8-17.

宇土正彦（1970）『体育管理学』大修館書店

宇土正彦（1982）「体育経営の基礎理論と学校体育経営の特性」同編著『学校体育経営

　ハンドブック―体育科の実務と運営―』大修館書店，序章第 2 節

上西康文編（2000）『ゼミナール現代日本のスポーツビジネス戦略』大修館書店

薄井和夫（2018）「スポーツマーケティングについての覚書」『埼玉学園大学紀要（経済経営学部篇）』第 18 号，85-96 頁

Wann, D. L. & Branscombe, N. R.（1990）"Die-Hard and Fair-Weather Fans: Effects of Identification on BIRGing and CORFing Tendencies," *Journal of Sport and Social Issues*, Vol.14, No.2, pp.103-117.

山下秋二（1985）「スポーツ・マーケティング論の展開」『体育経営学研究』第 2 巻，1-11 頁

山下秋二（2006）「はじめに」山下秋二・中西純司・畑攻・冨田幸博編『スポーツ経営学（改訂版）』大修館書店，1-2 頁

吉田政幸（2011）「スポーツ消費者行動―先行研究の検討―」『スポーツマネジメント研究』第 3 巻第 1 号，5-21 頁

吉田政幸（2017）「流通チャネルとしてのメディア」仲澤眞・吉田政幸編著『よくわかるスポーツマーケティング』ミネルヴァ書房，第 9 章第 4 節

Yoshida, M., Gordon, B., Nakazawa, M. & Biscaia, R.（2014）"Conceptualization and Measurement of Fan Engagement: Empirical Evidence from a Professional Sport Context," *Journal of Sport Management*, Vol.28, No.4, pp.399-417.

Yoshida, M. & James, J. D.（2010）"Customer Satisfaction with Game and Service Experiences: Antecedents and Consequences," *Journal of Sport Management*, Vol.24, No.3, pp.338-361.

（中西　大輔）

執筆者紹介

稗原　寿識　武庫川女子大学健康・スポーツ科学部准教授（第9章担当）

安藤　信雄　中部学院大学スポーツ健康科学部教授（第5章担当）

老平　崇了　愛知工業大学経営学部専任講師（第6章担当）

大野　貴司　帝京大学経済学部准教授（編者，はじめに，第1章担当）

庄司　直人　朝日大学保健医療学部准教授（第7章担当）

住田　健　日本福祉大学スポーツ科学部准教授（第10章担当）

角田幸太郎　熊本学園大学大学院会計専門職研究科教授（第3章担当）

永田　靖　大阪産業大学経営学部教授（第2章担当）

中西　大輔　駒澤大学経済学部准教授（第11章担当）

奈良　堂史　関東学院大学経営学部准教授（第4章担当）

久富　健治　武庫川女子大学健康・スポーツ科学部教授（第8章担当）

編者紹介

大野貴司
帝京大学経済学部准教授

略歴
1977 年　埼玉県浦和市（現さいたま市）生まれ
2001 年　明治大学経営学部卒業
2003 年　明治大学大学院経営学研究科博士前期課程修了　修士（経営学）
2006 年　横浜国立大学大学院国際社会科学研究科博士後期課程単位取得退学
岐阜経済大学（現岐阜協立大学）経営学部専任講師，准教授，東洋学園大学現代経営学部准教授，教授を経て
2019 年　現職
専門は，経営戦略論，経営組織論，スポーツマネジメントなど

主要業績
『スポーツ経営学入門』三恵社
『プロスポーツクラブ経営戦略論』三恵社
『スポーツマーケティング入門』三恵社
『人間性重視の経営戦略論』ふくろう出版
『体育・スポーツと経営』ふくろう出版（編著）
『スポーツマネジメント実践の現状と課題』三恵社（編著）
『ローカル鉄道の経営戦略とマーケティング』三恵社（共著）
『経営者育成の経営学』櫻門書房（分担執筆）
『よくわかるスポーツマネジメント』ミネルヴァ書房（分担執筆）

現代スポーツのマネジメント論
―「経営学」としてのスポーツマネジメント序説―

2020年3月23日　初版発行
2022年3月31日　第2刷発行

編　者　　大野　貴司

発行所　　株式会社　三恵社
〒462-0056 愛知県名古屋市北区中丸町2-24-1
TEL 052 (915) 5211
FAX 052 (915) 5019
URL http://www.sankeisha.com

乱丁・落丁の場合はお取替えいたします。
ISBN978-4-86693-192-0